O QUE

EVELYN CHRISTENSON

ACON

quando Deus responde às orações

TECE

O QUE ACONTECE

EVELYN CHRISTENSON

quando Deus responde às orações

Traduzido por
SUSANA KLASSEN

Editora Mundo Cristão
São Paulo

O QUE ACONTECE QUANDO DEUS RESPONDE ÀS ORAÇÕES
CATEGORIA: ESPIRITUALIDADE / ORAÇÃO

Título Original em Inglês: What happens when God answers prayer

Preparação de Texto: Liege Maria de Souza Marucci

Revisão: Theófilo José Vieira

Capa: Douglas Lucas

Impressão: Imprensa da Fé

Os textos das referências bíblicas foram extraídos da versão Almeida Revista e Atualizada, 2ª edição (Sociedade Bíblica do Brasil), salvo indicação específica.

A 1ª edição brasileira foi publicada em outubro de 2003, com uma tiragem de 4.000 exemplares.

Dados Internacionais de Catalogação na Publicação (CIP)
(Câmara Brasileira do Livro, SP, Brasil)

Christenson, Evelyn
O que acontece quando Deus responde às orações / Evelyn Christenson; traduzido por Susana Klassen. – São Paulo: Mundo Cristão, 2003.

Título original: What happens when God answers prayer.
Bibliografia.
ISBN 85-7325-300-2

1. Deus 2. Oração – Cristianismo I. Título.

03–5512 CDD–248.32

Índice para catálogo sistemático:

1. Deus: Orações: Prática religiosa 248.32

Publicado no Brasil com a devida autorização e com todos os direitos reservados pela:

Associação Religiosa Editora Mundo Cristão
Rua Antonio Carlos Tacconi, 79 – CEP 04810-020 – São Paulo-SP – Brasil
Telefone: (11) 5668-1700 – Home page: www.mundocristao.com.br

Editora associada a:
- Associação Brasileira de Direitos Reprográficos
- Associação Brasileira de Editores Cristãos
- Câmara Brasileira do Livro
- Evangelical Christian Publishers Association

Printed in Brazil
10 9 8 7 6 5 4 3 2 1 03 04 05 06 07 08 09 10 11

Durante os longos e difíceis meses em que vivenciei e escrevi este livro, minhas quatro preciosas netas encheram meus dias de brilho e de alegria. Foi incrível como Deus as fez chegar no tempo certo. Os abraços e o carinho de minhas netas reabasteceram meu ser com nova energia e motivação.

Assim, como avó feliz, dedico este livro a essas quatro garotinhas:

Cynthia Joy Thompson

Jennifer Diane Johnson

Crista Alisse Johnson

Kathleen Mae Thompson

Gostaria, também, de acrescentar à lista os mais novos membros da família, três meninos adoráveis:

James Karl Christenson

Brett Jezreel Johnson

Jonathan David Christenson

Sumário

Introdução 9

Prefácio 13

1. Quando Deus responde: Este é o meu ponto de vista 15
2. Quando Deus responde: Não posso 25
3. Quando Deus responde: Você fez a oração errada 47
4. Quando Deus responde: Esta resposta já foi dada 69
5. Quando Deus responde: Você não preencheu meus requisitos. 89
6. Quando Deus responde: Arrependa-se 105
7. Quando Deus responde: Reconcilie-se comigo 125
8. Quando Deus responde: Reconcilie-se com os outros 143
9. Quando Deus responde: Faça uma reparação 163
10. Quando Deus responde: Restaure esse pecador 181
11. Quando Deus responde: Agora, obedeça-me 211
12. Quando Deus responde: Tenha um coração agradecido 237

Notas 255

INTRODUÇÃO

Quase no final deste livro maravilhoso, Evelyn Christenson escreve: "Nosso maior objetivo é estar totalmente envolvidos por uma atitude de gratidão". Com essas palavras, refere-se à atitude de ações de graças ao Senhor que deve estar presente em tudo o que fizermos. No entanto, gostaria de dizer que a própria Evelyn inspira-me uma atitude de gratidão ao Senhor. Sou grato pelo privilégio de conhecê-la tão bem ao longo destes anos, sou grato por seu ministério e sou grato ao Senhor pela oportunidade de trabalharmos juntos como membros da diretoria do ministério *Prison Fellowship**.

Este é um livro raro, que apresenta algo da natureza de Deus. A Sra. Christenson começa com uma pergunta simples: "O que acontece quando Deus responde às nossas orações?" Não questiona *se* Deus responde às nossas orações; antes, parte do pressuposto de que ele o faz – o que, de fato, é verdade. Também não tem em mente uma simples relação de causa e efeito: se pedirmos, Deus nos dará... ou não. Para ela, a oração é algo mais sutil e complexo. Abre portas; mostra caminhos. Quando a autora pergunta: "O que acontece quando Deus responde?", apresenta uma questão fundamental e um tanto alarmante. O que acontece quando abrimos a porta e descobrimos que o Mestre do universo está falando conosco, dirigindo-se a nós, pedindo algo de nós?

---

* *Prison Fellowship* – Ministério internacional com presidiários, ex-presidiários e suas famílias. Fundado por Charles Colson, nos Estados Unidos, em 1976. (N. da T.)

Deus diz várias coisas: que precisamos orar mais, que estamos orando pelas coisas erradas, que devemos estudar mais as Escrituras, que necessitamos crescer em santidade ou, até, que nossa oração já foi respondida.

Com freqüência – e é nesse sentindo que considero o livro de Evelyn Christenson mais desafiador –, Deus responde às nossas orações dizendo que devemos mudar nossa maneira de nos relacionar com ele e com as pessoas que amamos. Oramos pedindo graça para superar alguma fraqueza? O Senhor diz para nos ajoelharmos e nos arrependermos. Oramos por um cônjuge inconstante ou um filho incrédulo? O Senhor talvez nos peça para servir essa pessoa até o limite de nossas forças. Oramos pedindo graça e sabedoria? O Senhor concederá – e, então, nos confiará a incumbência de dedicar toda nossa vida à obra de compartilhar as Boas Novas com os que ainda não foram salvos.

Orar pode ser assustador. É possível cair nas mãos do Deus vivo! Evelyn Christenson não tem ilusões a respeito da dificuldade de segui-lo.

No entanto, ao ler este livro, fiquei me perguntando: "Por mais difícil que seja, quem iria querer viver de qualquer outra forma?" Muitas vezes, passamos dias, semanas e meses com a cabeça cheia de *nossos* planos; em vez disso, precisamos viver como *ele* quer, amar como *ele* ama, servir como *ele* serve, pensar como *ele* pensa. Os caminhos dele não são os nossos caminhos – o que é um alívio. O Pai celestial revelou um modo melhor de viver. Como é bom ser libertos do fardo de nossas próprias idéias.

A porta para essa liberdade é a oração. Evelyn Christenson dedicou sua vida, incansavelmente, a mostrar como abrir essa porta para a liberdade. Graças a seu ministério – e às orações de muitos de seus amigos e colegas –, milhares de pessoas ao redor do mundo aprenderam a orar. Neste livro, vamos descobrir o que acontece quando Deus responde às orações.

Só isso já é motivo suficiente para iniciar a leitura. Existe, contudo, outro motivo. Ao lê-lo, conhecerá minha amiga Evelyn Christenson

– uma mulher que põe em prática a vida de oração de que fala. A própria Evelyn descobriu o que acontece quando Deus responde às orações. Seu desejo é compartilhar essa descoberta conosco, da mesma forma como se dispôs, durante toda sua vida, a servir ao Deus que ama.

Charles W. Colson

PREFÁCIO

Tendo em vista que já se passaram vinte e cinco anos desde nossas primeiras experiências de oração que resultaram no livro *O que acontece quando as mulheres oram*, parece mais do que apropriado examinar, de modo direto e honesto, o que, *de fato*, aconteceu. A extensão do que vimos Deus realizar em resposta àqueles anos de oração encontra-se neste livro.

Deus expandiu para todos os Estados Unidos e para outras partes do mundo esse ministério, que começou com um grupo de oito mulheres em Rockford, Illinois, no ano de 1968. Ensinei pessoalmente centenas de milhares de pessoas a orar tanto em meu país quanto ao redor do mundo. Milhões de pessoas leram, estudaram e ensinaram sobre aquele livro. Grupos e correntes de oração formaram-se em todo tipo de igreja e de organização, em cidades inteiras e até em países inteiros.

Ao longo dos anos, concentramo-nos no *ponto de vista humano* da oração – aprendendo a preencher os requisitos básicos para orar com poder e descobrindo o poder de nossas orações. Este livro contém o que aprendemos sobre o *ponto de vista de Deus* sobre a oração. O que ele espera que aconteça *com* as respostas que dá. O que acontece conosco e por meio de nós *depois* que ele responde.

Descobrimos que uma resposta de oração não é um fim em si; antes, constitui sempre a abertura de uma nova porta por Deus em nossa vida e a direção dele para o próximo estágio daquilo que nos tem reservado.

A oração é um dos principais meios usados por Deus para realizar sua vontade aqui na Terra. Aqui está como descobrimos que é exatamente isso o que ele faz!

Capítulo 1

Quando Deus responde: Este é o meu ponto de vista

Quando Deus responde às orações, não se trata da cortina que se fecha ante o final de algum episódio em nossa vida. Na verdade, é o começo do próximo ato. A parte mais importante da oração é o que fazemos com as respostas de Deus e como essas respostas nos afetam.

Em momento algum, a intenção de Deus é que uma resposta de oração seja um fim em si. Ele espera muito mais do que uma reação emocional – de alegria, de decepção ou de raiva – à sua resposta. A maneira como responde revela sua vontade soberana, seu plano, seu modo de pensar e seu ponto de vista sobre um assunto. Devemos perguntar: "O que Deus espera realizar com essa resposta?"

A intenção de Deus

Ao que parece, colocamos tanta ênfase nos pedidos de oração e, depois, nas respostas de Deus, que nos esquecemos daquilo que ele deseja que façamos *com* as respostas. A maioria de nós faz uma oração específica, recebe uma resposta – quer nos agrade quer não – e considera o caso encerrado. Em nossos cadernos de oração, escrevemos o pedido e, do outro lado – de forma definitiva e cheios de alegria ou de resignação –, registramos a resposta quando a recebemos. No entanto, Deus não considera isso a conclusão do assunto. Com a resposta que nos dá, abre todo um novo campo de ação. Nossa reação à resposta de Deus deve ser: "O que devo fazer agora, Senhor?"

De acordo com Jeremias 33:3, existe mais um passo, algo que vem *depois* da oração e *depois* da resposta:

> Invoca-me, e te responderei; anunciar-te-ei coisas grandes e ocultas, que não sabes.

A promessa infalível de Deus a Jeremias é apresentada em três partes, não em nossa habitual abordagem de duas partes: "nós invocamos" e "ele responde".

Raramente, Deus dá o caso por encerrado quando responde a uma de nossas orações. Antes, com freqüência é o que acontece depois da resposta de Deus que transformará nossa vida.

"Que não sabes"

Você alguma vez já desejou vislumbrar um lampejo da mente de Deus? O Deus que ordenou as leis físicas do espaço e do tempo? O Deus que criou todos os detalhes minúsculos de um universo incrivelmente complexo? O Deus no qual todas as coisas existem e funcionam? Há um modo de fazê-lo. Como? Ao examinar as respostas dele às suas orações!

Em nosso ministério de oração, somos sempre surpreendidos pelas coisas de Deus "que não sabemos". Ao experimentar, durante vinte e um anos, uma quantidade e variedade cada vez maior de métodos de oração, Deus nos surpreende dando-nos muito mais do que pedimos. Fico sempre admirada com o fato de que ele não limita as respostas a nossas orações por causa de nossa incapacidade de pedir.

O mais empolgante é que a última parte de Jeremias 33:3 menciona coisas sobre as quais nada sabemos e não idéias que imaginamos nem planos que criamos. Ao fazer uma retrospectiva de nossa vida de oração, esse padrão torna-se evidente. Peço a Deus apenas uma coisa e ele continua respondendo muito tempo depois que já reconheci sua resposta à minha oração.

Faltavam alguns meses para eu dar meu primeiro seminário na cidade de Belfast, na Irlanda do Norte, em junho de 1981, e o país estava em guerra. Nossas correntes de oração "invocaram a Deus" intercedendo por minha segurança, pelos participantes do evento e pelo poder divino naquele seminário. Então, quando Deus começou a responder, nós o louvamos pois, encerradas as inscrições para mil pessoas – devido à falta de espaço –, ainda havia gente ligando, pedindo insistentemente ao telefone: "Precisamos aprender a orar, pois a única esperança para o nosso país é a oração".

Enquanto Deus continuava respondendo às orações feitas durante o seminário, os intercessores já agradeciam pelo fato de o centro de eventos da igreja presbiteriana, colocado a nosso dispor, encontrar-se absolutamente repleto, tanto de protestantes quanto católicos em guerra! Maravilhados, louvamos a Deus quando membros dessas facções deram-se as mãos nos grupos de oração e pediram ao Senhor para perdoá-los, assim como perdoavam uns aos outros. Muitos tremiam ao orar juntos. No encerramento, irromperam em louvores cantando "Aliança do Senhor, eu tenho com você... Somos um no amor de Jesus". Ficamos emocionados quando setecentos participantes de ambos os lados inscreveram-se para participar de correntes de oração na Irlanda do Norte. Então, com orações de alívio e de ações de graças, meu marido Chris e eu fomos conduzidos para fora da Irlanda em segurança depois das palestras. Invocamos ao Senhor, e ele certamente respondeu.

No entanto, pergunto-me quantos daqueles intercessores anotaram "respondido" em seus cadernos de oração ao lado do tópico "Seminário sobre oração em Belfast", no dia 9 de junho de 1981, e deram o caso por encerrado.

O ENVOLVIMENTO CONTÍNUO DE DEUS

Deus, porém, não declarou aquele episódio "concluído". Continuou a trabalhar depois das primeiras respostas anunciando "coisas grandes e ocultas que [não sabíamos]".

Deus deixou a situação em aberto, de modo que aquele grupo de setecentos intercessores e suas correntes de oração na Irlanda do Norte se expandissem por todo o país. Um dos resultados veio quando Liam e Jimmy, dois terroristas presos pertencentes a facções opostas da "guerra religiosa" irlandesa, foram alcançados por essas orações. Dois anos depois das palestras, tive oportunidade de me sentar com Liam e de ouvi-lo durante o Simpósio Internacional do Prison Fellowship, em Belfast, parte do ministério de Charles Colson.

Liam era um presidiário católico, com jeito de menino, que recebeu permissão especial do presídio para participar do simpósio. Senti-me extremamente privilegiada por ele ter reservado algumas horas só para conversar comigo. Fui cativada por sua história, enquanto Liam narrava como havia sido preso por seus atos terroristas no IRA e condenado a dez anos de prisão. Contou sobre os protestos de "cobertor", ocasião em que presidiários membros do IRA se recusaram a vestir as roupas britânicas fornecidas pela prisão. Estremeceu ao lembrar-se dos protestos de "sujeira", quando se recusaram a tomar banho e espalharam seus próprios excrementos nas paredes das celas. Em seguida, em voz muito baixa, falou de sua própria greve de fome. O modo como ele mancava ao caminhar era uma lembrança dolorosa deixada pela devastação causada em seus músculos.

Liam contou-me que, sendo a última pessoa ainda a resistir na greve de fome em favor de Bobby Sand, no Presídio de Maze, perto de Belfast, estava ficando cego e morrendo depois de cinqüenta e seis dias sem se alimentar e entrou em coma. Foi sua mãe quem insistiu para que o filho fosse alimentado via intravenosa, dando fim a uma série de dez prisioneiros mortos por aquela causa. (Mais tarde, dei um forte abraço naquela querida e valente mãe irlandesa, quando a vi radiante, ao lado do filho, em nosso simpósio.)

Depois de recuperar-se da experiência aterradora de chegar à beira da morte, Liam foi parar numa cela solitária.

— Tudo o que me deram foi uma Bíblia — disse ele. — Enquanto eu lia — fez uma pausa e depois voltou a falar, lenta e claramente —, *por causa de todas aquelas pessoas que estavam orando por mim*, aceitei a Jesus como meu Salvador.

Além de Liam, também havia um prisioneiro protestante, chamado Jimmy, participando do simpósio. Apesar de fazer parte da facção oposta, assim como Liam, também havia aceitado a Cristo. Agora, os dois estão no Presídio de Magilligan, estudam a Bíblia juntos, no mesmo grupo, e reúnem-se regularmente para orar. Liam contou-me que, se tivesse visto Jimmy antes de encontrar a Cristo, teria "atirado nele para matar" (sem nenhum exagero).

— Mas agora — disse Liam — eu morreria por Jimmy.

Nosso último encontro do Prison Fellowship na Queen's University, em Belfast, foi aberto ao público, tanto de católicos quanto de protestantes, que ainda se encontravam em guerra. Quando Liam e Jimmy, em pé no palco, radiantes, compartilhavam seu amor por Jesus, a multidão inteira levantou-se e irrompeu em aplausos. Por todo o enorme auditório, muitos choravam juntos e abraçavam-se.

Talvez, Deus tenha usado nossa pequena contribuição de orar por um seminário revertendo-a em ajuda para realizar parte de sua vontade naquele país destruído pela guerra. Ele continuará a responder, cumprindo o que Liam disse:

— Minha esperança é crer que Deus está transformando o coração de homens como Jimmy e eu. Essa é a única esperança de paz que temos para meu país, a Irlanda do Norte.

Sem dúvida, cada resposta de oração é uma nova porta aberta por Deus para as próximas coisas que ele deseja realizar neste mundo. Com as respostas das primeiras orações, também vem o envolvimento contínuo de Deus. No entanto, talvez não enxerguemos essa realidade e até tenhamos nos esquecido de que oramos ou, pior ainda, talvez vislumbremos os acontecimentos simplesmente como o curso natural dos acontecimentos. "Coisas grandes e ocultas, que não sabes".

As surpresas de Deus

Meu ministério de oração tem sido cheio de surpresas de Deus – coisas grandes e poderosas que ele realizou acima e além daquilo que havíamos pedido. Na verdade, sempre fico um tanto espantada em minhas palestras sobre oração. Deus tem me mostrado aquilo que chamo de *campo missionário oculto*. Sempre que me deparo com ele, ainda me surpreendo. Não se trata de algo que procurei; na realidade, nem sabia até que ponto era real. No entanto, Deus me mostrou que existe um *campo missionário oculto* dentro das igrejas cristãs em todo o mundo. Ele é constituído de membros da igreja que ainda não têm certeza de conhecer a Jesus pessoalmente como Salvador e Senhor.

A primeira vez que senti o choque dessa realidade foi quando comecei meu ministério no exterior. Em meu primeiro seminário sobre oração, na Austrália, em 1980, descobri que a maior parte dos presentes já pertencia a igrejas conceituadas e estudava a Bíblia regularmente com o grupo que havia me convidado – uma organização feminina de estudos bíblicos. No entanto, quando pedi aos que não tinham certeza de seu relacionamento pessoal com Jesus para que orassem em voz alta, divididos em grupos de quatro pessoas, aproximadamente um quarto deles orou. Alguns aceitaram a Jesus pela primeira vez, outros confirmavam sua decisão pela salvação em Cristo.

Observei o mesmo padrão em todos os lugares que visitei: em auditórios de protestantes e de católicos na Irlanda, na Escócia e em toda Inglaterra; depois, em Taiwan, no Japão e na Índia e, novamente, na Grã-Bretanha. Então, quando voltei para os Estados Unidos, para meu espanto, a porcentagem começou a subir.

Os habituais 5% e, depois, 10% que faziam a oração de compromisso com Cristo em meus seminários não haviam causado muita surpresa, mas quando, de repente, esse grupo aumentou para 25% ou mais, fiquei estarrecida. Parecia incompreensível que uma parcela tão grande daqueles que estavam se dispondo a aprender a orar sequer tinha certeza de ter um relacionamento pessoal com Jesus.

O mais incrível é que quase todas as pessoas que participam de meus seminários, nos Estados Unidos e em outros países, já são membros de igrejas conceituadas.

Nos últimos dois anos, o grupo dos que fazem um compromisso com Jesus nos encontros chega, com freqüência, a 50% dos participantes e, até mesmo, a 70% em várias ocasiões. Na média, isso significa que quase metade de nosso público faz a oração de entrega da vida a Cristo.

Fiquei imaginando se estava exagerando essa estatística. Depois de meu último seminário, compartilhei minha preocupação com o pastor que havia me convidado para falar e que também havia ficado no palco.

— Quantas pessoas acha que oraram em voz alta hoje, buscando a certeza de ter Jesus como seu Salvador e Senhor? — perguntei.

— Bem, creio que mais da metade! — exclamou com grande alegria.

Deus nos surpreende com "coisas que não sabemos"!

O ponto de vista de Deus quanto às respostas de oração

No entanto, há outros tipos de surpresas de Deus ao responder nossas orações. Descobri que os pensamentos divinos são bem diferentes dos humanos. Coisas que nos parecem certas, boas, oportunas, lógicas e óbvias muitas vezes são recusadas, substituídas ou até mesmo viradas do avesso por Deus, quando ele – sem jamais falhar, errar o alvo, adiantar-se nem se atrasar – responde de acordo com seus pensamentos oniscientes.

Precisamos considerar a oração do ponto de vista de Deus. Devemos procurar ter uma ampla visão do plano geral de Deus e enxergar cada pequeno ou grande pedido, com sua respectiva resposta, dentro do propósito soberano do Senhor. Quantas vezes não questionamos a Deus quando não responde da forma como desejávamos? Quantas vezes não murmuramos ao pensar que ele não respondeu quando, na verdade, não reconhecemos sua resposta? Ou, ainda, em quantas ocasiões não nos rebelamos e decidimos que, se é assim que Deus vai responder, nunca mais vamos orar?

No entanto, Deus nos disse que as "coisas grandes e ocultas" que ele faria, depois de responder, seriam "coisas que não sabemos". O raciocínio onisciente de Deus determina sua resposta às orações feitas por seus filhos aqui na terra, bem como aquilo que essas respostas irão desencadear.

Além disso, a resposta de Deus normalmente dá início a crescentes e mais fervorosas orações da nossa parte. Com sua resposta, vemo-nos diante de um novo patamar, do qual nos projetamos para a próxima empreitada de oração.

Quantas vezes não ouvimos as palavras: "Deus sempre responde, mas suas respostas são sim, não ou espere". Por experiência própria, creio que as respostas de Deus não são assim tão simplistas. A forma como ele interage comigo em oração é muito mais complexa e abrangente. Suas respostas sempre incluem: "Continue se relacionando comigo, minha filha, tenho muitas coisas que desejo realizar por meio de suas orações".

NOSSA REAÇÃO ÀS RESPOSTAS DE DEUS

As pessoas reagem de diversas maneiras às respostas de Deus a suas orações. Muitas reações diferentes são relatadas no Novo Testamento. Uma forma de reagir é *testemunhar*. Ana orou durante muitos anos pedindo para ver o Messias e, quando Deus respondeu, ela foi contar a todos que vira o Messias. A reação de Simeão, porém, foi bem diferente. Depois de fazer a mesma oração durante vários anos, ele também viu o Messias. Sua reação? "Agora estou pronto para morrer".

Existe, ainda, a reação de *incredulidade*. Enquanto os cristãos da igreja primitiva oravam para que Pedro fosse liberto da prisão, não creram que Deus havia respondido às suas orações e acharam que era o anjo de Pedro que batia à porta.

Há, também, a reação de *obediência*. As orações de Pedro no terraço foram respondidas por Deus numa visão, que o apóstolo não compreendeu de imediato. Ainda assim, quando Deus explicou a visão, Pedro obedeceu mais que depressa e levou o evangelho aos gentios.

Precisamos fazer uma *escolha*. Paulo e Silas oraram e cantaram na prisão, e Deus respondeu ao enviar um terremoto que abriu todas as portas e rompeu as correntes dos prisioneiros. No entanto, Paulo escolheu abrir mão da liberdade imediata, a fim de ganhar o carcereiro para Cristo. Talvez, uma das reações mais difíceis à resposta de Deus seja *aceitar*. Paulo orou, em três ocasiões, pedindo que fosse removido o espinho em sua carne, mas aceitou o "não" de Deus confiando, por fim, na força do Senhor.

A Bíblia revela uma porção de reações diferentes às respostas de Deus a às orações – algumas positivas, outras negativas; algumas rebeldes, outras submissas; algumas alegres e agradecidas, outras iradas. Nossas reações às respostas de Deus podem ser muitas e, também, variadas. A decisão é nossa.

DIRECIONADOS PARA O ESTÁGIO SEGUINTE

A decisão de como reagiremos determinará o próximo estágio de nossa situação espiritual, de nossas atitudes, de nosso relacionamento com Deus ou de nossa área de atuação. Cada pedido de oração, não importa quão grande ou quão pequeno seja, nos conduzirá a nosso próximo estágio. Nós oramos, Deus responde, e, então, decidimos o que fazer com a resposta dele.

Em todas as respostas que dá, Deus deseja sempre que alcancemos o próximo patamar de perdão, de alegria, de semelhança a Cristo, de paz, de poder e de produtividade. Se necessário, a resposta abrange a restauração de todo o nosso ser a esse estado. Para isso, porém, devemos aceitar sua resposta.

Contudo, talvez a resposta de Deus precise incluir passos que ele julga necessários para responder à oração que fizemos. Assim, em lugar de procurar uma resposta definitiva para nossas orações, devemos buscar aquilo que deve acontecer depois que Deus der sua resposta final. Normalmente, podemos esperar uma nova série de orações e mais respostas em decorrência de nossa primeira oração e de cada uma das orações subseqüentes.

Tendo em vista que a resposta de Deus é sempre aquilo que, em última análise, resultará no que é absolutamente melhor para aquele que ora, devemos estar dispostos a receber suas respostas intermediárias. Deus sabe que são degraus necessários para que nos conduza até o lugar definitivo que reservou para nós.

ABRINDO AS CORTINAS

Em Mateus 7:7, Jesus disse: "batei, e abrir-se-vos-á". O que se abrirá? Aquilo que Deus reservou para você! Sua próxima porta aberta. Uma vida melhor com ele. Deus usa as orações que você faz hoje para abrir as cortinas do cenário do resto de sua vida.

Oração final

Senhor, desejo profundamente compreender a oração a partir de teu ponto de vista. Por favor, ensina-me a reagir às tuas respostas às minhas orações de modo que sirvam de direção para minha vida. Em nome de Jesus, Amém.

Capítulo 2

Quando Deus responde: Não posso

Como lidar com a resposta de Deus a uma oração em que ele diz: "Não posso. Tenho poder para isso? Claro. Posso? Não."

Que choque orar por algo que sabemos ser da vontade de Deus e, então, ouvir a resposta do Senhor: "Não posso fazer isso!" Em seguida, ele explica: "É verdade, sou capaz de fazer qualquer coisa. Também é verdade que tenho mais poder do que toda a minha criação junta. Sim, sou capaz de fazer 'infinitamente mais do que tudo quanto [você pede] ou [pensa]' [ver Ef 3:20], mas quanto a responder a essa oração, não posso!"

Mesmo quando ele anseia por responder a nossos pedidos afirmativamente e quando está ansioso para nos conduzir até a próxima porta aberta ou ao lugar onde deseja nos colocar, há ocasiões em que Deus deve responder: "Não posso".

Deus me ensinou essa verdade quando passei um tempo na Califórnia, para dar um seminário sobre oração, no caminho de volta de Taiwan. Depois de passar boa parte da manhã em oração intercessora, pedi a Deus que me trouxesse à mente uma passagem das Escrituras para aquele seminário. Imediatamente, veio-me à memória Efésios 3:20. Recitei o versículo silenciosamente várias vezes:

> Ora, àquele que é poderoso para fazer infinitamente mais do que tudo quanto pedimos ou pensamos, conforme o seu poder que opera em nós.

CONFORME...

No entanto, ao repetir o versículo várias vezes, apenas uma palavra se destacava: *conforme*. Fiquei perplexa com o que Deus estava tentando me ensinar. De repente, o versículo parecia muito complicado; decidi examinar cada uma de suas partes. Considerei que as palavras "infinitamente mais do que tudo quanto pedimos ou pensamos" podiam ser resumidas a "tudo". Deus pode fazer "tudo". Então, o versículo ficou assim: "Ora, àquele que é poderoso para fazer... tudo... conforme o seu poder que opera em nós". Entendi! Deus é capaz de fazer "tudo", porém *somente* conforme o poder que opera em nós!

Comecei a meditar mais profundamente em meu coração. Perguntei-me: "O poder de Deus não está em mim o tempo todo?" Deve estar, pois, como cristã, as três pessoas da Trindade habitam em mim. Tenho Cristo em mim, "a esperança da glória" (Cl 1:27); o Pai virá e permanecerá em nós (1 Jo 4:12-15); e Jesus prometeu que o Espírito Santo estará conosco (Jo 14:17). Na verdade, em Efésios 3, pouco antes da doxologia que inclui o versículo 20, Paulo orou para que os cristãos de Éfeso fossem "tomados de toda a plenitude de Deus" (Ef 3:19).

Logo me ocorreu outra pergunta: "Mas tenho sempre a mesma medida do poder de Deus operando em mim?". Depois de anos de experiência, sabia sem hesitar que a resposta era não. Não tenho sempre a mesma proporção do poder de Deus. Ele é poderoso para atuar somente conforme, ou seja, na mesma proporção do poder que se encontra operando em mim!

DEUS IMPÕE LIMITES A SI MESMO

Aos poucos, fui entendendo. Deus pode *limitar* a medida de poder que libera em mim. Apesar de ter dentro de mim essa força divina, o

Deus trino, capaz de fazer toda e qualquer coisa, o Senhor escolhe a medida de poder que deixará fluir dentro de mim. Sim, Deus pode fazer tudo o que quiser, mas ele impõe limites a si mesmo quanto à medida de poder que "opera em nós".

Mal podia esperar para voltar para casa e consultar meu material de referência. Ao pesquisar mais, encontrei essa idéia em vários lugares, inclusive no comentário da *Bíblia Cambridge*: "No santo [verdadeiro crente] [...] já reside a força divina apta, por si mesma, a realizar os mais poderosos feitos. Para alcançar tais feitos, porém, é necessária não uma nova força, mas uma aplicação mais plena *dessa* força"[1]. Conforme!

Augustus Strong escreveu: "Deus pode fazer tudo o que deseja, mas não deseja fazer tudo o que pode. De outro modo, seu poder não passaria de uma força agindo de acordo com a necessidade e Deus [seria] escravo de sua própria onipotência. Deus não é compelido a fazer tudo o que pode, mas usa de seu poder na medida que lhe apraz. Só pelo fato de ser onipotente, não significa que fará tudo o que tem poder para fazer"[2].

Ainda não havia me dado por satisfeita. Assim, telefonei para Berkley Mickelsen, professor de grego do Novo Testamento no Bethel Seminary, e perguntei-lhe se meu raciocínio estava correto.

— Evelyn — respondeu ele —, a conjunção "conforme", mesmo com sua aparência irrelevante, é o ponto crucial dessa doxologia na oração de Paulo em Efésios. Você descobriu a expressão mais essencial desse versículo. A maioria das pessoas nunca chega a encontrá-la.

Bem, na verdade, nem eu, também, fiz uma grande descoberta. Foi Deus quem me mostrou essa verdade tão claramente, naquela manhã na Califórnia, no caminho de volta de Taiwan.

Sem dúvida, a extensão daquilo que Deus é capaz de realizar em nós, em resposta às nossas orações, depende, ou é proporcional, ao poder dele operando em nós. Deus pode fazer qualquer coisa – mas só fará isso conforme a medida de poder operando em nós!

NÓS LIMITAMOS A DEUS

Assim sendo, o que permite que medidas maiores do poder de Deus fluam em nossa vida? Nossas orações, é claro! Deus manda seu poder em resposta a orações apropriadas.

Por meio de suas respostas, Deus realiza o que desejava fazer desde o princípio, mas estava limitado por nossa falta de oração. E, apesar de ser soberano e de ter poder para fazer o que lhe aprouver sem a ajuda das orações dos crentes, ele escolheu operar amplamente em função delas.

Em 1973, fui uma das onze pessoas que organizaram seis mil grupos de oração na região das cidades de Mineápolis e St. Paul, pela Cruzada de Billy Graham, que estava para acontecer no mês de agosto daquele ano. Nossa expectativa – que foi cumprida – era de ter cinqüenta mil pessoas presentes. Antes de sair de casa para falar aos intercessores de St. Paul, no sábado de manhã, li a seguinte manchete no jornal local: "Billy Graham reúne 500 mil pessoas em sua primeira noite na Coréia". Espantada com a notícia, relatei-a aos nossos intercessores e perguntei-lhes por que havíamos colocado apenas cinqüenta mil como objetivo para nossas orações. Mas eu sabia o motivo daquela diferença e eu mesma lhe dei a resposta. Era por causa da intensidade da oração dos cristãos coreanos realizada com tanta constância. Desde o começo do século XX, milhares de pessoas vão diariamente à igreja para orar antes do café da manhã; todas as sextas-feiras à noite, milhares de pessoas fazem vigília de oração em diversos lugares, apresentando problemas e intercedendo em pequenos grupos nas montanhas de oração.

No Congresso Nacional de Transmissores de Rádio e Televisão Religiosos, em 1985, fiquei admirada com uma exposição de equipamentos eletrônicos ali. Mais tarde, naquele mesmo dia, fiz a seguinte pergunta aos participantes do *workshop* que estava dirigindo:

— Vocês dependem da energia extraordinária dos transmissores que usam *para* ter o poder de difundir a mensagem de Jesus ou transmitem essa mensagem *mediante* o poder de Deus? Será que, mesmo com todo esse equipamento tão potente, ainda assim suas transmissões são fracas por causa da falta de oração?

Então, tive de me perguntar a mesma coisa. Em nossas transmissões diárias para toda a China, dependemos do equipamento incrivelmente potente da Rádio Transmundial, para que nossa mensagem seja levada àquela população que representa um quarto de todo o mundo, ou transmitimos essa mensagem *mediante* o poder de Deus por meio da oração?

Com freqüência as pessoas me perguntam quanto tempo devem dedicar à oração pessoal. Minha resposta:

— Isso depende de quanto poder você deseja.

Em seu livro *Power Through Prayer* [Poder Através da Oração], E. M. Bounds explica: "Nossas orações curtas devem sua objetividade e eficácia às orações longas que as antecederam. A oração curta que prevalece não pode ser feita por alguém que não prevaleceu com Deus numa luta mais poderosa, longa e contínua"[3]. Assim, mesmo que Deus seja capaz de fazer o que quiser, escolheu permitir que limitemos muitas de suas ações pela falta de perseverança na oração. Por outro lado, quando oramos o suficiente, isso o capacita a dar a resposta que tanto ele quanto nós desejamos.

Hoje mesmo, Deus está assentado em seu trono de glória, com todo o poder do universo, esperando e ansiando por liberá-lo sobre o planeta Terra. Com poder absolutamente ilimitado ao seu dispor (na realidade, Deus *é* poder ilimitado), está pronto a abrir caminho e a permitir que alcancemos um novo patamar de poder em nossa vida, do qual nos apropriamos e liberamos através da oração!

Desde que tive um encontro pessoal com Jesus Cristo, aos nove anos de idade, oro diligentemente por outros e por mim mesma. Também dependo do poder de Deu, por meio da oração, para toda minha vida e ministério. Aquilo que sempre senti, ao longo de todos esses anos, foi resumido em janeiro de 1982, quando escrevi na margem da minha Bíblia, ao lado de 1 Coríntios 2:4: "É isso o que desejo para meu ministério: *'A minha palavra e a minha pregação não consistiram em linguagem persuasiva de sabedoria, mas em demonstração do Espírito e de poder*'" (grifos meus). Deus tem sido fiel em conceder esse poder em resposta às orações de milhares de intercessores fiéis.

LIBERADO PELA ORAÇÃO

Ao refletir sobre minha viagem a Taiwan, depois de receber o "conforme" de Deus, percebi que tudo foi, de fato, uma "experiência de Efésios 3:20". Ao longo da viagem, presenciei uma demonstração incomum do poder de Deus liberado em resposta a um número extraordinário de orações.

Milhares de pessoas oravam, individualmente, em correntes por telefone, em grupos e no meu "relógio de vinte e quatro horas" de oração. Quando estou ministrando no exterior, meu relógio de oração funciona sem parar. Intercessores fiéis de todos os Estados Unidos prontificam-se a orar por períodos determinados e, como resultado, durante as vinte e quatro horas do dia, há pessoas ajoelhadas em oração ininterrupta pelo meu ministério.

Sobrou apenas um dia livre entre o Natal e minha viagem a Taiwan. Na noite de Natal, o último convidado foi embora às onze horas, e, em apenas um dia, coloquei no lugar todos os presentes e embrulhos, guardei louças e prataria de festa, armazenei as sobras do jantar, ajudei meu marido a preparar-se para a viagem que faria à Flórida e terminei de arrumar as minhas coisas para o vôo a Taiwan. Além disso, o técnico que chamamos para consertar nossa secadora de roupas chegou justamente na hora em que estávamos abrindo os presentes, na véspera de Natal, e todas as nossas roupas para a viagem ficaram empilhadas em cestos na área de serviço!

Com todos esses preparativos, no meio da tarde eu não tinha mais forças para continuar. Emocional e fisicamente exausta, fui para o banheiro, tranquei a porta e clamei: "Senhor, não posso ir para Taiwan. Olha para mim, não passo de uma doida varrida!" Não precisava dizer isso ao Senhor – não era novidade para ele! Mas eu tinha de ir para Taiwan. Assim, impassível diante daquelas adversidades todas, passei as camisas do meu marido e fiz as malas.

Cheia da mais pura e obstinada obediência, fui para o aeroporto no dia seguinte. Ao percorrer lentamente a rampa até o avião, arrastando com certa relutância minha bagagem de mão, continuava resmungando interiormente: "Não posso ir. Não posso ir para Taiwan". Porém, poucos metros antes de chegar ao avião, algo aconteceu. Foi como se alguma coisa tivesse descido do céu e me envolvido feito um cobertor. De repente, fiquei cheia de empolgação, de expectativa, de força... e de poder!

Parei abruptamente na rampa e exclamei baixinho: "O que foi isso?!" Então me lembrei: "Ah, é hoje que o pessoal do meu relógio de oração começa a interceder por mim!" Se não houvesse um avião no final daquela rampa, senti que poderia ter voado sem ele, por minha conta, até Taiwan!

QUANDO DEUS RESPONDE: "EU POSSO"

Quando há oração suficiente, Deus pode!

Quando Deus liberou seu poder sobre mim para fazer aquela viagem a Taiwan, foi apenas com a finalidade de me dar forças? De forma alguma. Só em Taipei, havia participantes de quarenta e três organizações cristãs e denominações diferentes, algo inédito naquela ilha, no que se refere a esse tipo de unidade num ministério feminino. Uma missionária de lá me disse: "Em termos estatísticos, Taiwan é a nação mais idólatra do mundo. Seus seminários foram uma luz para este país pagão e em trevas. O amor que se manifestou ali foi magnífico. As mulheres chegaram a dar as mãos e a orar juntas. As participantes não-cristãs – prosseguiu ela –, trazidas por amigas e parentes cristãos, ficaram maravilhadas com aquela demonstração de amor".

Assim, a resposta de Deus a tantas orações iniciou o processo de fazer ruir uma barreira que havia se mantido firme durante anos.

Então, Deus começou a dissipar uma tradição milenar asiática de "manter a honra". Jeanne Swanson, a missionária responsável por minha visita, havia dito: "Olhe, Evelyn, se você conseguir que essas pessoas admitam seus pecados, sua viagem toda já terá valido a pena".

Durante o seminário, quando estava prestes a pedir que as participantes confessassem seus pecados em voz alta, entrei em pânico ao pensar na possibilidade de que ninguém teria coragem de orar. Contudo, de súbito, Deus colocou em minha mente as palavras *todos juntos*. Depois que minha intérprete confirmou, em voz baixa, que havia transmitido meu apelo, fiquei pasma ao ver o auditório todo irromper em orações audíveis de mulheres confessando seus pecados e pedindo o perdão de Deus na frente uma das outras. Era como se houvesse ali dez mil abelhas zunindo. Elas confessaram seus pecados com tamanho fervor e durante tanto tempo que, por fim, a intérprete precisou interrompê-las para que eu pudesse continuar com a palestra. O poder da oração faz ruir barreiras!

Houve também a emoção de ver Deus subjugar o poder de Satanás na incrível fortaleza do inimigo no sul de Taiwan. Na primeira noite do seminário, senti quase como se estivesse acorrentada enquanto falava. Minha anfitriã – uma missionária – e eu, levamos quase uma noite inteira lutando em oração para alcançar vitória sobre aquele poder do mal. Mas ele foi derrotado e expulso de lá, e Deus derramou seu poder sobre todos nós. Vimos o Senhor demonstrar claramente o uso da última parte da armadura descrita em Efésios 6. Trata-se de um recurso que dever ser empregado na luta contra Satanás e que, muitas vezes é negligenciado: a oração (v. 18).

No entanto, o poder que operou em Taiwan não foi só resultado das orações realizadas nos Estados Unidos. Deus estava respondendo a orações feitas dos dois lados do Pacífico. Quatro mulheres em Taiwan haviam sentido o profundo desejo de interceder por sua ilha e encontravam-se regularmente para orar. Esse número cresceu para trinta e cinco mulheres, que oraram juntas por mais de um ano. Pela fé, tomaram a iniciativa de me convidar para realizar o seminário sobre oração em sua ilha. Foram essas mulheres que Deus usou para demonstrar seu poder e começar a reunir o corpo de Cristo em Taiwan.

O poder de Deus também não parou de operar quando voltei para os Estados Unidos. Aquele primeiro grupo de trinta e cinco intercessoras foi multiplicado para mais de dez mil mulheres de oração naquela pequena ilha. Foi uma demonstração de como Deus *pode fazer* "infinitamente mais do que tudo quanto pedimos ou pensamos" em resposta a milhares de orações.

Quando estava a caminho de Taiwan, telefonei para minha mãe durante uma escala na Califórnia. A última coisa que ela me disse foi:

— Evelyn, não se esqueça de Efésios 3:20!

Mãe, jamais vou me esquecer de Efésios 3:20!

Orações em conjunto

Apesar de haver muitas promessas bíblicas sobre orações feitas individualmente, em Efésios 3:20, a promessa refere-se à oração feita por várias pessoas. Encontra-se no plural: "pedimos ou pensamos". A frase "conforme o seu poder que opera em *nós*" pode muito bem ser lida como: "conforme a quantidade de orações que *nós* fazemos e de intercessões de outros por *nós*".

Em minha carta de agradecimento a meus intercessores, quando compartilhei com eles sobre o poder de Deus operando em minha viagem ao Japão, em 1981, escrevi: "Estou pensando em escrever um livro sobre o poder de *suas orações* sobre minha vida". Este é o livro! Quem orou? O segredo desse poder de Deus para o ministério é a oração conjunta de milhares de intercessores permitindo que esse poder seja liberado.

Desde 1968, temos desenvolvido e praticado em nosso ministério de oração de intercessão certos métodos que resultam em poder extremamente abundante do Senhor. (Veja *O que acontece quando as mulheres oram*[4].) A oração em conjunto pela obra do Senhor tem feito parte indispensável de minha vida desde 1964, quando Signe, Lorna e eu começamos a orar juntas todas as quintas-feiras à tarde e continuamos durante quatro anos. Essas orações antecederam o projeto "O Que Acontece Quando as Mulheres Oram" de 1968, que se espalhou por todo o mundo por meio de nossa organização United Prayer Ministries. Esse ministério já publicou uma série surpreendente de lições sobre o que Deus é capaz de fazer quando há bastante oração. Assim, a oração não é apenas uma teoria que tenho em minha cabeça sobre o que deve ou que pode acontecer. É algo que vejo funcionar na prática.

Quando a editora norte-americana realizou a festa de comemoração por um milhão de cópias vendidas do meu livro *O que acontece quando as mulheres oram*, fui convidada a falar sobre o tema: "O que faz um livro chegar a um milhão de cópias vendidas?" Minha resposta foi simplesmente: "Oração". Deus literalmente produziu aquele livro. Ele foi concebido em oração, fala sobre oração e recebeu orações contínuas durante o processo de redação, de produção, de distribuição e uso, e até hoje ainda é motivo de intercessão.

Contudo, esse livro, publicado em 1975, representou apenas mais um passo no ministério de oração que Deus iniciou por causa da oração.

Depois de sair de nossa igreja em Rockford, no Estado do Illinois em 1970, Deus me exortou a "[reavivar] o dom [...] que há em ti" (2 Tm 1:6). Que dom? "O dom da oração! Comece a passar para frente o que lhes ensinei em todas aquelas experiências de oração!", respondeu o Senhor.

Aqui estão os métodos que ele nos ensinou. No começo, éramos **só três pessoas** – Gloria Davidson, Jan Mudge e eu. Oramos sobre cada passo e cada decisão referente a nossos seminários de oração que, na época, estavam alçando vôo. Mesmo não tendo a mínima idéia de como fazê-lo, sentíamos um grande peso compelindo-nos a ensinar as pessoas a orar. Assim, alistamos muitos intercessores fiéis para nos apoiarem.

Depois, vieram as orações pelo material dos seminários em fitas cassete. Juntamos toda nossa coragem e encomendamos mil conjuntos de fitas da Bethany Fellowship, só para, depois, voltar atrás como três ratinhas medrosas e diminuir o pedido pela metade. Então, todas nós oramos com diligência e fervor para que conseguíssemos vender logo o material – o que aconteceu de imediato. Atônita, liguei para Dave Anthony pedindo que ele fizesse mais uma leva de quinhentos conjuntos de fitas. Quase consegui visualizar seu sorriso do outro lado da linha quando ele respondeu:

— Eu sabia que vocês iriam vender bem, por isso fiz mil conjuntos logo de início. É só mandar buscar o resto.

Mais tarde, vieram as orações pelo livro que a editora Victor Books pediu que eu escrevesse depois de ouvir aquelas fitas. Nesse meio tempo, criamos uma organização chamada United Prayer Ministries, orando sobre cada passo desse processo e pelo número cada vez maior de membros da organização. Foi minha **Corrente Telefônica Pessoal de Oração** de cerca de trinta mulheres que me sustentou na redação de cada palavra durante aqueles longos meses. Sempre compartilho minhas necessidades físicas, emocionais, mentais e espirituais com essa corrente de oração há mais de dez anos. Essas pessoas sustentam minha vida com suas orações poderosas, dedicando sacrificialmente seu tempo e energia diariamente. Em muitas ocasiões, foi por meio de sua luta intensa em oração que Deus fez avançar nosso ministério.

Outra forma de oração em conjunto que fez com que Deus agisse no sentido de produzir aquele livro e de criar o ministério que veio em seguida, surgiu de meu **Grupo Pessoal de Oração,** de nove mulheres, organizado em 1971. Quantas vezes sofremos em oração sobre cada conceito, palavra, título, horário na minha agenda de trabalho e pedimos a orientação de Deus para os que estavam trabalhando com o material na Victor Book – e até sobre uma greve das empresas de impressão! Além disso, a intercessão por essas necessidades realizada pelas esposas de professores da Faculdade e do Seminário Bethel durante nossas reuniões semanais de oração – bem como por parentes, amigos e membros da igreja – tudo isso, em conjunto, permitiu que Deus nos desse sabedoria e poder suficientes para aquele livro sobre oração.

Contudo, quando vi a primeira cópia de *O que acontece quando as mulheres oram* e me dei conta de que havia prometido orar pelas pessoas que lessem o livro, entrei em pânico. Como fazer isso? Assim, criamos o **Calendário de Oração,** colocando para cada dia um "intercessor" incumbido de orar pelos que estivessem lendo ou ensinando sobre o livro naquele dia (enquanto o resto do grupo orava pelo intercessor). Hoje, mais de dez anos depois, o calendário continua em funcionamento, inclusive com orações diárias por todos os que estão lendo e ensinando meu livro, ouvindo as fitas e pela agenda diária de oração.

Transmito nossas experiências de orações respondidas para a **Comissão de Orientação** interdenominacional, que planeja meus seminários, e peço que se reúnam com freqüência seis meses antes dos eventos para orar por eles. (Com toda essa união e poder em oração, mal precisam de mim!) Mas, quando começo a dar um seminário, sinto a quantidade e qualidade das orações realizadas. O poder de Deus em meus seminários é diretamente proporcional ao tipo e à quantidade de orações sendo feitas pela comissão.

ADMINISTRANDO NOSSA ORGANIZAÇÃO POR MEIO DA ORAÇÃO

No United Prayer Ministries (UPM), dependemos completamente da direção de Deus. Quando pedimos a Deus orientação, sabedoria e portas abertas, seguimos literalmente o conselho de meu primeiro livro – "ore primeiro e planeje depois". Cerca de metade do tempo de cada **Reunião de Diretoria** é gasta com oração. Normalmente, começamos com uma hora de oração e encerramos com a participação de todos em orações mais prolongadas, pedindo por atuais e futuros ministérios depois de cada reunião. Quando discutimos questões práticas, encontramos um segrego fantástico para ter sabedoria. Quando não sabemos que decisão tomar, simplesmente paramos e oramos. Entre uma reunião mensal de diretoria e outra, a oração continua com pedidos comunicados por meio das correntes telefônicas de oração da UPM.

Deus nos ensinou, logo de início, que "a oração *é* a resposta". E funcionou. Não temos grandes estrelas, apenas "cooperadores de

Deus" (1 Co 3:9, NVI). Junto conosco, o Senhor tem levado esse ministério de oração a diversos lugares ao redor do mundo.

Além da corrente telefônica de oração da diretoria, organizamos uma **Corrente Metropolitana de Oração** na região das duas cidades contíguas de St. Paul e Mineápolis. A corrente é constituída de várias centenas de membros de todas as denominações. Esse tem sido o projeto piloto para correntes semelhantes em outros países ao redor do mundo.

Nossa corrente de oração mais ativa é a **Corrente Telefônica de Oração pelo Governo**, que intercede por governos, líderes e legislações locais, nacionais e mundiais. Os participantes procuram, intercedem diligentemente e alistam outros cristãos para se juntarem a eles em oração.

Há pouco tempo, depois de uma discussão que se estendeu até depois da meia-noite, deputados estaduais de Minesota aprovaram, por uma votação preliminar de 32 votos a 27, um projeto de lei que dá o aval do Estado a um estilo de vida que o Senhor considera abominável. Os defensores do projeto esperavam vitória certa na votação que ocorreria na noite seguinte. No entanto, cristãos de todo o Estado puseram-se a orar. A poderosa oposição por telefone levou cinco deputados a retirarem seu apoio a essa lei. Outros que se abstiveram durante a votação preliminar também decidiram opor-se à medida proposta. O autor do projeto sabia que era inútil tentar votá-lo novamente. Jogou o projeto no chão e resmungou alguns insultos contra "esses cristãos".

No entanto, o sucesso nem sempre é visível e imediato. Uma pessoa, certa vez, me perguntou:

— Com tantas orações, como é possível que os problemas de drogas, aborto, pornografia, abuso infantil e outras coisas do gênero só piorem nos Estados Unidos?

— Como os Estados Unidos estariam hoje, se não fossem todas essas orações? — respondi, e estremeço só em pensar!

As correntes telefônicas de oração, em si, não têm poder algum. No entanto, permitem que diversas pessoas orem, simultânea e imediatamente, por uma necessidade sem ter de esperar por uma lista de oração via correio *ou e-mail* nem por reuniões de grupos de oração.

Outro uso para o telefone nas orações são as **Teleconferências**. Acabei de desligar o telefone depois de um intenso período de oração com duas outras pessoas intercedendo por um reavivamento na capital de nosso país. Mais uma vez, economiza-se o esforço e o tempo de organizar uma reunião, e a ligação coloca em prática o método de "duas ou mais pessoas se reunirem" para interceder. Um pastor da Califórnia me contou que, começando às 5 da manhã, passa as duas primeiras horas do dia em teleconferências com os membros da diretoria de sua igreja, com intercessores e até mesmo com sua sogra!

O **Relógio de Vinte e Quatro Horas de Oração** é um dos elementos mais poderosos de nosso ministério e funciona quando estou dando palestras no exterior. Cada pessoa se prontifica a orar diariamente em certo horário do dia ou da noite, criando assim um círculo contínuo de intercessão durante todo o tempo que estou fora.

Normalmente, o relógio encerra as orações quando meu avião chega a Mineápolis – St. Paul. Contudo, quando voltei da Índia no segundo semestre de 1983, sem me dizer nada, os participantes resolveram acrescentar mais dois dias de oração depois da minha volta, enquanto eu me recuperava da desorientação mental causada por longas viagens de avião e pela mudança brusca de fusos horários.

Depois de três semanas com uma agenda extremamente cheia, de calor escaldante, enfrentando problemas intestinais e coordenando uma Assembléia Nacional de Oração sem a ajuda de meu marido (que havia voltado para os Estados Unidos por causa de graves problemas no sistema digestivo), cheguei em casa exausta. Encontrei à minha espera duas netas recém-nascidas, e nosso filho aproveitou uma folga da universidade para nos visitar e comemorar seu aniversário. Contudo, para meu espanto, não senti qualquer efeito desse mal-estar normal após viagens. Kathy Grant, uma participante do Relógio de Oração de Washington, me ligou para contar uma história impressionante:

— Sabe Evelyn, enquanto eu orava, cheguei a sentir o mal-estar pós-viagem *com* você.

— Não, Kathy — asseverei, — você não sentiu *comigo*, sentiu *por mim*. Eu não tive nada...

SENTINDO O PODER

Aprendi, por acaso, que uma das coisas que as pessoas pelas quais oramos experimentam é a sensação do poder de Deus. Em 1968, quando fizemos experiências para descobrir "O que acontece quando as mulheres oram", conversei com pessoas pelas quais havíamos orado. O comentário que mais ouvi foi:

— Podia *sentir* que estavam orando!.

O que haviam sentido? O poder de Deus sendo liberado por meio da oração!

No evento anual chamado de Café da Manhã Presidencial de Oração, logo depois de o presidente norte-americano, Ronald Reagan, haver sofrido um atentado, ele nos disse:

— Nancy e eu gostaríamos de agradecer por suas orações. Sem dúvida, sentimos e experimentamos seu poder!

Foi o que aconteceu com Dorothy, uma integrante da diretoria da UPM no final de semana em que recebeu a terrível notícia de que seu filho havia morrido de queimaduras no Estado do Arizona. Ao abraçá-la durante o funeral, disse-lhe que estávamos orando o tempo todo por ela.

— Eu sei — disse ela sorrindo em meio à sua profunda tristeza —, eu *senti*. Obrigada.

Em Adelaide, na Austrália, quando quinhentas das mil mulheres presentes em um encontro de oração declararam, em voz alta, a entrega de sua vida a Cristo, senti o poder de Deus naquele auditório de forma tão intensa que não consegui falar. Fiquei imóvel, lágrimas correndo de meus olhos. Uma grande organização feminina de estudos bíblicos havia me convidado, e sua presidente internacional veio das Filipinas para participar do seminário. Depois do evento, ela disse:

— Quando aquilo aconteceu, senti como se uma corrente elétrica tivesse passado por minhas costas, quase como um choque.

Em seguida, a presidente regional acrescentou:

— Senti a mesma coisa. E você, Evelyn?

— Eu não —, respondi. — Só fiquei imóvel e incapaz de dizer qualquer coisa diante de um poder tão extraordinário.

Mais uma vez, Deus fez seu poder fluir por causa da oração.

Jeanne, a atual presidente de nossa diretoria, relatou ter sentido o poder da oração quando ela e seu marido, Dr. Bill Scott, cirurgião, estavam em Bangladesh. Depois de completarem seu período de trabalho missionário na Índia, os dois voltaram para os Estados Unidos, onde Bill trabalhou na ala de cirurgia de um grande hospital de Mineápolis. Em seguida, foram para Bangladesh, onde realizaram a construção de um hospital em Parbatipur. Depois de voltar para casa, Jeanne contou como foi diferente o apoio que *sentiram* através das intercessões de nossa diretoria, das correntes telefônicas e de outros grupos de oração. É claro que, da primeira vez, quando foram para a Índia, receberam grande apoio missionário, mas em Bangladesh foi diferente. Nas palavras de Jeanne:

— Com o sustento dessas orações, Deus abriu portas de maneiras admiráveis, mobilizando recursos e assistência de modo que, em vinte meses, o hospital havia sido inaugurado e colocado em funcionamento, bem como uma capela.

Senti o poder de Deus fluindo, mediante a oração conjunta, quando estava no Central Hall, em Westminster, na Inglaterra, onde aconteceu a primeira sessão da Assembléia Geral das Nações Unidas, em 1946. Ao subir os degraus da enorme escadaria de mármore até a tribuna, senti um espasmo recorrente na parte inferior da coluna seguido de uma dor excruciante. Ainda assim, consegui ficar em pé e falar o dia todo contando, literalmente, com as forças de Deus. Mais tarde, ao saber de minha experiência quase inacreditável, o presidente da Sociedade Bíblica Britânica me perguntou se eu havia pedido a intercessão de minha corrente de oração nos Estados Unidos por aquela situação.

— Não precisei — respondi. — Eles já estavam orando, e o Senhor conhece minhas necessidades e sabe como responder.

E foi o que ele fez!

Em março do ano passado, na primeira manhã em Perth, na Austrália, escrevi em meu diário: "Sinto-me ótima! Sem qualquer efeito por causa do cansado do vôo ou de mudanças de fuso horário. Acordei às 4h30, horário de Perth. Senhor, que pontualidade! Normalmente acordo nesse horário nos Estados Unidos, mas a Austrália fica do outro lado do mundo. Estou bem, apesar de tudo o que aconteceu nas cinqüenta e três horas passadas entre minha cama em St. Paul e esta cama em Perth. A cidade de Mineápolis teve a segunda pior tempestade de neve de sua história no dia em que eu deveria sair, a empresa aérea entrou em greve exatamente quando estava prestes a partir, e houve um atraso de oito horas em Los Angeles. Então, enquanto não podíamos ver outra coisa senão o Oceano Pacífico, o piloto da Qantas Airlines comentou com ironia que, por causa de ventos contrários fora do comum, estávamos ficando sem combustível e que faríamos um pouso de emergência em Brisbaine. "*Jamais senti de forma tão poderosa quanto agora o poder da oração.*" Ainda pasma, sublinhei a frase e continuei a escrever".

Hoje pela manhã, na escuridão que antecede o nascer do Sol, enquanto relembrava todas as orações conjuntas feitas por mim desde 1964, meus olhos encheram-se subitamente de lágrimas – lágrimas de gratidão – ao me dar conta da magnitude de todas essas orações simultâneas e contínuas intercedendo por mim. Meu coração irrompeu em gratidão a Deus pelo privilégio indescritível de experimentar, anos a fio, a contínua sustentação por meio das orações de tantas pessoas.

Repeti mentalmente o agradecimento que enviei aos meus intercessores depois de ter voltado de uma série de seminários na Inglaterra: "Ajudando-nos também vós, com as vossas orações a nosso favor, para que, por muitos, sejam dadas graças a nosso respeito, pelo benefício que nos foi concedido *por meio de muitos*" (2 Co 1:11, grifos meus). E, juntamente com Paulo, "não cesso de dar graças por vós, fazendo menção de vós nas minhas orações" (Ef 1:16). No começo de meu ministério de oração, nosso filho Kurt, que, na época, estudava no ensino médio, disse-me:

— Com tantas orações, mãe, como é que alguma coisa pode dar errado?

Que grande verdade, Kurt!

MAIS DO QUE TUDO QUANTO PEDIMOS OU PENSAMOS

O que Jeremias chamou, no Antigo Testamento, de anunciar "coisas [...] que não [sabemos]" (Jr 33:3), Paulo chamou, no Novo Testamento, de receber "mais do que tudo quanto pedimos ou pensamos" (Ef 3:20).

Não importa quanto espero de Deus, ele sempre me dá mais. Não importa quanta fé eu tenho, parece nunca ser suficiente para equiparar-se à quantia admirável de coisas que Deus está pronto, disposto e ansioso a realizar – quando há oração suficiente. A intenção de Deus é que suas respostas excedam até os maiores pedidos de seus intercessores e as aspirações que os levaram a orar.

Durante a primeira etapa da "Missão Inglaterra", em 1983, um de meus privilégios foi organizar "trios" de oração. Nesse método, três cristãos escolhem, cada um, três pessoas que não conhecem a Cristo e, então, comprometem-se a orar juntos semanalmente por essas nove pessoas até que elas encontrem a Cristo como seu Salvador. No total, trinta mil cristãos inscreveram-se para o programa de trios antes das seis cruzadas de Billy Graham, que constituíram a "Missão Inglaterra". O resultado foi fenomenal! Billy Graham relata que, de longe, o número de conversões foi maior do que em qualquer outra de suas cruzadas. George Wilson, vice-presidente da Associação Evangelística de Billy Graham, comentou com empolgação:

— Sabemos bem qual é o motivo desse sucesso, não é, Evelyn? Foi tudo pela oração.

Sim, as orações de todas aquelas pessoas queridas na Inglaterra que, por sua vez, receberam nossas orações, à medida que foram se inscrevendo para os trios.

O Comitê Lausanne para Evangelização Mundial, que patrocinou nossa primeira Assembléia de Oração em Seul, na Coréia, em 1985, estava ansioso para dar um destaque especial ao domingo de Pentecostes e marcou a assembléia de modo a incluir essa data. Como coordenadora dos encontros de mulheres, orei repetidamente ao longo de seis meses: "Senhor Deus, manda-nos um pouco de Pentecostes para essa assembléia". (Por vezes, enquanto orava, sorria e pensava: *E se Deus resolver mesmo mandar um pouco do que aconteceu em Pentecostes, quantos de nossos participantes internacionais iriam fugir para casa? Será que estávamos realmente preparados para isso?*)

Os encontros de mulheres aconteceram no salão principal da igreja de Young Nak com traduções simultâneas para cada língua ali representada e transmitida pelas cabines. As pessoas ouviam cada uma em sua própria língua usando um sistema de áudio individual com fones de ouvidos; no primeiro dia, porém, não tínhamos um tradutor chinês. Uma das repórteres que entrevistava os participantes depois de cada palestra era uma missionária norte-americana que falava chinês fluentemente. Ao perguntar às representantes da China sua opinião sobre as palestras, elas lhe contaram quanto minha lição sobre uma "vida santificada" e sobre "perdoar como somos perdoadas" havia sido importante, bem como as orações subseqüentes.

— Mas — replicou a repórter — vocês não falam inglês.

— Não — responderam elas.

— E hoje não havia um tradutor chinês — acrescentou a entrevistadora.

— Que coisa! — exclamaram as chinesas admiradas — deve ter sido o Espírito Santo!

Eu certamente não havia pedido – nem sequer pensado – em algo tão semelhante a Pentecostes e relutei em contar o que havia ocorrido até ter certeza. No entanto, essa informação me foi dada por Faye Leung, uma chinesa responsável pela transmissão de meus programas da Rádio Transmundial na China, que também fala inglês fluente. Depois da Assembléia de Oração, quando estávamos jantando em Hong Kong, pedi que Faye me desse sua opinião sobre o ocorrido. Ela disse:

— Isso não me surpreende nem um pouco. Naquele dia, estava orando com uma mulher chinesa que, apesar de não entender uma única palavra de inglês, orou sobre cada coisa que havíamos pedido às participantes!

Tenho certeza de que os intercessores antes de Pentecostes também não haviam pedido nem pensado naquilo que Deus lhes enviou.

INFINITAMENTE MAIS

Em meu ministério, nem sempre espero respostas dramáticas. Quando começamos o trabalho em 1968, nem sequer sabia se as mulheres de minha igreja iriam orar comigo; e, se orassem, não sabia se Deus faria alguma coisa. Mas agora, com as respostas extraordinárias de Deus, eu sei! No entanto, também adquiri a dolorosa consciência de todas as coisas boas que Deus quer derramar sobre nosso planeta, mas é limitado por nós pelo fato de não orarmos o suficiente.

Sobre o berço de nossos netos, em nosso quarto de hóspedes, pendurei um pequeno quadro bordado que diz: "A oração É a resposta!"

O Dr. Paul Yonggi Cho, pastor de um igreja que agora tem cerca de quinhentos mil membros em Seul, na Coréia, nos disse ao explicar o poder para tamanho crescimento numa igreja: "Os norte-americanos ficam na igreja depois dos cultos e comem juntos.

Nós ficamos na igreja depois do culto e oramos juntos". Mencionei esse fato recentemente num congresso de pastores. Depois disso, fomos orar, e um pastor falou de repente: "Ó Deus, não oro o suficiente. Perdoa-me pela minha falta de oração pessoal, por minha família e por minha igreja. Ó Senhor, perdoa-me!" É surpreendente que praticamente nenhum seminário teológico norte-americano inclua na grade curricular uma matéria específica sobre a oração e seu poder. No entanto, a oração é a chave que abre a porta para a sala do trono do Deus Todo-Poderoso.

Em Efésios 3:20, Paulo dá uma visão espantosa da mente de Deus. Descobri que a vida revestida, saturada e dirigida pela oração pode ser alegre e empolgante. Sinto como se estivesse sempre na ponta dos pés esforçando-me para ver o que se passa na mente de Deus, imaginando como e o que ele vai fazer dessa vez. Sem dúvida aprendi que ele "é poderoso para fazer infinitamente mais do que tudo quanto pedimos ou pensamos" quando oramos.

Sim, ele pode. No entanto, só o fará quando há oração suficiente! Quanto poder Deus está liberando por causa de suas orações? Quanto poder Deus ainda espera para deixar fluir até você usar a chave da oração?

Oração final

Senhor, confesso que não há oração suficiente em minha vida. Pai, tu não podes fazer muitas das coisas que desejas por causa de minha falta de oração. Anseio por ver-te responder, fazendo infinitamente mais do que tudo quanto sou capaz de pedir ou pensar. Senhor, comprometo-me a passar mais tempo orando diariamente. Ajuda-me a ter autodisciplina de modo a orar mais. Em nome de Jesus, Amém.

Capítulo 3

Quando Deus responde: Você fez a oração errada

O fato de que Deus *não responde* às orações sob certas condições é ensinado de modo tão claro na Bíblia quanto o fato de que ele *responde* às orações de seus filhos em outras ocasiões. Apesar de os cristãos para quem escrevia sua carta terem orado, Tiago diz: "pedis e não recebeis, porque pedis mal, para esbanjardes em vossos prazeres" (ver Tg 4:3).

Há dois tipos de oração a que Deus responde dizendo: "Você fez a oração errada". Em primeiro lugar, há as orações em que pedimos coisas erradas, as quais Deus, em sua santidade, jamais poderia conceder. No entanto, há um tipo de oração a que Deus até poderia responder afirmativamente, caso ela não tivesse sido feita com a motivação errada.

A motivação errada

Às vezes, Deus não responde às nossas orações porque as fizemos com a *motivação* errada. Apesar de as coisas que pedimos serem boas em si, nós as desejamos por razões impróprias. Assim, mesmo quando pedimos, não recebemos.

A motivação é aquilo que nos leva a orar de determinada maneira. A razão para orar por algo é capaz de transformar esse pedido numa "oração errada". O que são orações erradas? São aquelas que fazemos para *"esbanjarmos em nossos próprios prazeres"*.

A palavra *prazer,* em Tiago 4:3, foi traduzida em versões mais antigas como *concupiscência* e só mais tarde empregou-se mais corretamente o termo *prazer.* No entanto, nos dias de hoje, para nós, a palavra *prazer* significa basicamente uma coisa boa e positiva. Além disso, há coisas boas para os cristãos que também são traduzidas na Bíblia como "prazeres". Porém esse termo bíblico específico tem sempre uma conotação negativa e está fora dos limites dos cristãos. A definição literal da palavra grega traduzida como "prazeres", em Tiago 4:3, é "gratificação de desejos naturais ou pecaminosos". Hoje em dia, essa palavra é compreendida de modo muito mais claro se a chamarmos de "concupiscência".

Obviamente, o termo abrange outras coisas além de desejos sexuais. Como é assustador perceber que nossas próprias orações, muitas vezes, são feitas com a motivação errada – para esbanjar em nossas próprias concupiscências. Assim, Deus deve responder: "Você fez a oração errada".

Aqui estão alguns temas comuns do cotidiano que aparecem em nossas orações: louvor, família, amor ao poder, amor ao exibicionismo, ambição por *status* mais elevado que o de outros (traduzido em facilidades, conforto e satisfação pessoal), busca pela satisfação de nossos desejos pecaminosos e desejo de vingança.

Apesar de a maioria de nós ter o cuidado, de modo geral, de orar sobre coisas que cremos serem boas e que Deus deseja nos conceder, com freqüência estamos completamente alheios às motivações erradas que talvez sirvam de inspiração para tais orações. Orar com a motivação errada sobre coisas que Deus normalmente responde "sim" significa fracassar na oração.

Para a glória de quem?

Desejar alguma coisa para nossa própria glória e não para a glória de Deus é uma das razões pelas quais nossas orações, mesmo estando corretas de acordo com as Escrituras e sendo aceitáveis a Deus, são prejudicadas pela nossa motivação.

Em meu ministério, fico estarrecida com alguns dos motivos que vêm à tona quando as pessoas ou grupos estão pedindo a Deus por um seminário sobre oração. Vários anos atrás, tive um problema sério numa das pernas e um médico insistiu que eu cancelasse um seminário sobre oração na costa oeste e ficasse mais uma semana de cama. No entanto, no final daquela mesma semana, ele decidiu que eu estava bem o suficiente para viajar, de modo que pude realizar uma série de palestras numa cidade perto daquela onde havia sido cancelado o seminário. Recebi um telefonema de um pastor muito irado da igreja onde eu tinha precisado cancelar o primeiro compromisso; estava absolutamente furioso por eu não ter aparecido na igreja *dele* e depois ter reunido todas aquelas pessoas na igreja de seu "concorrente" na semana seguinte.

Perguntei-me qual teria sido a verdadeira razão de aquele pastor querer meu seminário. Era, verdadeiramente, para ensinar as pessoas a orar? Era para congregar igrejas diferentes em união? Ou era para atrair pessoas de todas as denominações da região para a *sua* igreja? No fundo, tratava-se de trazer glória para *sua* igreja e para *ele* próprio? Apesar de a oração por um seminário que ensina as pessoas a orar ser, sem dúvida, uma coisa boa, o motivo talvez seja extremamente incorreto. Então, Deus responde: "Você fez a oração errada".

Em 1979, ao fazer minha oração de aniversário sobre o ano por vir, minhas palavras foram simplesmente estas: "Deus, que tu sejas glorificado, não eu!" E, quando o ano terminou, minha oração pedindo somente pela glória dele não acabou. Fazer a "oração certa" pedindo que Deus receba toda glória faz parte de meu processo de aprendizado há muito tempo.

Ao longo dos anos, antes de falar em público, oro para que eu não seja vista enquanto estiver falando – somente Jesus. Depois de algumas apresentações por vezes um tanto floreadas, oro para que a roupa que visto, o meu penteado e coisas do gênero sejam apagados da consciência do público e substituídos por Jesus. O maior elogio que posso receber é quando alguém chega para mim e diz:

— Hoje, em lugar de ver você, vi Jesus ali na frente o dia todo. Para a glória *dele!*

Além disso, antes de um seminário sempre oro: "Senhor, remove da palestra qualquer ilustração ou tópico que trará glória para mim e não para ti". A ilustração ou tópico, em si, podem ser muito bons, mas se a motivação para falar sobre isso é *minha* própria glória, Deus não usará tais palavras a fim de tocar a vida dos participantes. É preciso que sejam para a glória dele.

Podemos ter motivações erradas até quando oramos para ganhar pessoas para Cristo. Para a glória de quem desejamos dar frutos espirituais? Em João 15:7,8, Jesus diz que, se cumprirmos suas palavras, aquilo que pedirmos nos será dado. Mas para quê? A fim de que nós sejamos glorificados? De jeito nenhum. É com o objetivo de dar muito fruto – não para a nossa própria glória, mas para a glória do Pai. Estamos tentando levar mais uma pessoa a Jesus para que nós mesmos recebamos crédito por isso? É para a glória de quem?

Um motivo sutil para receber a glória em lugar de Deus insinua-se quando descobrimos algo empolgante e compartilhamos com outra pessoa, só para depois ouvi-la falar sobre o assunto numa conversa, num sermão ou num livro! Como dói quando outros recebem o crédito. No entanto, devemos examinar o que nos faz sentir assim. Deus pode realizar muitas coisas se não nos importarmos com quem recebe os créditos – e a glória!

Para esbanjardes em vossos prazeres

Muitas de nossas orações são feitas com a motivação errada: *para sermos vistos pelos outros*, não por Deus, e para que recebamos o crédito e a glória. Porém, em Mateus 6:5, Jesus disse que, ao orar, nossa motivação não deve ser a mesma dos hipócritas nas sinagogas e esquinas que oram "para serem vistos dos homens". Não importa quanto seja bom o conteúdo da oração: a motivação é incorreta e, portanto, o Senhor se desagrada dela.

Trata-se da concupiscência da ostentação, um dos principais motivos pelos quais pedimos e não recebemos, por estarmos pedindo para esbanjar com esse prazer. Como é fácil nos incharmos de orgulho quando ficamos conhecidos como "alguém que nunca falta numa reunião de oração" ou "alguém que faz orações tão bonitas em público". Coisas que, em si, são boas, mas que são feitas com a motivação errada. A concupiscência do orgulho! Deus disse a Salomão: "se o meu povo [...] *se humilhar*; e orar, e me buscar [...] então, eu ouvirei dos céus, perdoarei os seus pecados e sararei a sua terra" (2 Cr 7:14, grifos meus).

O orgulho também aparece na oração devocional particular. Vejo que preciso estar sempre alerta quanto às motivações erradas em minha própria vida de oração e, normalmente, fico surpresa quando aparecem.

Quando nosso filho, Kurt, estava fazendo os exames para ingressar num programa de doutorado em física, passei três horas em oração. Sem saber como orar durante três horas sobre um mesmo assunto, pedi a Deus que me ensinasse. Uma das coisas admiráveis que ele me mostrou foi que, apesar de estar orando sinceramente pedindo a vontade de Deus, alguns de meus motivos para interceder por Kurt, a fim de que passasse nos exames, eram errados. Era Deus agitando sua bandeira amarela de advertência: "Cuidado!"

Insinuando-se no meio de motivações que eu considerava inteiramente puras com referência à vontade de Deus para o futuro de meu filho, havia uma motivação errada – o orgulho. Peguei-me orando de modo aparentemente normal para uma mãe: "Senhor, e se o primo de Kurt passar nas provas para o curso de engenharia biomédica e nosso filho for reprovado?". A repreensão de Deus me fez orar pedindo perdão pela motivação errada por trás de meus pedidos.

Quatro anos depois, senti que foi muito mais fácil dar atenção à bandeira de advertência de Deus. Encontrava-me em profunda oração, enquanto Kurt escrevia com todo seu empenho um relatório sobre uma descoberta sua antes que um "concorrente" de outra universidade o fizesse. Alguém inadvertidamente havia contado a essa pessoa o que Kurt estava pesquisando e, se ela publicasse o relatório antes de meu filho, receberia crédito pela descoberta de Kurt. Ao orar, de repente vi Deus agitando sua bandeira amarela. Mais que depressa, mudei minha oração para: "Senhor, sei que tu mereces todo o crédito por essa descoberta. Tu sabes quais são as necessidades de Kurt – e também o que ele merece".

Em toda a passagem de Tiago 4:1-3, um dos motivos pelos quais não recebemos é porque "cobiçamos" (ver v. 2). Sempre queremos sucesso, vitória e crédito imediatos para alguém que amamos, mas nossa motivação pode ser esbanjar isso tudo com nossos próprios prazeres e com nosso orgulho.

Tiago 4:6 diz: "Deus resiste aos soberbos", de modo que certamente ele não concede os pedidos feitos para serem gastos com nossa concupiscência da soberba. Uma motivação errada torna a oração errada, à qual, obviamente, Deus não responde.

O teu reino, não o meu

Quantos líderes cristãos não estão construindo seus próprios reinos em vez de edificar o reino de Deus? Mais uma vez, aquilo que pedem em suas orações é bom e correto de acordo com as Escrituras – uma igreja que cresça, um templo maior, melhores instalações para suas organizações ou universidades –, mas sua *motivação* é a busca por exaltação, fama e glória para si mesmos.

Contudo, na oração que Jesus deu como exemplo, em Mateus 6, ao ensinar seus seguidores a orar, deixou muito claro qual é o reino que devemos construir: "Pai nosso [...] venha o *teu* reino [...] assim na terra como no céu" (vv. 9,10, grifos meus).

Numa igreja grande e aparentemente bem-sucedida onde dei um seminário recentemente, vários membros comentaram com tristeza:

— Mas não há poder aqui...

Por quê? Talvez porque seu pastor, extremamente talentoso, esteja construindo não para o reino de Deus e a glória dele, mas para seu próprio reino e reputação.

Esse amor à superioridade, ao *status* mais elevado, à construção do próprio reino em vez do reino de Deus parecia ser um problema já no primeiro século. Em 3 João, o apóstolo João disse que precisavam repreender Diótrefes, pois ele gostava de ser o primeiro entre os outros. Diótrefes recusou-se a ouvir o apóstolo João, não querendo que sua própria posição de autoridade fosse desafiada.

Nossa tendência é pensar que essa motivação incorreta existe apenas nos ministérios maiores e mais chamativos; contudo, na realidade, isso também se aplica, às vezes até mais, a pequenas igrejas e organizações que lutam para sobreviver. Numa tentativa desesperada de provar sua importância numa comunidade ou denominação, essas igrejas partem para a edificação de seus próprios reinos no lugar do reino de Deus.

É possível enganar a nós mesmos e aos outros sobre as motivações por trás de nossas orações –, mas não a Deus. Ele está ciente de nossas motivações e atitudes ocultas, que muitas vezes nem nós mesmos reconhecemos. Não são apenas nossas palavras que se elevam a Deus, mas também nossos motivos. Deus olha dentro de nós, e nossos motivos ficam tão claros para ele quanto nossas palavras. "[...] e todas as igrejas conhecerão que eu sou aquele que sonda mentes e corações" (Ap 2:23).

Assim, orar com a motivação errada é o mesmo que fazer uma oração que Deus deve responder com um "não", pois, ainda que o pedido, em si, seja bom, a razão que nos leva a pedir é o desejo de esbanjar em nossos prazeres.

PEDINDO MAL

Orar pelos motivos errados, na realidade, leva-nos a pedir mal, o que, por sua vez, significa, obviamente, fazer as orações erradas.

Gostamos de pensar que a expressão "pedir mal", em Tiago 4:3, refere-se a um pequeno equívoco no conteúdo de nossas orações. No entanto, essa expressão significa pedir com más intenções, com perversidade. Literalmente, pedir mal quer dizer "*pedir perversamente*". É orar pela satisfação daquelas coisas que Deus pede aos verdadeiros cristãos que eliminem de sua vida. Assim, não é uma oração que pode ser respondida por Deus. Uma oração que pede mal deve receber dele a seguinte resposta: "Você fez a oração errada".

Mas, em João 15:7, Jesus não prometeu que poderíamos pedir "*o que* [quiséssemos]"? Depois, no versículo dezesseis desse capítulo, ele não disse: "*tudo quanto* pedirdes ao Pai em meu nome, ele vo-lo conceda"? Como é possível, então, alguma coisa pela qual pedimos ser considerada "pedir mal" e "fazer a oração errada"?

Bem, Jesus também deu inúmeras diretrizes para nosso viver; e sua promessa de responder às nossas oração não negou e nem poderia negar todas as suas diretrizes e ordens. Jesus é a verdade (Jo 14:6). Ele não pode mentir. Como seria capaz de ensinar e de exigir pureza, santidade e justiça e depois deixar implícito em suas promessas referentes à oração que poderíamos pedir – e receber – justamente o contrário?

Em João 14:14, Jesus voltou a dizer: "Se me pedirdes *alguma coisa* em meu nome, eu o farei" (grifos meus), dando a impressão de estar nos entregando um cheque em branco para pedir a quantidade que quisermos de qualquer coisa que desejarmos. No entanto, nas palavras que antecedem esse versículo, ele diz claramente por que fará qualquer coisa que pedirmos em seu nome: "a fim de que o Pai seja glorificado no Filho" (Jo 14:13). Assim, fica evidente que Jesus jamais prometeria uma resposta de oração que não glorificasse o Pai. As coisas que Deus pede que eliminemos de nossa vida por serem pecados certamente não nos seriam concedidas – mesmo que fossem pedidas "em nome de Jesus".

Antes, todas as nossas orações devem estar de acordo com as regras e leis de Deus conforme foram apresentadas para nós na Bíblia. Devem basear-se em diretrizes bíblicas. Devem estar dentro da vontade de Deus revelada nas Escrituras. Provérbios 28:9 diz: "O que desvia os ouvidos de ouvir a lei [literalmente, a Palavra de Deus], *até a sua oração será abominável*" (grifos meus).

Uma jovem esposa e mãe me telefonou várias vezes do Havaí para falar de seu marido e da namorada que ele arranjou. Um dia, ela me perguntou:

— É certo pedir a Deus, se for a vontade dele, para permitir que meu marido me abandone e case-se com ela, pois Deus quer que ele seja feliz?"

— Não — repliquei —, jamais faça essa oração. A resposta de Deus para ela já se encontra na Bíblia. Deus afirmou explicitamente que não é da vontade dele que um casamento se desfaça.

Expliquei a ela que, em Mateus 19:6, Deus disse de modo bem claro: "De modo que já não são mais dois, porém uma só carne. Portanto, o que Deus ajuntou não o separe o homem". Então, repeti as palavras de Deus em Malaquias 2:16, quando ele praticamente trovejou: "[odeio] o repúdio [divórcio]". Não se ora pela satisfação da luxúria de um marido, mas sim para que ele deixe isso de lado.

O ressentimento e a recusa em nos submetermos a qualquer tipo de controle requerido pelas Escrituras é pecado. Orar por aquilo que vai contra os ensinamentos da Palavra de Deus certamente é "fazer a oração errada".

Aqui, mais uma vez, a palavra *prazeres*, no texto original de Tiago 4:3, é o mesmo termo que Jesus empregou na parábola do semeador em Lucas 8:14: "A que caiu entre espinhos são os que ouviram e, no decorrer dos dias, foram sufocados com os cuidados, riquezas e *deleites* da vida." (grifos meus). Ao escrever a Tito, Paulo usou o mesmo termo: "Pois nós também, outrora, éramos néscios, desobedientes, desgarrados, escravos de toda sorte de paixões e *prazeres*" (Tt 3:3, grifos meus). Portanto, pedir alguma coisa que pode nos sufocar e escravizar certamente é "fazer a oração errada".

Pedro expressou-se da seguinte maneira: "Amados, exorto-vos, como peregrinos e forasteiros que sois, a vos absterdes das paixões carnais, que fazem guerra contra a alma" (1 Pe 2:11). Nosso corpo e nossa mente servem de acampamento e de campo de batalha para essas paixões. Assim, de que modo Deus concederia nossos desejos quando aquilo pelo que oramos são coisas que fazem guerra espiritual contra nossa alma? Orar por isso é um caso gravíssimo de "pedir mal".

A história do cristianismo revela muitos exemplos de pedidos da bênção de Deus sobre algo mau: traficantes de escravos pedindo com devoção para que Deus abençoasse seu comércio perverso, e renegados italianos pagando promessas para seu santo padroeiro antes de atacar grupos de viajantes. Hoje em dia, quantos de nós não erguem a voz em adoração ao santo Deus do céu e, então, pedem por algo que o Senhor chama de abominação?

Deus jamais prometeu: "Agrada-te da esposa do vizinho e eu satisfarei os desejos do teu coração"! De forma alguma! O salmista nos disse o que Deus desejava: "*Agrada-te do SENHOR*, e ele satisfará os desejos do teu coração" (Sl 37:4, grifos meus).

Deus nos repreende por nos agradarmos das coisas erradas. Contudo, Paulo nos dá um exemplo do que é "fazer a oração certa" na oração dele pelos crentes da igreja de Tessalônica. "Por isso, também não cessamos de orar por vós, para que o nosso Deus vos torne dignos da sua vocação *e cumpra com poder todo propósito de bondade e obra de fé*, a fim de que o nome de nosso Senhor Jesus seja glorificado em vós, e vós, nele, segundo a graça do nosso Deus e do Senhor Jesus Cristo" (2 Ts 1:11,12, grifos meus). A fim de ser a "oração certa" que pode ser respondida por Deus, toda oração deve passar pelo teste da onisciência, da soberania e da santidade divinas.

ORAÇÕES BOAS, PORÉM AINDA ASSIM ERRADAS

Há muitas outras orações às quais Deus também responde: "Você fez a oração errada". Não são más, em si, nem mesmo são feitas com a motivação errada. Na verdade, ocorre justamente o oposto. É possível que o intercessor esteja buscando sinceramente fazer aquilo que se encontra nas Escrituras e o que parece ser a vontade de Deus. A esses intercessores, Deus deve dizer *amorosamente*: "Você fez a oração errada". A impressão é a de que, em toda a sua bondade, Deus está dizendo: "Muito obrigado, mas..."

"Porque os meus pensamentos não são os vossos pensamentos, nem os vossos caminhos, os meus caminhos, diz o SENHOR, porque, assim como os céus são mais altos do que a terra, assim são os meus caminhos mais altos do que os vossos caminhos, e os meus pensamentos, mais altos do que os vossos pensamentos" (Is 55:8,9).

Não são orações más, porém Deus sabe de alguma coisa que não sabemos.

VOCÊ AINDA NÃO ESTÁ PRONTO

Às vezes, Deus precisa nos explicar, com carinho: "o seu tempo não é o meu tempo". Em nosso zelo, com freqüência nos adiantamos em relação ao tempo que Deus tem para nós. Não é que a oração não seja boa, só que, talvez, o que pedimos não é o melhor para nós naquele momento. Essa resposta que Deus dá à oração, obviamente, parece um não. Quando responde dessa forma, Deus explicará, ou não, que está dizendo apenas: "Espere, há mais coisas que preciso fazer *dentro* de você antes de dizer sim".

Foi especialmente difícil para mim lidar com essa resposta quando ela veio em relação a meu chamado para trabalhar em missões estrangeiras, assim que terminei meus estudos. Depois de ter orado sujeitando toda minha vida à vontade de Deus, tive certeza de que Deus estava me chamando para esse ministério, e respondi em oração com um profundo e definitivo "sim". Mas, logo em seguida, pensei que Deus havia cerrado de uma vez por todas a porta para o trabalho missionário no exterior.

Fiquei completamente arrasada quando o médico do Conselho de Missões Estrangeiras de nossa denominação decidiu que a úlcera de meu marido Chris – resquício da guerra – não permitiria que ele fosse trabalhar num lugar onde houvesse dificuldade de se encontrar leite e creme – o que, na época, era o tratamento comum para esse mal. No culto de despedida dos outros obreiros, eu soluçava, enquanto todos, menos nós, eram enviados para campos missionários. Na verdade, durante vários anos, evitei essa parte do encontro anual de nossa denominação, pois não conseguia encarar a dor e amargura de minha alma, uma vez que o chamado de Deus para a Índia havia parecido ser algo tão definitivo.

Chris havia servido como piloto bombardeiro durante a Segunda Guerra Mundial e, num avião B-17 em chamas sobre a Alemanha, havia prometido a Deus que, se ele o conduzisse em segurança até um território neutro, iria servi-lo pelo resto de sua vida. Chegou até a treinar pilotos no início do programa do Missionary Aviation Fellowship*. Então, quando estávamos concluindo nossos estudos na universidade e no seminário, aceitamos juntos o chamado de Deus para ser missionários em Assam, na Índia. Chris seria o primeiro piloto missionário naquele país, e estávamos encantados com a oportunidade.

Enquanto isso, trabalhar como secretária do reitor de nossa faculdade, durante quatro anos, dificilmente havia me preparado para o campo missionário. Até mesmo os difíceis anos de guerra, três abortos espontâneos e outras tragédias na família não haviam sido suficientes. E, certamente, um diploma na área de ciências humanas também não havia ajudado muito. Mas ninguém demonstrou muita preocupação sobre o que eu faria, uma vez que chegasse lá. Assim, estava tão empolgada e comprometida quanto possível como qualquer candidato a missionário.

No entanto, Deus manteve a porta para a Índia fechada e trancada para nós durante trinta anos. Mas a resposta do Senhor, na verdade, não havia sido não, mas sim: *"Tenho muita coisa para preparar em vocês"*. Os passos de preparação foram longos e lentos. Porém, em 1982, Chris e eu finalmente fomos à Índia.

Ao falar pela primeira vez em Nova Délhi, havia um nó em minha garganta que mal deixava minha voz sair. A cada instante, meus olhos enchiam-se de lágrimas ao contar para aquelas mulheres a respeito de minha decepção arrasadora, em 1952, e, então, de minha alegria quase indescritível trinta anos depois.

Nosso Deus onisciente tem seus motivos para o tempo ideal de concretizar seu chamado. Estou certa de que ele sabia que eu não estava preparada para ir à Índia em 1952. No entanto, durante esses trinta anos, ele me preparou por meio de dezoito anos de pastorado de meu marido, das experiências do ministério O que Acontece Quando as Mulheres Oram, dos livros que escrevi, das fitas que gravei e do privilégio de ensinar pessoalmente centenas de

* No Brasil, esse ministério é conhecido como "Asas de Socorro" e constituído por pilotos cristãos que servem ao Senhor em áreas remotas de nosso país. (N. da T.)

milhares de pessoas a orar por meio de seminários nos Estados Unidos, Canadá e em outros países.

Quando partimos para a Índia, um dos textos das Escrituras que nossa filha, Jan, dedicou-nos na despedida foram as palavras do Salmo 31:15 sobre o tempo soberano de Deus: "Nas tuas mãos estão os meus dias".

Em nossa impaciência, tentamos dizer a Deus *quando* queremos que nossas orações sejam respondidas. Mas como Deus é bom em controlar o tempo certo de nos dar a resposta! Mesmo assim, precisamos orar, pois isso desencadeia um processo que nos prepara para a resposta, de modo que, anos depois, ela acabará nos sendo concedida como a dádiva que desejávamos há muito tempo.

O MUNDO ESTÁ PRONTO?

Também é possível que Deus saiba que nós não somos os únicos ainda despreparados, mas que o mundo também ainda não está pronto para aquilo que ele nos chamou a realizar. Durante anos, antes de publicar *O que acontece quando as mulheres oram*, muita gente que participava de meus retiros de oração e seminários dizia que as idéias sobre o poder da oração deveriam ser colocadas em um livro. Minha resposta era sempre a mesma: "Se você acha isso, então ore sobre o assunto".

Porém, quando Deus disse de modo quase miraculoso: "Escreva!", percebi que algo novo estava acontecendo em nosso país. Os cristãos estavam buscando uma dependência de Deus que não era vista há anos. Nossa geração dizia: "Pode deixar que eu me viro, Deus". Mas Watergate nos humilhou e, para muitos países do mundo, tornamo-nos aqueles "horríveis norte-americanos". Os cristãos estavam prontos e, de fato, ansiosos para aprender mais sobre a oração. Creio que, se o livro tivesse sido publicado antes, não teria vendido tanto. Contudo, quando foi lançado, as pessoas estavam prontas para orar. Foi o tempo de Deus, não o meu!

Tenho aprendido que o tempo de Deus não é o mesmo que o meu tanto nas coisas pequenas quanto nas grandes pelas quais eu oro. Às vezes, Deus faz com que eu persevere em oração, tornando-me mais fervorosa na intercessão ao longo de dias, meses e até mesmo anos. Também há ocasiões em que sei que ele está me orientando para que eu entregue um pedido nas mãos dele e que espere por sua resposta, aguardando pelo momento em que decidirá a hora certa de enviá-la.

No entanto, Deus sempre responde. Em minha vida, há épocas que chamo de "fases das respostas". Elas vêm de repente, quando Deus sabe que é a hora de recebê-las e, assim, várias respostas começam a fluir. Então, luto para conseguir compreendê-las, como se estivesse tentando desesperadamente pegar as sementes da flor do dente-de-leão que se espalham com o vento.

VOCÊ NÃO ESTÁ ESPIRITUALMENTE PRONTO PARA LIDAR COM ISSO

Deus é amoroso demais para responder às nossas orações antes que tenhamos maturidade espiritual para lidar com elas. Muitas vez, deve reter as respostas que deseja dar, pois sabe que não somos espiritualmente maduros o suficiente. Dessa forma, ele responde à nossa oração dizendo: "Eu te amo demais para dar o que você está pedindo".

Nossa filha, Jan, precisou passar por uma microcirurgia de seis horas, na Clínica Mayo, para conseguir engravidar de sua primeira filha, nossa netinha Jennifer. No ano passado, Jan e Skip sentiram Deus dizer que era hora de ter outro filho; mas os exames mostraram que a cirurgia teria de ser feita novamente para que ela tivesse alguma chance de engravidar. Jan estava mais do que disposta, mas todos nós estremecemos ao pensar no preço altíssimo a ser pago para ter mais um bebezinho.

Assim, durante meses, literalmente bombardeamos o céu com nossas orações pedindo que Deus realizasse um milagre. Não nos faltava fé. Sabíamos que o mesmo Deus que havia criado Jan era capaz de realizar o humanamente impossível, porém tão simples para ele. Ao aproximar-se a última data em que ela poderia engravidar antes do dia marcado para a cirurgia, senti meu corpo quase formigando de tanta expectativa pela resposta de Deus.

Contudo, questionei se aquela atitude estava, de fato, vindo de Deus e busquei ao Senhor de todo o coração. De repente, admiti a mim mesma que não estava em condições espirituais de ouvir o que Deus responderia. Como ficaria decepcionada se Jan não engravidasse... Será que eu conseguiria lidar com isso? Era Deus mesmo quem estava falando? Se não era ele, então quem era? "Ó Senhor", clamei, "*prepara-me* para a tua resposta!"

Então, perguntei a mim mesma: "E se ele responder dando um bebê sem que seja necessário fazer a cirurgia?". Como lidar com isso? Lembraria de todas as orações que fizemos? Seria capaz de dar a *ele* toda a glória? O que seria de mim se recebesse a resposta que tanto desejava? Aquilo me faria mal? "Senhor, *estou pronta* para tua resposta? Ó, Deus, *prepara-me!*"

Então, recebi o telefonema de Jan dizendo que o último exame antes da cirurgia havia dado negativo. Clamei: "Senhor, quem não estava preparado para o teu milagre? Era eu? Qual de nós não teria dado ao Senhor toda a glória? Qual de nós teria dado crédito ao poder da *nossa* oração e não ao *teu* poder? Qual de nós teria se tornado arrogante ou orgulhoso por ocupar um lugar especial em teus planos? Qual de nós não merece um milagre? Todos nós?"

Tiago 4:3 trata da oração motivada pelo orgulho espiritual. O que teríamos feito se recebêssemos a resposta miraculosa: "A cirurgia não será necessária para esta gravidez"? Quais seriam as conseqüências disso para nós?

Mesmo quando pedimos em oração, Deus jamais nos dá algo que está além de nossa capacidade de receber e de usar. Ele realizará coisas *por* nós e *por meio* de nós, à medida que permitirmos que opere *em* nós.

Estava sozinha em casa quando recebi o telefonema de Jan, e passei a maior parte do dia em oração e meditação. "Senhor, meu coração está em lágrimas, assim como essas que correm de meus olhos.

Ó Deus, prepara-me para receber todas as respostas de oração que tu ainda estás esperando para me dar!"

Numa carta da Tasmânia, Austrália, uma mulher cristã escreveu: "Tive de ser internada para passar por uma cirurgia. Antes disso, orei durante um mês pedindo que Deus me curasse, mas ainda assim precisei passar pela cirurgia. Agora entendo por quê. O Senhor tinha muito a me ensinar, e a primeira coisa era a confiança nele: precisava confiar plenamente. Aprendi, também, a ter alegria em meio a circunstâncias difíceis. Enquanto estava no hospital, o Senhor me deu paz e alegria e muito tempo para orar por outras pessoas de minha ala hospitalar. Essas orações foram respondidas diante dos meus olhos!"

O amor de Deus jamais nos dará algo acima de nossa capacidade espiritual, mesmo quando pedimos em oração.

"O MEU PROPÓSITO, NÃO O SEU"

Também há ocasiões em que Deus responde: "Você fez a oração errada", porque o propósito dele para nossa vida não é o mesmo que o nosso, ainda que o que buscamos não seja errado.

Quando estava em Bristol, na Inglaterra, em maio de 1983, Deus precisou me lembrar de que meus sentimentos e o propósito pelo qual ele me chamou podiam ser coisas diferentes. Meu marido adoeceu nos primeiros dias da Missão Inglaterra, uma turnê de seminários pela Grã-Bretanha. No dia seguinte ao que ele voltou para os Estados Unidos, refleti profundamente em oração se deveria completar aquela viagem de cinco semanas.

Desde meus vinte e três anos de idade, minha filosofia de vida havia se baseado em Romanos 8:28: "Sabemos que todas as coisas cooperam para o bem daqueles que amam a Deus, daqueles que são chamados segundo o *seu* propósito" (grifo meu).

Lutei durante um longo tempo, agonizando em oração e buscando uma resposta. Chris ficaria com nossa filha, Jan, e o marido dela – os dois são médicos –, e nossa outra filha e o irmão de Chris, também médico, moravam na mesma cidade. Mas qual era minha maior responsabilidade – ser esposa ou servir a Deus? Senti-me dividida: parte de mim desejava voltar para casa com ele e parte tinha diante de si uma responsabilidade para com milhares de pessoas inscritas nos seminários da primeira etapa da Missão Inglaterra.

Então, Deus guiou-me ternamente de volta a Romanos 8:28 e li o versículo de novo em minha Bíblia. Porém, dessa vez, a ênfase do Senhor não foi nos termos costumeiros: "todas as coisas", "bem" ou "daqueles que amam a Deus", mas sim em reforçar que ele me chamou "segundo o *seu* propósito" e não o meu.

Desde 1968, minha oração pedindo que Deus me transformasse havia sido: "Senhor, faze-me a *esposa* que tu queres que eu seja". Ao longo dos anos, tentei viver de acordo com essa oração. Contudo, ao refletir profundamente sobre isso outra vez, com todo seu carinho, Deus mudou a ênfase para outra palavra. Depois disso, minha oração passou a ser: "Senhor, faze-me a esposa que *tu* queres que eu seja".

O propósito de Deus havia mudado com as circunstâncias? De modo algum! Deus sempre soube qual seria seu propósito para as diferentes épocas de minha vida. Segundo o escritor do livro de Hebreus, essa é "a imutabilidade do seu propósito" (6:17).

Quando Deus nos chama "segundo o seu propósito", ele sempre espera nossa mais profunda oração de submissão. Enquanto lia Gálatas 5 durante um seminário chamado Senhor, Transforma-me, em Stockton, no Estado da Califórnia, Deus me fez parar no versículo 17: "Porque a carne milita contra o Espírito, e o Espírito, contra a carne, porque são opostos entre si; para que não façais o que, porventura, seja do *vosso* querer" (grifo meu).

Depois de ler esse versículo, minha oração de submissão ao Autor dessas palavras foi: "Senhor, entendo que não posso fazer o meu querer. Sejam quais forem os próximos passos, são tuas decisões, não minhas". "Senhor", continuei, "submeto-me a *tudo* o que é o teu querer! Não voltarei atrás apenas por medo de ser mal interpretada.

Quero somente aquilo que tu queres. Nada mais. Porém, Deus, também não quero *nada menos*. Eu te amo, Senhor!"

Jeremias expressou essa verdade muito bem no capítulo 29:11: "Eu é que sei que pensamentos tenho a vosso respeito, diz o SENHOR; pensamentos de paz e não de mal, para vos dar o fim que desejais". O propósito é de Deus e não meu! Fiquei lá e completei minha missão.

"ISSO NÃO É PARA VOCÊ"

Às vezes, pode ser que estejamos orando por alguma coisa boa e que até está de acordo com as Escrituras, mas que Deus decidiu não ser para nós. Talvez seja bom para outras pessoas, mas não para nós. Nossa persistência nessa oração não ajuda em nada, pois trata-se de um dos casos em que Deus responde: "Você fez a oração errada".

Quando tinha trinta e poucos anos de idade, orei repetidamente pedindo o "dom de governo", um dos mencionados na lista de dons espirituais de 1 Coríntios 12:28. Via como Carolyn Carlson, a secretária de meu marido, tinha um incrível dom de governo, e eu também desejava ser uma boa administradora.

Assim, implorei e supliquei a Deus para que me desse esse dom. No entanto, era a oração errada; Deus nunca me deu o dom de governo. Contudo, foi só quando finalmente percebi que Deus retém os dons assim como os concede como quer que entendi que ele sabe o que faz e aceitei sua resposta.

Não significava que Deus estava sendo cruel ao recusar-se a dar um dom que se encontra nas Escrituras. Antes, era Deus me respondendo que havia me chamado "segundo o seu propósito" e não segundo aquilo que achava que deveria ser e fazer. Deus sabe que o dia tem apenas vinte e quatro horas e sabe, desde a fundação do mundo, como quer que eu use cada uma dessas horas. Eu estava fazendo a oração errada.

De vez em quando, ainda gostaria de ter esse dom tão maravilhoso, mas o plano de Deus para mim, desde o princípio, era que eu estudasse e ensinasse, não passar o tempo organizando tudo e todos.

Assim, ao orar pedindo a Deus algo que, de modo algum, fazia parte do seu plano para mim, estava gastando todo aquele tempo fazendo a oração errada. E, ao longo dos anos, em sua bondade, Deus me deu Sally, que *tem* o maravilhoso dom de governo, para administrar meu ministério e para que eu possa realizar aquelas coisas que Deus *de fato* me preparou para fazer.

"Também não é para eles"

Outra situação em que Deus responde "isso não é para você" é ao dizer, de maneira firme e final: "Isso não é para você, mas somente para os meus filhos". Mesmo sem ter aceitado a Cristo, muitas pessoas oram pedindo coisas que Deus prometeu somente a seus filhos. Se não conhecem a Cristo como Salvador e Senhor, não há nenhuma promessa no Novo Testamento de que Deus lhes concederá seus desejos.

As promessas da paz de Deus, de que ele fará com que tudo coopere para o bem, de que guiará a vida e dará alegria, força e graça não aparecem, em qualquer parte da Bíblia, como dádivas para os que se encontram fora do corpo de Cristo. Deus não deu essas promessas para aqueles que rejeitaram seu Filho, Jesus, e portanto não o têm como seu Salvador e Senhor.

"A minha vontade, não a tua"

Às vezes, tentamos impedir a vontade de Deus com as orações que fazemos. Então, Deus responde: "Você está fazendo a oração errada". Não devemos jamais nos esquecer de que Deus é soberano.

Uma esposa de pastor me contou que seu marido estava tão apaixonado por sua amante (uma mulher da igreja deles) que sempre pegava o caminho mais longo na ida e na volta da igreja, só para passar em frente à casa dela. Vivendo com todo esse pecado e culpa, estava à beira de um colapso emocional. Porém, essa esposa me disse que estava tentando protegê-lo da ira de Deus e orava sempre pedindo: "Deus, ele está prestes a ter uma crise nervosa; não o condene pelo seu pecado. Ele não será capaz de lidar com isso. Ficará acabado".

— Sua oração está profundamente errada — disse-lhe. — A única esperança para seu marido é que Deus mostre a ele que seus atos são pecados com conseqüências graves e, assim, convencê-lo a se arrepender, a colocar a vida em ordem e a endireitar seus caminhos.

A vontade de Deus jamais implica atenuar a situação de um pecador e simplesmente ignorar seu pecado só porque pedimos isso a ele. De modo algum. Esse tipo de oração é claramente contra a vontade de Deus – é fazer a oração errada.

Há também ocasiões em que, na verdade, oramos por algo que é da vontade de Deus, mas como ele deu o livre-arbítrio ao ser humano que habita aqui na Terra, não irá coagir ninguém. Deus atrai as pessoas para si, mas não irá obrigá-las a nada.

Uma esposa que fora abandonada por seu marido havia pedido a Deus que o mandasse de volta para casa no Natal. Mas, no dia depois do Natal, ela me ligou, aos berros, no telefone:

— Estou com muita raiva de Deus! Até gritei com ele. Tudo o que pedi foi que trouxesse meu marido de volta para passar o Natal comigo. Só queria um pequeno milagre.

Deixando correr solta toda sua amargura, ela continuou, exaltada:

— Acabei de dizer a Deus que o odeio, pois ele podia realizar esse milagre e trazer meu marido de volta, mas ele não fez isso! Deus pode, mas não faz!

— Não fique com raiva de Deus — respondi. — É claro que ele pode. Mas Deus também deu a todos, inclusive a seu marido, vontade própria. Sem dúvida, a vontade de Deus é que seu marido volte para sua família. Seu marido também sabe que essa é a decisão certa, mas caso se recuse terminantemente a fazê-lo, Deus ainda assim permitirá que ele use da sua liberdade de escolha. Contudo —

garanti-lhe —, Deus atrairá seu marido para perto dele e trabalhará na vida desse homem de modo proporcional às suas orações por ele. Não culpe ao Senhor pela rebeldia de seu marido. Essa é uma oração errada.

Quando outra mulher compartilhou algo de sua vida comigo num retiro de fim de semana do curso Senhor, Transforma-me, perguntei-lhe se sua oração pedindo para "ser solteira e servir ao Senhor em tempo integral" era certa. Ela respondeu:

— Estou aqui hoje para sair um pouco de casa. Sou casada há dezoito anos com um marido incrédulo, infiel e crítico, e estou planejando pedir o divórcio. Minha filha de dezesseis anos já fugiu de casa cinco vezes e desestruturou nossa família. Ela usa drogas desde a sexta série — continuou. — Tenho mais uma filha de treze anos de idade e outra de cinco. Estou com trinta e nove anos e sou salva desde os sete. Sempre fui uma boa esposa e mãe dedicada. Quero ser solteira e servir ao Senhor em tempo integral. Sei que ele irá orientar-me e dirigir-me. Por favor, ore por mim.

Onde, exatamente, Deus desejava que ela o servisse "em tempo integral"? Qual era a vontade dele sobre ser mãe para aquelas meninas? Perguntei-lhe se ela havia levado esses aspectos em consideração. Sua resposta negativa me fez perceber que ela estava fazendo a oração errada.

Devemos tomar cuidado para não fazer orações erradas, pois o resultado pode não ser tão maravilhoso quanto esperávamos. A Bíblia diz que Deus, às vezes, nos dará o que pedimos não com a bênção dele, mas sim com seu julgamento. Quando os filhos de Israel deixaram o Egito e peregrinaram para a Terra Prometida, o Salmo 106:14,15 diz que "entregaram-se à cobiça no deserto; e tentaram a Deus na solidão. Concedeu-lhes o que pediram, mas fez definhar-lhes a alma".

No entanto, nesse mesmo retiro, uma jovem esposa que sofria abuso físico do marido e por quem estivemos orando em nossas correntes de oração em Minesota contou-me uma história diferente.

— Meu marido, que batia em mim, foi embora e me deixou com nosso filho. Não quero que ele volte. Tudo está muito melhor agora!

É claro que Deus gostaria que esse casal se reconciliasse, mas só ele sabe se as orações dela para que o marido não volte – pelo menos até que tenha mudado seu modo de agir – são erradas.

No entanto, há uma oração que jamais é errada. É aquela que Jesus ensinou, a oração do Pai Nosso; essa é sempre uma "oração certa". Ela diz: "Pai nosso [...] seja feita a *tua* vontade" (Mt 6:9,10, grifo meu).

Como saber se não estamos "fazendo a oração errada"? Em primeiro lugar, devemos conhecer a Bíblia, a fim de conhecer o que é certo e o que é errado aos olhos de Deus. Isso permitirá que identifiquemos em nossas orações os pedidos que são de natureza maligna. Então, depois de fazer um pedido, devemos esperar na presença de Deus, deixando que ele examine as motivações por trás da oração que fizemos. Deus nos mostrará essa motivação e nos guardará de fazer "orações erradas".

Assim, Deus nunca nos repreenderá, dizendo: "Você fez a oração errada".

Oração final

Querido Pai, mostra-me as orações erradas que tenho feito. Por favor, perdoa-me por não ler a Bíblia para encontrar as coisas certas sobre as quais eu devo orar. Por favor, sonda meu coração e vê as motivações erradas, mesmo quando peço coisas boas. Purifica-me, Ó Deus, de todos os desejos maus. Em nome de Jesus, Amém.

CAPÍTULO 4

QUANDO DEUS RESPONDE: ESTA RESPOSTA JÁ FOI DADA

Muitas vezes Deus dá a seguinte resposta para nossos pedidos de oração: "Eu já lhe disse isso". Então, acrescenta: "Essa resposta já foi dada". Como? Onde? Na Bíblia. Deus já deixou registrada em sua Palavra a maior parte das instruções que vamos precisar para a vida inteira. Ele nos dirige a encontrá-las como respostas diretas a nossas orações.

Essa é uma situação surpreendente, na qual Deus não nos responde durante nossa oração, como acontece com freqüência, mas sim guiando-nos até as Escrituras que contêm a resposta a nosso pedido. Quando oramos pedindo a Deus algo específico, ele nos dá uma resposta que já se encontra na Bíblia. Deus comunica-se conosco através da Bíblia de várias maneiras. Quando lemos ou estudamos sua Palavra, nem sempre sabemos quais são nossas necessidades, mas Deus as conhece. Ele toma a iniciativa de nos repreender, consolar ou instruir enquanto lemos. No entanto, no caso em questão aqui, buscamos as resposta em oração e, então, Deus nos traz à mente o lugar da Bíblia em que já deixou registrada sua resposta.

O AUTOR ESTÁ SEMPRE PRESENTE

Como é possível obter respostas de um livro cujas últimas palavras foram escritas há quase dois mil anos atrás? Pelo fato de a Bíblia ser o único livro, aqui na Terra, cujo Autor está sempre presente enquanto sua obra é lida.

Com freqüência me surpreendo com a reação das pessoas ao conhecer o autor de um livro. Algumas ficam admiradas e imaginam se podem nos tocar, enquanto outras se perguntam se somos mesmo gente de carne e osso como elas. No entanto, o próprio Deus do universo está presente sempre que lemos seu Livro, mas como são poucos os que tratam a Bíblia dessa forma! Como é pequena a admiração ou a empolgação demonstrada pelo Autor, o próprio Deus do céu, que está sempre presente quando lemos sua Palavra e que atende a nossas necessidades e desejos pessoais. Na verdade, a maior parte das pessoas parece ignorá-lo completamente enquanto lê e estuda a Bíblia.

MANEIRAS COMO DEUS RESPONDE ATRAVÉS DA BÍBLIA

De que modo Deus nos responde através da sua Palavra? Isso acontece de quatro formas básicas. Às vezes, quando peço uma resposta a Deus, ele simplesmente mostra a resposta no trecho das Escrituras que estou lendo durante minhas devocionais. Em outras ocasiões, ele me traz à mente uma idéia ou palavra que serve de pista para o texto que devo procurar. Outras vezes, ainda, ele me faz lembrar de um livro, capítulo ou passagem da Bíblia em que já me deu a resposta. E, por vezes, para minha surpresa total, a resposta encontra-se bem na minha frente, numa página que abri aleatoriamente na Bíblia. Deixe-me ilustrar algumas formas como Deus respondeu através da Bíblia.

1. Uma noite, antes de meu primeiro seminário sobre oração no Japão, *Deus usou o que eu estava lendo em minhas devocionais*, não apenas para me influenciar, mas também para tocar todo o público para o qual falei durante minha turnê de palestras sobre oração no Japão.

Chiko Templeman era uma mulher dedicada, encantadora e bela, que parecia a intérprete ideal para os seminários. Era uma excelente professora de estudos bíblicos em Washington e havia lecionado, em japonês, lições de meu material a respeito da oração em várias ocasiões. Depois que Chiko e sua igreja levantaram os fundos necessários para suas despesas de viagem, ela foi encontrar-se comigo em Tóquio.

Mas, de repente, vi-me quase em pânico na noite antes do primeiro seminário. Dúvidas me dominaram. Vinte anos haviam se passado desde que Chiko havia se casado com um soldado norte-americano e se mudado para os Estados Unidos. "Será que a língua japonesa mudou tanto durante esse tempo a ponto de dificultar a compreensão da tradução de Chiko?", pensei preocupada. Ou, pior ainda, alguém havia me dito que a língua japonesa era falada de modo diferente de acordo com três níveis sociais distintos. "Como neta de um ex-primeiro ministro do Japão, será que ela só fala japonês formal e exclusivo, que deixará o público pouco à vontade ou até mesmo sem entender exatamente o que estou dizendo?", continuei imaginando em agonia.

Orei desesperadamente, com o corpo quase estremecendo ao pensar que não seria capaz de me comunicar com o público japonês. Senti meu interior abalar-se enquanto suplicava a Deus por uma resposta. Ao pegar a Bíblia, abri na parte que estava estudando em minhas devocionais. Havia parado no início do Salmo 16, e logo no versículo 8 li as seguintes palavras: "Estando ele à minha direita, *não serei abalado*" (grifos meus). Descansei na resposta do Senhor, confiando em Deus como o salmista havia feito.

Na manhã seguinte, diante de um público enorme, com Chiko à minha esquerda, comecei dizendo:

— Vocês só estão vendo duas pessoas aqui na frente, mas, na verdade, há três. Ontem à noite, o Deus do universo prometeu que estaria do meu lado direito. Vocês não podem vê-lo, pois ele é Espírito, mas ele está aqui. E ele me guiará sobre o que falar para vocês. Direi à Chiko em inglês e ela transmitirá a vocês em japonês.

A reação foi extraordinária. Estávamos nos comunicando. Em nenhum momento do dia perdemos aquela conexão – nem tampouco durante as cinco semanas da turnê pelo Japão. Quando estávamos nos despedindo dos missionários que nos receberam lá, eles perguntaram como eu havia conseguido compreender tão bem a mentalidade asiática. Respondi que não havia vindo de mim, mas sim de Deus. Ele havia deixado sua resposta registrada no Salmo 16:8 e cumpriu sua promessa de que, por ele estar à minha direita, eu não seria abalada.

2. Há ocasiões em que Deus *me traz à mente palavras que me conduzem até sua resposta.*

No entanto, para que isso aconteça, é necessário gastar tempo estudando a Bíblia. Ao contrário da leitura devocional, na qual ele fala sem que necessitemos de um conhecimento prévio da Palavra, nesse caso Deus só pode nos trazer à mente um trecho das Escrituras com o qual já estamos familiarizados. Quanto maior é nosso conhecimento da Bíblia, mais facilmente Deus pode nos conduzir à resposta.

Aprendi essa lição de modo muito claro em Taiwan. Durante o vôo para a região sul da ilha, foi-me dito que aquele era um dos redutos mais poderosos de Satanás no mundo. A adoração a espíritos corria solta. Havia santuários por toda a parte – nos campos e até nas casas de mulheres cristãs que iriam participar de nossos seminários e que viviam com maridos ainda incrédulos. O mal parecia permear até mesmo o ar que respirávamos. Sentia quase como se pudesse tocá-lo.

Na primeira noite em que falei, havia um grande espírito de opressão sobre meu corpo e minha mente. Ao voltar para meu quarto, travei uma batalha de oração durante muitas e muitas horas. Minha anfitriã, uma missionária acostumada a essas batalhas espirituais, jejuou e orou boa parte da noite.

Bem cedo, na manhã seguinte, supliquei a Deus que desse uma passagem das Escrituras para quebrar aquela opressão. Tudo o que o Senhor me trouxe à mente foram duas palavras: *Salmos* e *agradar*. *Agradar-se* de algo, para mim, correspondia ao Salmo 37:4. Assim, abri a Bíblia naquela passagem e li novamente: "Não te indignes por causa dos malfeitores [...] agrada-te do Senhor, e ele satisfará os desejos do teu coração" (Sl 37:1-4).

"Ó Senhor", orei, "meu *desejo* é que tu quebres essa opressão e derrames o teu poder neste seminário de oração e nessas pessoas queridas que vivem em meio a tão terrível opressão do inimigo, Satanás. Então, li o versículo 5, em que encontrei a orientação de Deus: Primeiro: "Entrega o teu caminho ao Senhor". Eu havia feito isso de todo o coração ao vir para Taiwan sozinha, sem conhecer uma só pessoa ali. Segundo: "Confia nele". "Ó Deus", clamei, "estou confiando em ti nesta manhã. Tu sabes que estou". Em terceiro lugar, a resposta dele: "e o mais ele fará".

Apropriei-me da vitória. Anotei na margem da Bíblia: "Nesta manhã, há grande poder na oração!" Orei agradecendo e louvando a Deus. *Ele* já estava fazendo o resto. Coloquei meu roupão e, exultante, atravessei o corredor para falar com minha anfitriã e disse bem alto:

— Tudo bem. Deus nos deu a vitória!

A missionária, que estava ajoelhada, levantou-se com os olhos brilhando e exclamou:

— Eu sei! Eu sei!

Deus havia lhe dado *a mesma passagem* com a mesma resposta. *Ele* havia quebrado a opressão. Juntas, derramamos lágrimas de alegria, regozijando-nos com o que Deus iria fazer naquele dia – e de fato fez! Daquele ponto em diante, ao longo de todo o seminário sobre O Que Acontece Quando as Mulheres Oram, não houve um único momento de opressão nem instante algum em que deixamos de experimentar grande poder.

Você já descobriu a resposta que se encontra à sua disposição quando você não tem dentro de si o necessário para cumprir uma missão que Deus lhe deu?

3. Às vezes, Deus *traz à minha mente um livro, capítulo, versículo ou lugar de uma página da Bíblia.* De vez em quando, Deus me dá sua resposta registrada muito tempo atrás. Não se trata de uma experiência cotidiana, mas acontece de tempos em tempos quando

me encontro profundamente em oração pedindo ao Senhor uma resposta.

Uma dessas ocasiões aconteceu logo depois do Café da Manhã Presidencial de Oração, em 31 de janeiro de 1985, em Washington. Estava exausta por causa de uma agenda cheia, inclusive uma reunião da diretoria do ministério Prison Fellowship e um banquete anual internacional da organização na noite anterior, que só me permitiu dormir algumas horas antes de me levantar para participar desse café da manhã. Depois do café, voltei para minha cama no Washington Hilton, dizendo a mim mesma que merecia passar um tempo sozinha com o Senhor em oração. Afinal, era meu aniversário!

Sempre espero no Senhor desejando ouvir qual é a oração de aniversário que tem para mim referente ao ano seguinte. Assim, elevei meu coração ao Senhor e disse: "Deus, este ano preciso muito de algo para *mim mesma*". Continuei orando: "Estou exausta de tanto desenterrar antigas mágoas e de escrevê-las nesse livro. Já foi horrível o suficiente ter de passar por elas uma vez, mas repassá-las repetidamente a fim de escrevê-las num livro é difícil demais. Senhor, estou emocional e fisicamente esgotada".

Num piscar de olhos, Deus me trouxe à mente a parte inferior de uma página do lado esquerdo da minha Bíblia. Então pensei na palavra *Salmo* e no número *4*. Peguei minha Bíblia e lá estava o Salmo 4 que começava no canto inferior esquerdo da página.

Ao ler o salmo, encontrei várias promessas, mas não me veio nada específico. Então li novamente e encontrei o texto. A primeira parte do versículo 7 desse salmo praticamente saltou da página: "Mais alegria me puseste no coração". Escrevi na minha Bíblia: "Certeza surpreendente! Senti o peso desaparecer – substituído por verdadeira alegria".

Então, me dei conta de que havia um grande sorriso em meu rosto e me surpreendi rindo em voz alta. A alegria estava lá, no lugar de todo o sofrimento. Deus havia me dado minha oração de aniversário para 1985 – palavras que foram preparadas e registradas com antecedência para mim antes da fundação do mundo e que me foram mostradas em meu aniversário!

4. Há, ainda, raras ocasiões em que sua resposta previamente registrada encontra-se *numa página da Bíblia aberta aleatoriamente*.

Era o dia marcado para nossa filha, Jan, ter seu segundo filho, e, naquela manhã, eu já havia passado uma hora e meia orando pelo seu parto. Jan passou por uma longa microcirurgia para conceber novamente, de modo que aquele dia era especialmente importante para todos nós. Orei, clamando pelo sangue de Jesus contra Satanás, para que o bebê não nascesse com o cordão umbilical ao redor do pescoço, para que não lhe faltasse oxigênio no cérebro, para que tudo estivesse bem com o corpo de minha filha, e assim por diante. Então, pedi a Deus que me desse a paz e segurança necessárias naquele momento crítico.

Depois de orar, decidi procurar nas Escrituras um versículo que precisava para a parte deste livro que estava escrevendo naquela época. No entanto, ao pegar minha Bíblia e abri-la, minha visão fixou-se imediatamente sobre um versículo. Não corri os olhos pela página nem tentei encontrar uma passagem apropriada. Na verdade, estava procurando algo bem diferente. Porém, o versículo que me chamou a atenção era uma resposta incrível às minhas orações daquela manhã. Salmos 22:9: “Contudo, tu és quem me fez nascer”.

Fui completamente envolvida por essa idéia. As mãos de Deus iriam retirar aquele bebê do ventre materno e conduzi-lo para fora até que pudesse respirar o ar na sala de parto. Seriam as mãos onipotentes de Deus e não apenas as mãos dos médicos que iriam segurar aquele corpinho com firmeza. Seria a vontade soberana do Senhor que iria decidir o momento e as condições exatas da mãe e do bebê! Meu coração encheu-se de certeza. Aquela era a segurança que eu havia pedido!

A resposta de Deus estava lá o tempo todo, mas ele esperou para entregá-la a mim justamente naquela manhã, quando necessitava especificamente daquelas palavras. Deus guiou minhas mãos enquanto eu abria a Bíblia e conduziu os meus olhos até aquele versículo tão singular e apropriado. Também retirou de mim toda apreensão e transformou-a em fé no Senhor, sólida como uma rocha. Fez tudo isso com a resposta registrada de antemão para minha oração.

Duas semanas depois, a mesma resposta manteve-me confiante e calma quando, de repente, Jan perdeu metade de seu sangue enquanto assistíamos o parto. A paz não me deixou em momento algum. Deus estava no controle, envolvendo-nos com sua presença naquela sala de parto.

Lemos em 1 Samuel 3:1 que, quando o menino Samuel estava servindo ao Senhor diante de Eli, "Naqueles dias, a palavra do SENHOR era mui rara". Hoje em dia, porém, não vivemos num tempo de tal escassez. Temos toda a Palavra do Senhor já registrada e esperando que busquemos as respostas em suas páginas.

DIFERENTES TONS DE VOZ

Às vezes, quase posso ouvir os diferentes tons da voz de Deus quando ele nos dá uma resposta previamente registrada. Ele não a recita em tom enfadonho, como temos a tendência a fazer quando lemos as Escrituras. Em certas ocasiões, ele usa um tom de repreensão conosco, por não nos lembrarmos daquilo que ele já nos disse, ou de admoestação, quando perguntamos, mas já sabemos a resposta dele. Outras vezes, Deus parece suspirar de alívio por finalmente lhe perguntarmos algo. Aqui estão alguns dos vários tons usados por Deus ao responder às perguntas que lhe fazemos em oração.

"Não me insulte", Deus declara com uma voz cheia de indignação quando choramingamos: "Deus, é certo se eu fizer isto ou aquilo?" "Pai, há algum problema se eu contar a história desse jeito? O Senhor sabe que é só uma mentirinha...". "Será que eu poderia ter 'só um relacionamento amigável' com ele ou ela?" "Tenho permissão de receber só esse chequinho sem nota fiscal?"

Irado, Deus responde: "Se precisa explicar tanto, então já sabe qual é minha resposta. Não me insulte com essa pergunta!".

Hebreus 1:1,2 diz que Deus havia se comunicado conosco de duas formas – por meio dos profetas, há muito tempo, e por meio da manifestação de seu Filho, Jesus. Contudo, tendo em vista que Jesus voltou para o céu em sua ascensão, de que modo o Pai se comunica conosco nos dias de hoje? Uma das formas é pela resposta às nossas orações. Grande parte delas já foi registrada na Bíblia por "homens santos" (2 Pe 1:21).

Assim, não insultemos a Deus ao perguntar-lhe novamente o que já sabemos que ele registrou previamente na Palavra para nós. São orações que não devemos fazer, pois ele já nos respondeu na Bíblia.

"Eu já lhe disse isso", Deus nos lembra com certa impaciência quando já registrou na Bíblia instruções específicas sobre aquilo que estamos perguntando.

Com freqüência, as pessoas me perguntam se é da vontade de Deus que oremos pela salvação de outra pessoa. É bem possível que Deus suspire com paciência, ou, mais provável ainda, com impaciência, ao ouvir tais orações, enquanto nos conduz novamente à sua mensagem registrada previamente em 2 Pedro 3:9 na qual diz que não é seu desejo que *uma só* pessoa pereça, ou quando nos guia a 1 Timóteo 2:1-4, em que diz que orar pelos outros é algo bom e aceitável a seus olhos, pois ele deseja que *todos* sejam salvos. Assim, mais uma vez, sua resposta previamente registrada é: "Eu já lhe disse isso".

Algumas pessoas, porém, perguntam outra coisa para Deus: "Senhor, tendo em vista que é da tua vontade que ninguém pereça, por que não respondes à minha oração e fazes com que aceitem a Cristo?" Deus responde que ele também determinou que não irá contra o livre-arbítrio de ninguém. De outra forma, Jesus teria declarado que todos os habitantes de Jerusalém estavam salvos; em vez disso, chorou por causa deles e quis ajuntá-los sob suas asas, como a galinha faz com seus pintinhos (Mt 23:37).

"Portanto", diz o Senhor, "você deve orar por eles a fim de que eu os atraia para junto de mim e trabalhe na vida deles de modo proporcional às suas orações". Não basta desejar a salvação dos que estão perdidos. Paulo não apenas desejou que fossem salvos, mas também orou por isso dizendo: "Irmãos, a boa vontade do meu coração e a minha súplica a Deus a favor deles são para que sejam salvos" (Rm 10:1).

"Não coloque a culpa em mim", Deus responde com freqüência quando as coisas dão errado em nossa vida.

Estava lendo algumas passagens das Escrituras em Gálatas com uma pessoa que havia cometido um grave pecado sexual e que travava uma intensa batalha no processo de confessá-lo. De repente, durante uma de suas orações, perguntou a Deus: "Por que estás me castigando, Senhor?" Juntos, lemos que Deus já havia registrado em Gálatas 6:7,8: "Não vos enganeis: de Deus não se zomba; pois aquilo que o homem semear, isso também ceifará. Porque o que semeia para a sua própria carne da carne colherá corrupção".

A resposta de Deus ressoou em nossa mente com clareza indiscutível: "Não coloque a culpa em mim. Eu o avisei para não fazer isso. Deixei registrada minha advertência sobre o que aconteceria se agisse desse modo, mas você não deu ouvidos!"

"Isso não é desculpa", Deus troveja quando choramingamos nossas justificações. Quantas vezes oramos: "Ó Senhor, eu não sabia!", e Deus responde desgostoso: "Isso não é desculpa!"

Então, acrescenta: "Não finjam ser ignorantes! Especialmente vocês, teólogos, pastores, líderes que estudam a Bíblia, professores de escola dominical, vocês, que lêem a Bíblia em suas devocionais! Vocês têm a Bíblia inteira em sua própria língua, têm todas as informações a seu dispor". Deus nos lembra da advertência que deixou registrada: "Mas àquele a quem muito foi dado, muito lhe será exigido" (Lc 12:48).

O Senhor diz: *"Não mudei meus mandamentos só porque vocês vivem no século XXI,* só porque deixaram infiltrar em seu meio uma filosofia humanista de 'fazer o que dá prazer' que nestes tempos está quase suplantando a igreja cristã".

Nos dias de hoje, um dos mandamentos divinos mais desvirtuados é "ninguém seja infiel para com a mulher da sua mocidade" (Ml 2:15).

Um conhecido nosso já teve vários relacionamentos fora do casamento, pois sua esposa "está ficando velha e gorda". Sob a influência contínua desse conceito difundido por meio de tantos veículos da mídia, ele se pergunta: "O que há de errado em me satisfazer com alguém mais jovem e de corpo mais firme?" O pior de tudo é que sua esposa assume a culpa, pois está convencida de que é responsável por ser assim. No entanto, Deus não anulou seu mandamento que diz: "Sede santos, como eu sou santo" (1 Pe 1:16) só porque vivemos no século XXI!

Hoje em dia, acontece também o inverso: esposas ativas no mercado de trabalho que, à medida que vão ficando mais maduras, buscam relacionamentos com homens de mentalidade mais moderna e de corpo mais jovem. Essa situação também pode ser conveniente para elas. Portanto, é importante que a esposa obedeça a Deus e não seja "infiel para com [o homem] da sua mocidade".

Uma das reclamações mais comuns que ouço de esposas mais maduras confirma o que um médico me disse anos atrás: "À medida que o marido envelhece, sua tendência é acomodar-se e tornar-se menos ativo. Enquanto isso, a esposa ainda fica em pleno vigor, tendo visão e planos para o futuro". No entanto, esse problema aparentemente comum não dá o direito de se aproximarem de homens mais jovens para suprir suas carências.

"Goza a vida com a mulher que amas, todos os dias de tua vida fugaz", diz o autor de Eclesiastes (9:9). Aproveitem a vida! Não fiquem simplesmente "agüentando" um ao outro só porque esse é o mandamento de Deus, mas deleitem-se um com o outro em amor e comunhão!

"Mas eu prometi minha paz", ouço a voz do Senhor consolando-me. Com freqüência, não o faz em tom de reprovação, mas sim com sua voz serena, dando-me segurança e acalmando meu espírito ansioso.

Só faltava uma semana para minha primeira viagem ao Japão e estava correndo de um lado para o outro, tentando fazer tudo o que precisava. Quando orei a respeito de uma capa de chuva e também de um vestido novo para usar em minhas palestras e saí para comprá-los, Deus guiou meus pensamentos especificamente para uma passagem conhecida em Mateus 6:25. Ao abrir a Bíblia nesse texto, li mais uma vez as palavras de Jesus: "Por isso, vos digo: não andeis ansiosos pela vossa vida, *quanto* ao que haveis de comer ou beber; nem pelo vosso corpo, *quanto* ao que haveis de vestir. Não é a vida mais do que o alimento, e o corpo, mais do que as vestes?" (grifos meus).

Ele havia me respondido! Com uma oração sincera dizendo: "Obrigada, Senhor!", descansei na resposta que ele já havia deixado escrita para mim e resolvi que minha velha capa de chuva ainda servia. (Não choveu nenhuma vez durante a viagem.) Então, confiei que o Senhor iria me orientar sobre o vestido que precisava, e ele o fez de modo quase miraculoso.

Na margem de minha Bíblia, ao lado de Mateus 6:25, escrevi as seguintes palavras: "Acordei cedo hoje antes de partir para o Japão. Tenho um sorriso no rosto, e todo o meu ser está na mais completa paz. Não estou ansiosa quanto a coisa alguma!"

No ano seguinte, Deus reforçou essa resposta previamente registrada quando me encontrava na Missão Mukti Ramabai, na Índia. No dia anterior, meu marido e eu havíamos nos apartado no aeroporto de Bombaim, onde ele tomou um vôo de volta para os Estados Unidos por motivos de saúde. Sentada sozinha ao lado do portão da missão e vendo o sol nascer, meu coração encheu-se de apreensão, enquanto falava com Deus sobre o fato de ter de apresentar sozinha todas as palestras na Assembléia Nacional de Oração da Índia naquela semana. O ar estava cheio do ruído de milhares de pássaros, enquanto um pedacinho da Lua dava lugar à aurora rosada.

Mais uma vez, Deus dirigiu meus pensamentos para aquela passagem sobre a ansiedade, em Mateus 6, e li aqueles versículos novamente. A resposta dele, "Observai as aves do céu", estimulou minha atenção e intensificou a cacofonia dos sons dos pássaros enquanto eu continuava ouvindo Jesus. "Não semeiam, não colhem, nem ajuntam em celeiros; contudo, vosso Pai celeste as sustenta. Porventura, não valeis *vós* muito mais do que as aves?" (v. 26, grifo meu). Sem dúvida, Deus cuidaria de mim! Sua resposta para minha ansiedade estava lá o tempo todo. Tanto que já havia me apropriado dela uma porção de vezes em ocasiões anteriores. No entanto, quando precisei novamente daquela resposta – e pedi-a a Deus – ele me orientou até suas palavras previamente registradas para aquele dia.

"Simplesmente confie em mim", ouvi a voz tranqüilizadora do Senhor dizer depois de ter orado durante meses para que minha filha, Jan, pudesse conceber depois de dez anos de casamento sem filhos. Deus me orientou a ler novamente o capítulo sobre a fé, em Hebreus 11. Fiquei surpresa como a lista de homens de fé de repente transformou-se numa lista de mulheres de fé. "[...] a própria Sara recebeu poder para ser mãe, não obstante o avançado de sua idade, pois teve por fiel aquele que lhe havia feito a promessa. Por isso, também de um, aliás já amortecido, saiu uma posteridade tão numerosa [...]" (vv. 11, 12).

Assim, por causa da fé, tanto de Sara quanto de Abraão, Deus lhes deu um filho. O Senhor cumpriu sua promessa. Por causa da fé de nossa filha, Jan, e de seu marido, Skip, Deus deu nossa netinha, Jennifer.

"Eu tenho o conselho de que você precisa", disse o Senhor ao conduzir-me ternamente para 2 Coríntios 2:14, na manhã de um seminário em Londres, durante minha segunda turnê pela Grã-Bretanha. Na noite anterior, o comitê organizador havia se mostrado preocupado e orado muito, pois manifestantes pacifistas – conhecidos por interromperem palestras articulando suas opiniões em voz alta e deitando-se nos corredores – haviam adquirido convites para o seminário. Ligeiramente irritada, a única oração que conseguia fazer naquela manhã era: "Ó Deus, faze de mim a pessoa que tu queres que eu *seja*".

A resposta previamente registrada por Deus na Bíblia era: "Graças, porém, a Deus que, em Cristo, sempre nos conduz em triunfo e, *por meio de nós, manifesta em todo lugar a fragrância do seu conhecimento*" (2 Co 2:14, grifos meus).

"Ó Deus, por favor, faze com que eu manifeste a fragrância de Cristo", clamei. E ele respondeu minha oração. Não houve absolutamente nenhum tumulto durante aquele dia, apesar de todos os assentos do auditório terem sido ocupados, indicando que os tais manifestantes pacifistas estavam presentes. A fragrância de Cristo! Uma resposta que já havia sido registrada para mim!

Orei com as palavras desse mesmo versículo antes de todas as entrevistas durante a turnê. Era minha primeira etapa da Missão Inglaterra, e passei dias inteiros dando entrevistas para a impressa secular – jornais, revistas, rádio e televisão. Sabia que não era perspicaz o suficiente para responder às perguntas deles sobre as políticas do presidente Reagan com referência à América Central ou às armas nucleares, assim, antes de cada entrevista, fazia uma oração simples: "Senhor, permite que vejam somente Jesus em mim. Somente Jesus!" E ele respondeu. As profundas perguntas espirituais dos repórteres me surpreenderam. Em momento algum esperaram que eu falasse da política externa dos Estados Unidos.

Mesmo sem saber por quê, nossa filha, Jan, me passou o mesmo versículo – pois Deus o havia dado a ela a fim de que o transmitisse a mim –, quando parti para aquela turnê de palestras. Lá estava a fragrância de Cristo, registrada previamente para que nós duas a encontrássemos!

Para mim, é difícil concluir esta parte do livro, pois tenho de deixar de fora centenas de ilustrações; contudo, aqui estão alguns outros tons da voz de Deus quando ele responde às minhas orações com palavras que já deixou registradas para mim.

"Eu sabia que você iria sofrer", Deus responde com carinho quando nos ouve clamando por socorro, "por isso escrevi essas palavras ternas de consolo para sarar o seu coração quebrantado". Então, ele nos mostra algumas das palavras registradas previamente para nós e que parecem nos envolver com os braços amorosos de Deus.

"Deixe-me explicar", diz o Senhor, usando sua voz de onisciência para instruir com toda calma minha mente aturdida. Ele me dirige para suas respostas previamente registradas que esclarecem as situações mais emaranhadas e que iluminam meus pensamentos confusos.

"Fale com a minha autoridade", Deus me ordenou com firmeza em junho de 1981. Era meu primeiro seminário em Londres, e, uma noite antes, fui tomada de um "assombro intimidante" ao olhar para Westminster Hall, onde o seminário seria realizado para duas mil e quinhentas mulheres. Sobreveio-me uma relutância tremenda só em pensar na audácia necessária para dizer àquelas queridas mulheres que precisavam mudar.

Na manhã seguinte, pedi a Deus que me falasse em sua Palavra. Enquanto lia Tito 2, o Senhor garantiu-me firmemente com sua resposta previamente registrada: "Dize estas coisas; exorta e repreende também com toda a autoridade. Ninguém te despreze" (v. 15).

Desde o momento em que comecei a falar, não havia outra sensação além da que Deus estava realizando sua grande obra em nosso meio; senti uma liberdade indescritível para falar, exortar e repreender, pois Deus havia me assegurado sua autoridade mediante a resposta registrada previamente por ele para mim!

"Estava esperando para poder compartilhar esse segredo com você", Deus responde com toda sua disposição à minha mente inquisitiva. Então, meu coração arde, como aconteceu com os dois discípulos no caminho de Emaús durante a primeira Páscoa (Lc 24:32), enquanto o Senhor abre seus tesouros de sabedoria e conhecimento e revela os profundos e empolgantes mistérios de sua Palavra. Eles existem desde a fundação do mundo, mas agora me aproprio deles, pois pedi ao Senhor que os revelasse.

"Achei que você não ia perguntar nunca." De todas as formas que Deus usa para nos responder, essa é provavelmente a mais freqüente. Deus quase suspira de alívio quando, por fim, resolvemos incluí-lo em nossa busca por orientação e conselho. "Mas por que

você demorou tanto", pergunta ele quase impaciente, "quando as respostas estavam registradas desde o princípio?"

Sem dúvida, o tom da voz de Deus ao me responder varia de acordo minhas necessidades e, com freqüência, me surpreendem, mas sempre providencia exatamente aquilo de que preciso ou que mereço. Deus não é um ser distante, que fala de algum lugar afastado lá no céu, mas está sempre comigo quando me volto para a sua Palavra em busca de respostas.

EMPECILHOS PARA ACEITAR AS RESPOSTAS QUE DEUS JÁ REGISTROU PREVIAMENTE

Infelizmente, criamos dentro de nós certos empecilhos para aceitar as respostas registradas previamente por Deus.

A *incredulidade* quanto ao caráter autêntico da Bíblia com freqüência impede as pessoas de crer nas respostas previamente registradas por Deus. A descrença em relação à autoridade da Palavra de Deus também pode ser uma pedra de tropeço para que aceitemos suas respostas registradas previamente para nós.

Certos *conceitos teológicos* podem, igualmente, servir de empecilho para que aceitemos a resposta de Deus às nossas orações. Quase todos nós possuímos um sistema teológico determinado, quer tenha vindo da denominação em que fomos criados ou da igreja que freqüentamos quando adultos, quer tenha sido recebido mediante ensino, sem questionamento, recebido de outros. Colocamos Deus dentro de nossas caixinhas teológicas e, se a resposta recebida dele, registrada na Bíblia, não corresponde exatamente a nosso elaborado sistema doutrinário, temos dificuldade em aceitá-la.

Rebeldia. Mesmo que concordemos teologicamente com a resposta de Deus e que saibamos que devemos aceitá-la, muitas vezes nos rebelamos contra sua vontade para nós e somos obstinados demais para aceitar a resposta que ele deixou registrada previamente em sua Palavra.

Não aplicar a resposta pessoalmente também constitui um empecilho para a eficácia das respostas previamente registradas de

Deus em nossa vida. É muito mais fácil aplicar determinada repreensão, correção ou instrução a quem estamos ensinando, à nossa congregação ou mesmo a nosso cônjuge, filhos e conhecidos. No entanto, é somente à medida que aceitamos a resposta de Deus de modo pessoal que podemos realizar aquilo que Deus pretendia quando registrou essa resposta para nós. "Bem-aventurados são os que ouvem a palavra de Deus e a guardam" (Lc 11:28).

RELACIONE-SE COM O AUTOR

Uma vez que Deus está presente em pessoa quando recebemos suas respostas previamente registradas na Bíblia, é lógico ele esperar que nos relacionemos com ele quanto àquilo que disse. E, tendo em vista que a Bíblia é o único livro cujo autor está sempre presente quando sua obra é lida, também é verdade que se trata do único livro no qual o relacionamento pessoal com o Autor – Deus – é necessário.

A Bíblia difere de todos os outros livros já escritos porque é viva. Hebreus 4:12 diz: "Porque a palavra de Deus é viva, e eficaz, e mais cortante do que qualquer espada de dois gumes [...] e é apta para discernir os pensamentos e propósitos do coração". Isso só é possível porque o próprio Deus, seu Autor, é ativo no processo de convencer, esclarecer e instruir. Assim, a Bíblia só será aplicada de modo prático se existir envolvimento espiritual de nossa parte com o próprio Deus. Esse relacionamento é a oração.

Isso não acontece com nenhum outro livro. Quando obedecemos ao manual das leis de trânsito e paramos no semáforo vermelho, não existe envolvimento pessoal com o indivíduo que, certo dia, decidiu que devemos "parar no vermelho" e "andar no verde". Também nos livros didáticos, não é necessário envolvimento pessoal com o autor, a fim de colocar em prática os princípios, as informações, as regras ou as sugestões que ele apresenta. O aprendizado e o uso de uma fórmula matemática não depende de um relacionamento pessoal com o criador da fórmula. O mesmo não acontece com a Bíblia. Deve haver uma resposta espiritual ao Autor, a fim de garantir uma aplicação correta e significativa de seus preceitos.

São necessários os seguintes passos para usar de modo eficaz as respostas que Deus já deixou registradas em sua Palavra para nós: (1) aceitá-las; (2) responder ao Autor; e (3) vivê-las. Com freqüência, queremos pular o número 2 e, em nossa teimosia, declaramos cerrando os dentes: "Não vou fazer isso", ou, adotando a reação oposta, estoicamente nos resignamos a obedecer a seus mandamentos. Porém, é somente quando nos envolvemos pessoalmente com o Autor dessas regras e instruções que recebemos sabedoria, graça, força, poder e, o mais importante de tudo, desejo de colocá-las em prática.

No entanto, uma dificuldade, hoje em dia, é que estamos, basicamente, ensinando a nossos filhos, alunos de escola dominical, grupos de estudo bíblico e membros da igreja apenas os itens 1 e 3. Tentamos impor a aplicação das leis e regras da Bíblia aos outros e a nós mesmos sem ter um relacionamento pessoal e sem responder ao Autor do Livro, Deus.

Não admira que a Palavra de Deus pareça mais um amontoado sem vida de obrigações e de proibições, que seus preceitos acabem sendo comparados aos de outros ensinamentos e livros, e que racionalizemos e distorçamos sua verdade à luz daquilo que os outros escritos dizem, testando sua veracidade.

Devemos responder pessoalmente a Deus quanto ao que ele nos diz, pedindo perdão por pecados específicos, ficando quietos em sua presença enquanto ele nos purifica, olhando para nós mesmos em contraste com a santidade dele, implorando que nos torne mais semelhantes ao Cristo que ele nos revelou em sua Palavra. Ou, então, permanecendo em silêncio até sentir o amor que pedimos que ele nos concedesse. Ou, ainda, esperando que ele nos encha de poder, a fim de agir conforme o que Deus nos orientar a fazer diante da resposta que nos der.

Nenhum outro autor é capaz de discernir e de julgar os pensamentos e intenções de nosso coração nem de esquadrinhar aspectos espirituais, emocionais e intelectuais de nossa vida. Também não ficamos completamente expostos diante de nenhum autor, sem haver nada que lhe possamos ocultar (Hb 4:13). Assim, nenhum outro livro tem, sempre e infalivelmente, as respostas previamente registradas para as necessidades imediatas e específicas do leitor, pois não há autor que atinja e atue no mais profundo e escondido íntimo de seus leitores como o Senhor.

Ser confrontado pelas respostas que Deus registrou de antemão na Bíblia é ser confrontado pelo próprio Deus.

Oração final

Pai, obrigada por haver registrado de antemão a maior parte das respostas de que vou precisar. Perdoa-me por não ler sempre a Bíblia em busca de suas respostas previamente registradas para minhas orações. Ensina-me a mergulhar completamente nos ensinamentos e mandamentos que tu deixaste para mim e, então, interagir contigo sobre essas palavras. Senhor, neste instante, prometo que buscarei, aceitarei tuas respostas previamente registradas para mim e lhes obedecerei. Em nome de Jesus, Amém.

Capítulo 5

Quando Deus responde: Você não preencheu meus requisitos

Você já se perguntou por que Deus diz "não" para algumas de suas orações? Pode ser que ele esteja dizendo: "Você não preencheu meus requisitos. Não está qualificado para receber minha resposta!" Esse é o maior segredo das orações não respondidas.

Muitos cristãos desejam sinceramente ter poder em suas orações, orar de modo a realizar transformações em pessoas e circunstâncias aqui na terra, mas ficam consternados quando não vêem nenhum resultado. Fazem orações sinceras e fervorosas, mas Deus parece não responder. No entanto, quando a resposta dele é "não", talvez esteja dizendo: "Estão faltando algumas qualificações em sua vida".

Antes da fundação do mundo, Deus determinou algumas condições do tipo "se", "quando" e "porque" para nossa vida, e sua resposta negativa pode, na verdade, ser: "Quando você... então eu...".

Quando você... então eu...

1 João 3:22 apresenta uma das regras fundamentais de Deus Pai para responder ou não nossas orações. É uma condição do tipo "então", determinada pelo Pai:

> [...] e aquilo que pedimos dele recebemos, *porque* guardamos os seus mandamentos e fazemos diante dele o que lhe é agradável (grifo meu).

A aprovação ou desaprovação do Pai com relação às nossas ações determina se ele nos concederá ou não nossos pedidos de oração. Tendo em vista que, no grego, os verbos *guardar* e *fazer* que aparecem nesse versículo encontram-se no gerúndio, o poder da oração não é condicionado por manifestações ocasionais de obediência, mas sim por uma vida que busca continuamente lhe agradar. *Então* ele promete que receberemos aquilo que pedirmos.

Uma das muitas vezes que esse "então" é usado nas Escrituras para determinar que as orações serão respondidas encontra-se em 2 Crônicas 7:14. Deus disse a Salomão: "se o meu povo [...] se humilhar, e orar, e me buscar, e se converter dos seus maus caminhos, *então,* eu ouvirei dos céus, perdoarei os seus pecados e sararei a sua terra" (grifo meu). Primeiro, deveriam fazer a parte deles e, então, Deus realizaria o que havia prometido.

Depois de pecar gravemente com Bate-Seba, Davi conheceu o *então* de Deus e orou de acordo com ele para que sua vida voltasse a dar frutos. Estava ciente da ordem determinada por Deus. Quando Davi reconheceu seu pecado, arrependeu-se profundamente, suplicou a Deus para criar nele um coração puro e para restaurar a alegria da sua salvação, só *então* é que seria capaz de voltar a ensinar aos transgressores os caminhos do Senhor e os pecadores seriam convertidos (Sl 51).

Parecemos não ter consciência desse "então" de Deus quando oramos. Contudo, a Bíblia diz claramente que Deus só pode responder às nossas orações quando nos mostramos dispostos a cumprir seus requisitos. O Senhor está dizendo: "Quando vocês guardarem os meus mandamentos e fizerem o que é agradável diante de mim, então vocês receberão aquilo que pediram" (veja 1 Jo 3:22).

Se você... então eu...

Nos últimos tempos, tenho baseado os seminários sobre O que Acontece Quando as Mulheres Oram nas palavras de Jesus em João 15:7, passagem na qual ele dá suas duas condições absolutamente abrangentes para que nossas orações sejam respondidas: "Se permanecerdes em mim, e as minhas palavras permanecerem em vós, pedireis o que quiserdes, e vos será feito".

De acordo com F. Campbell Morgan, essas palavras "e vos será feito" contêm a mais poderosa promessa com referência à oração no Novo Testamento. Na realidade, envolvem o poder criativo de Deus e são equivalentes ao poder de Deus ao criar o Universo relatado no Livro de Gênesis.

Em março de 1971, quando estava estudando esse versículo, fiquei maravilhada com a idéia do grande poder que Jesus estava prometendo a seus seguidores – e a nós. "Senhor, quanto poder foi necessário para criar o Universo?", perguntei em oração. Então, minha mente ficou completamente confusa quando tentei visualizar a minúscula porcentagem do Universo que exploramos ou que até mesmo medimos. O poder de Deus é maior do que a soma do poder de tudo aquilo que ele criou. Procurei, em vão, compreender o poder necessário para criar o Universo pela palavra. Chorei enquanto orava: "Pai, desejo ter esse poder na oração". Lentamente, implorei: "Ensina-me – e quebra-me – até que eu o alcance".

Esse poder prometido não é um mistério profundo, obscuro e inacessível, privilégio de apenas uns poucos. Ele está à disposição de todos os cristãos da atualidade. No entanto, Jesus disse que há certas condições para obtê-lo. Algumas coisas precisam ficar evidentes em nossa vida, a fim de que Deus possa responder às nossas orações.

Quais são elas? Em João 15:7, Jesus claramente indica esses requisitos. A primeira condição que Jesus apresenta para ter poder na oração é: "*Se* permanecerdes em mim". Pouco antes de ser crucificado, Cristo disse essas palavras aos discípulos em seu discurso sobre a videira e os ramos. Assim, permanecer em Cristo significa, antes de tudo, estar intrínseca e organicamente ligado a ele, a videira. É claro que somente verdadeiros cristãos qualificam-se como alguém que *está nele*. Também não encontramos, em parte alguma do Novo Testamento, qualquer promessa de poder na oração intercessora para alguém que não é cristão, pois só os que crêem estão habilitados a orar "em nome de Jesus".

Além disso, permanecer em Cristo significa receber dele o sustento, a força e o poder, como os ramos obtêm tudo isso da videira. Significa repousar em segurança nele não somente quando tudo está tranqüilo, mas também nas circunstâncias difíceis, em momentos de "poda" – isso é permanecer em Cristo.

O segundo *se* usado por Jesus para determinar um requisito em João 15:7 é: "[Se] as minhas palavras permanecerem em vós". Se desejamos ter poder na oração, todas as palavras dele devem permanecer em nós, habitar em nós, e devemos lhes obedecer e viver de acordo com elas.

Quais são as palavras de Jesus? Em primeiro lugar, quando Jesus estava orando ao Pai, no final do ministério aqui na terra, ele disse que havia transmitido todas as palavras que o Pai havia lhe dado (Jo 17:8). Em segundo lugar, declarou: "Mas o Consolador, o Espírito Santo, a quem o Pai enviará em meu nome, esse vos ensinará todas as coisas e vos fará lembrar de tudo o que vos tenho dito" (Jo 14:26). As coisas que o Espírito Santo ensinará e das quais fará lembrar são as que encontramos no restante do Novo Testamento. Em terceiro lugar, entre sua ressurreição e ascensão, Jesus explicou o Antigo Testamento para seus seguidores à luz de sua vida, morte e ressurreição (Lc 24:44-49). Em outras palavras, as Sagradas Escrituras são a Palavra de Jesus.

Tudo isso é resumido em 1 João 3:24: "E aquele que *guarda* os seus mandamentos permanece em Deus" (grifo meu). É a obediência a todos os mandamentos dele que comprova que permanecemos nele – o primeiro requisito de Jesus para que haja poder na oração.

Alguns anos atrás, estive mais perto do que gostaria de uma pessoa que, mesmo conhecendo perfeitamente bem as palavras de Jesus sobre a infidelidade, ainda assim, com certeza, não estava permitindo que essas palavras permanecessem nela e nem lhes estava obedecendo.

Soube da situação quando, durante seu primeiro ano de faculdade, nosso filho, Kurt, telefonou para mim com uma estranha urgência em sua voz e perguntou:

— Mãe, pode me emprestar o carro?

Assim que parei na frente da faculdade, ele entrou, bateu a porta e foi logo perguntando:

— As correntes de oração também funcionam à noite, mãe?

Temendo o pior, respondi que sim, caso isso fosse necessário, e perguntei:

— Por quê? Qual é o problema?

— Bem — respondeu ele —, uma das moças de minha classe está tendo um caso com um pastor aqui da cidade. Eu lhe disse que isso era errado e que ela precisa terminar esse relacionamento. Ela está com medo de fazer isso sozinha, então vou levá-la para falar com ele e ajudá-la a sair dessa.

Meu coração encheu-se de pesar e prometi-lhe:

— Pode ter certeza de que as correntes de oração *estarão* intercedendo por você hoje à noite!

E foi o que fizeram. Meu marido e eu também oramos o tempo todo enquanto Kurt estava fora.

Por fim, quando voltou para casa, sentamo-nos ao redor da mesa da cozinha e ouvimos Kurt relatar o que havia acontecido naquela noite. De repente ele disse:

— Então, eu falei para o pastor: "Ela é só uma garota que acabou de entrar para a faculdade, talvez não soubesse o que estava fazendo, mas você tem formação teológica. Rapaz..." – e Kurt agitou o punho no ar para enfatizar o que queria dizer –, "... eu não gostaria de estar no *seu* lugar quando se encontrar com Deus!"

Aquele homem que ensinava a Palavra havia ignorado completamente todos os ensinamentos bíblicos sobre infidelidade. Fico imaginando quantas orações daquele pastor estavam sendo respondidas por Deus.

Em nossos seminários sobre oração, sempre chamamos o segundo "se" de Jesus — que suas palavras permaneçam em nós — de "pré-requisito para orar com poder". Incluímos nisso suas palavras sobre ser perdoado, perdoar uns aos outros, orar de acordo com a vontade de Deus, ter certeza de que estamos cultivando um relacionamento íntimo com Deus, ter uma vida pessoal de oração como intercessor e as próprias orações de intercessão. Ensino esses pré-requisitos a todas as pessoas de minhas correntes pessoais de oração, do relógio de oração e da corrente metropolitana dando um seminário sobre o assunto ou pedindo que leiam e coloquem em prática os princípios do livro *O que acontece quando as mulheres oram*. Se essas pessoas não obedecem à palavra de Jesus, não há poder em suas orações, e sua intercessão será em vão.

É claro que as palavras de Jesus incluem sua declaração em João 3:3 sobre a necessidade de nascer de novo. Sem esse primeiro passo, não há como obedecer às palavras do Senhor e, portanto, não é possível permanecer nele e, conseqüentemente, ter poder na oração. Jesus também disse: "Ninguém vem ao Pai senão por mim" (Jo 14:6). Sem esse passo obrigatório, nenhuma das promessas da Bíblia referentes às respostas de oração aplica-se àquele que está intercedendo.

SENHOR, SOU EU?

Tive uma surpresa e tanto, em setembro do ano passado, no retiro da diretoria no segundo semestre. Enquanto estávamos sentados compartilhando nossas experiências mais recentes, bem como as lutas durante esse período, as palavras *deserto, escassez* e *estiagem* apareceram várias vezes na conversa. Expressavam exatamente como eu havia me sentido em agosto, chegando até a pensar em desistir de meu ministério. No entanto, não tinha consciência do que havia me levado a ter essa reação tão atípica.

Logo no início do retiro, cada um pegou sua Bíblia, foi para um lugar isolado e fez uma leitura silenciosa da mesma passagem das Escrituras até que Deus indicasse uma determinada idéia. Ao nos reunirmos para compartilhar o que o Senhor nos havia dito individualmente, com exceção de um dos membros da diretoria, todos foram repreendidos pela Palavra de Deus (2 Tm 3:16). Foram mencionados pecados ativos, passivos, atitudes que poderiam causar divisão na igreja e um espírito crítico que havia se insinuado na vida dos membros de minha equipe e que, em lágrimas, todos confessaram. Eu mesma também confessei o pecado que Deus havia me mostrado: pensar que tinha o direito de fechar a porta da minha vida para Jesus quando bem entendesse – exatamente o que eu vinha considerando fazer nos últimos meses, quando as coisas se complicaram.

Pouco antes de sair mais cedo do retiro para realizar um seminário na cidade de Chattanooga, disse aos participantes que tinha entendido por que os últimos meses haviam sido tão difíceis para eles e para mim. Era por causa do pecado em nossa vida. Não se tratava de pecados "cabeludos", mas sim de atitudes e de ações diárias que haviam fechado as portas do céu e, assim, nos afastando de seu poder. Através das palavras de Pedro para os cristãos de sua época, somos lembrados de que "os olhos do Senhor *repousam* sobre os justos, e os seus ouvidos *estão abertos* às suas súplicas, mas o rosto do Senhor *está* contra aqueles que praticam males" (1 Pe 3:12, grifos meus).

Os membros dessa diretoria são elementos-chave que sustentam meu ministério com suas orações. Mesmo que tivessem orado por mim, Deus não responderia, pois não estavam preenchendo a condição apresentada no Salmo 66:18, de acordo com o qual ele nem sequer nos ouvirá se tivermos iniqüidade em nosso coração.

Mais uma vez, havíamos aprendido a verdade do Salmo 24:3,4 de Davi: "Quem subirá ao monte do SENHOR? Quem há de permanecer no seu santo lugar? O que é limpo de mãos e puro de coração". Pelo fato de termos confessado nossos erros aberta e honestamente como pecado diante do Senhor, fui ministrar em Chattanooga com grande alegria, liberdade e cheia do *poder de Deus*, enquanto eles oravam. Sim, Deus tem requisitos para nossa vida, a fim de que nossas orações sejam feitas com poder.

Na reunião seguinte da diretoria executiva, lutávamos com uma necessidade financeira para manter nosso boletim informativo. Começamos com um período de oração durante cerca de uma hora e, enquanto cada um orava, o tema em comum parecia ser a pergunta: será a *minha* atitude, o *meu* pecado, a *minha* falta de oração, a *minha* falta de fé que está impedindo o Senhor de responder às nossas orações sobre essa necessidade financeira? Senhor, sou *eu*?

Isaías explicou claramente a reação de Deus diante das orações de seu povo que estava vivendo em pecado e rebelião: "Pelo que, quando estendeis as mãos, escondo de vós os olhos; sim, quando multiplicais as vossas orações, não as ouço, porque as vossas mãos estão cheias de sangue" (Is 1:15).

Está faltando poder de Deus em sua vida? Seria, talvez, por causa de algum pecado não identificado e confessado?

Barreiras para o Espírito Santo

Ao responder às nossas orações, as três pessoas da Trindade operam de acordo com certos princípios. A maior parte deles refere-se às qualificações que Deus deseja que estejam presentes em nossa vida.

A pessoa da Trindade sobre a qual Paulo escreve em Efésios 3:20 é, obviamente, o Espírito Santo. Ele opera em resposta às nossas orações e de acordo com elas, mas só está apto a fazê-lo se não colocarmos barreiras à sua atuação com os pecados de nossa vida.

De acordo com a Bíblia, há atitudes nossas que ofendem o Espírito Santo e que impedem nossas orações de ser respondidas, porque são, evidentemente, pecados.

Podemos *entristecer* o Espírito Santo. Quando Paulo apresenta, em Efésios 4:25-32, uma lista dos pecados que devem ser lançados fora da vida do cristão, no meio dessa relação ele diz, de repente: "E não entristeçais o Espírito Santo" (v. 30). Não lhe causem dor, sofrimento ou tristeza ao negar, com suas práticas, a presença dele em sua vida. É isso que fazemos quando cometemos esses e outros pecados.

Num sábado à noite, recebi um telefonema de um pastor que me disse:

— Estamos estudando seu livro *Senhor, transforma-me!* e estamos aprendendo um bocado de coisas, mas – fez uma pausa e prosseguiu – gostaria de lhe fazer uma pergunta. Você por acaso é a Supermulher? Você não tem lutas? É absolutamente perfeita?

Mais do que espantada, expliquei:

— De modo algum! Confesso meus pecados diariamente! Várias vezes por dia! Luto para ser santa, mas quanto mais o faço, mais Deus me mostra os meus pecados.

Todas as manhãs, antes de lecionar ou dar uma palestra, gasto todo o tempo necessário esperando em Deus silenciosamente depois de orar: "Sonda-me, ó Deus [...] vê se há em mim algum caminho mau" (Sl 139:23,24). Essa busca interior não é uma introspecção mórbida, mas sim uma das obras do Espírito Santo. Ela permite que Deus nos mostre aquelas pequenas atitudes, pensamentos ou motivações que se insinuam tão facilmente sem que notemos.

Se estou vivendo com algum pecado do qual tenho conhecimento – orgulho, atitudes ou prioridades incorretas ou desobediência quanto ao que Deus está me mostrando –, vou ministrar com minhas próprias forças, e o Espírito de Deus não estará apto a operar com poder em meus seminários. Sem dúvida, posso dizer as palavras certas e dar as ilustrações mais apropriadas, mas o poder transformador não estará presente.

Quando estava em um país estrangeiro, um jovem evangelista, cuja esposa tem uma deficiência física, veio me pedir oração. Enquanto estava fora de casa, em suas viagens, enfrentou dificuldades para trabalhar com uma mulher muito ativa em seus comitês. Ele compartilhou comigo a constante tentação que sentia. Minha resposta foi simplesmente:

— Você tem um futuro incrivelmente brilhante, mas Deus leva isso muito a sério. Ele não vai tolerar o pecado em sua vida. Caso haja algum pecado presente, ele não vai, de modo algum, ouvir ou responder às suas orações.

Ao ser preletora num congresso sobre Uma Vida de Sucesso, no Canadá, em 1978, de repente senti a falta do poder divino. Então, dei-me conta de uma atitude minha que era pecado. Escrevi em meu diário: "É bom estar consciente de que não posso cultivar qualquer atitude que não seja agradável a Cristo e, ainda assim, ter o poder vital para que Deus opere através de meu ministério". O que mais me ajuda a não pecar ou a ver pecados que não foram confessados em minha vida é saber que isso tira o poder de meu ministério. Essa é minha responsabilidade.

Sempre que há qualquer falta de poder durante um seminário ou na diretoria de nossa organização, a primeira pergunta que faço é: "Senhor, sou eu? O Senhor está me dizendo que não pode fazer as coisas infinitamente abundantes que lhe pedi por minha causa?" Mais uma vez, Deus me lembra de que só está apto a operar de modo diretamente proporcional ao espaço que lhe dou por meio de uma vida santificada.

Além de entristecer o Espírito Santo, também podemos *apagá-lo*. Em 1 Tessalonicenses 5:12-22, Paulo apresenta uma lista de instruções referentes à vida dos cristãos de sua época. Dentre as admoestações dessa lista, encontra-se a inesperada declaração: "Não apagueis o Espírito" (v. 19).

O que significa apagar? Quer dizer extinguir um fogo. Quantas vezes sofri em oração, antes de um congresso, pedindo que o Espírito Santo viesse com poder, senti-o começando a operar e, então, alguém "passou para o próximo item da programação" e conseguiu apagar o Espírito. Nessas ocasiões, voltei para casa abatida, pois havia ansiado que Deus nos desse fervor com seu fogo. Ele tentou tantas vezes responder a essa oração, mas as pessoas não o deixaram agir.

Ou, ainda, qual de nós já não participou de um culto em que Deus estava começando a operar e, em seguida, a programação simplesmente prosseguiu como de costume ou chegou a hora de encerrar? O Espírito Santo foi apagado. Esse é um pecado que deve entristecer profundamente o coração de Deus.

É espantoso o que diz Pedro, em 1 Pedro 3:7, a respeito de que as orações de um marido podem ser *impedidas* se ele não tiver uma atitude correta para com a esposa. Impedir significa obstruir o curso de uma pessoa colocando barreiras ou prejudicando o caminho à sua frente, à medida que ela o percorre, detendo-a desnecessariamente. Assim, uma atitude incorreta que é pecado aos olhos de Deus pode impedir que nossas orações sejam respondidas.

Na noite anterior a um seminário no Texas, passei meia hora pedindo a Deus que trouxesse à minha mente todas as atitudes, pensamentos e ações capazes de impedir que ele operasse naquele seminário. Em seguida, pedi que me revelasse qualquer atitude, pensamento ou ação contra alguém que eu precisava perdoar. Então, pedi perdão a Deus e perdoei aqueles que haviam pecado contra mim. Experimentei uma sensação extraordinária de estar completamente limpa por dentro!

No dia seguinte, quando falava sobre como manter todas as conexões com Deus no mais perfeito estado, a fim de que nossas orações não sejam impedidas, senti que não havia absolutamente nenhuma interferência em minha conexão. Não havia nada servindo de barreira para o poder divino, o que ficou bastante claro quando pelo menos metade dos participantes oraram em voz alta certificando-se de que seu relacionamento pessoal com Cristo estava em dia (inclusive um pastor bem conhecido da região). A diferença está no que acontece quando ofereço a Deus uma conexão livre de interferências e não um canal cheio de obstruções.

Sem dúvida, o Espírito Santo é uma pessoa – o terceiro membro da Trindade – que pode ser apagada, entristecida, impedida, envergonhada, resistida, ignorada, blasfemada, ofendida e para a qual pode-se mentir. Até mesmo sua obra de resgatar o pecador pode ser desprezada e rejeitada. Todas essas coisas são pecados que impedem que o poder de Deus opere em nós mediante as respostas às nossas orações. É evidente que se trata justamente do oposto de estar cheio do Espírito Santo e andando nele.

O Espírito de Deus se entristece e sofre quando sua obra é ignorada, resistida e desprezada por aqueles a quem deseja salvar do pecado e conduzir a uma vida cristã de grande alegria. No entanto, é admirável como, independentemente do quanto ele se aflija com nosso pecado contra ele, em vez de vingar-se ou de retirar-se de nós, o Espírito Santo nos repreende constantemente e nos atrai de volta a si. Que diferença da forma como nós, seres humanos, reagimos ao nos sentirmos ofendidos!

SANTIDADE

Se esperamos que Deus responda às nossas orações, devemos preencher os seus requisitos de santidade. O Deus Trino espera isso de nós. O Deus Pai ordena: "Sede santos, porque eu sou santo" (1 Pe 1:16). Paulo escreve, em Romanos 8:29, que os cristãos foram predestinados "para serem conforme a imagem de seu Filho" – Jesus, que, apesar de ter sido tentando em todas as coisas, não pecou – para serem santos (Hb 4:15). Diz ainda: "Enchei-vos do Espírito [Santo]" (Ef 5:18). A santidade é um atributo fundamental de Deus e um requisito seu para nós.

Num seminário em Perth, na Austrália, ao pedir que todos lêssemos Gálatas 5 e 6 até que Deus falasse a cada um de nós, orei: "Ó Deus, dá-me algo bem pessoal – algo só para mim no dia de hoje". Ele guiou meus olhos até o outro lado da página, a Efésios capítulo 1. Lá estavam suas palavras para mim: "Assim como nos escolheu, nele, antes da fundação do mundo, para sermos santos e irrepreensíveis perante ele" (1:4, grifo meu). Esse é o requisito de Deus para mim!

Qualquer coisa aquém da santidade em minha vida é pecado. "Se eu no coração contemplara a vaidade, o Senhor não me teria ouvido" (Sl 66:18). Aí está a razão pela qual muitas das nossa orações parecem não ser respondidas por Deus.

Talvez você se pergunte: "É uma 'missão impossível'?" De modo algum! Identificar e confessar nossos pecados produz a vida de santificação necessária para que Deus ouça e responda às nossas orações.

Listas de pecados

Talvez você tenha dificuldade em identificar as coisas em sua vida que são, de fato, pecado. Felizmente, a Bíblia tem a resposta para você. O instrumento mais poderoso que uso em meus seminários sobre oração é uma lista de vinte e três passagens da Bíblia que, assim como as Escrituras em sua totalidade, caso não sejam obedecidas, constituem pecados. Explico esse fato de acordo com Tiago 4:17: "Aquele que sabe que deve fazer o bem e não o faz nisso está pecando".

Em meus treze anos de ministério em tempo integral, tenho visto continuamente pelo menos 99% dos participantes de seminários e palestras orarem em voz alta em seus grupos pedindo perdão a Deus por pecados específicos. Aliás, essa é a primeira oração que eu peço que façam em voz alta; além disso, de acordo com nossa estimativa, cerca de metade daqueles que participam dos seminários nunca oraram em público antes. O segredo encontra-se no poder da Bíblia para repreender o pecado (2 Tm 3:16).

A Bíblia está repleta de coisas que devemos fazer, mas não fazemos, e de coisas que não devemos fazer, mas fazemos assim mesmo. Logo, cometemos pecados tanto por ação como por omissão.

Colossenses 3:5-9 abrange esses dois tipos de pecado. A primeira lista trata de coisas que não devemos fazer. Se fazemos qualquer uma delas, pecamos diante de Deus. Separe algum tempo agora mesmo para ler essa relação bem devagar, parando para refletir sobre cada pecado e de que modo ele talvez se aplique a você pessoalmente:

> Fazei, pois, morrer a vossa natureza terrena: prostituição, impureza, paixão lasciva, desejo maligno e a avareza, que é idolatria; por estas coisas é que vem a ira de Deus [sobre os filhos da desobediência]. Ora, nessas mesmas coisas andastes vós também, noutro tempo, quando vivíeis nelas. Agora, porém,

> despojai-vos, igualmente, de tudo isto: ira, indignação, maldade, maledicência, linguagem obscena do vosso falar. Não mintais uns aos outros, uma vez que vos despistes do velho homem com os seus feitos.

Então, Paulo continua até o versículo 12 e apresenta uma lista das coisas que devemos fazer e que constituem pecados quando somos omissos:

> Revesti-vos, pois, como eleitos de Deus, santos e amados, de ternos afetos de misericórdia, de bondade, de humildade, de mansidão, de longanimidade. Suportai-vos uns aos outros, perdoai-vos mutuamente, caso alguém tenha motivo de queixa contra outrem. Assim como o Senhor vos perdoou, assim também perdoai vós; acima de tudo isto, porém, esteja o amor, que é o vínculo da perfeição. Seja a paz de Cristo o árbitro em vosso coração, à qual, também, fostes chamados em um só corpo; e sede agradecidos. Habite, ricamente, em vós a palavra de Cristo; instruí-vos e aconselhai-vos mutuamente em toda a sabedoria, louvando a Deus, com salmos, e hinos, e cânticos espirituais, com gratidão, em vosso coração. E tudo o que fizerdes, seja em palavra, seja em ação, fazei-o em nome do Senhor Jesus, dando por ele graças a Deus Pai.
>
> Colossenses 3:12-17

Agora que examinamos esses requisitos das Escrituras, temos a responsabilidade de viver de acordo com eles. É assustador pensar que ignorar qualquer um dos requisitos acima é pecado aos olhos de Deus.

Em Marcos 7:21,22, Jesus nos deu sua lista bastante reveladora de coisas que vêm de dentro de nós e nos contaminam. Nela, incluiu: "os maus desígnios, a prostituição, os furtos, os homicídios, os adultérios, a avareza, as malícias, o dolo, a lascívia, a inveja, a blasfêmia, a soberba, a loucura". Que combinação de "grandes" pecados explícitos bem como pecados "quotidianos" dos cristãos!

Paulo nos deu uma lista extremamente específica de pecados em Gálatas:

> Ora, as obras da carne são conhecidas e são: prostituição, impureza, lascívia, idolatria, feitiçarias, inimizades, porfias, ciúmes, iras, discórdias, dissensões, facções, invejas, bebedices, glutonarias e coisas semelhantes a estas, a respeito das quais eu vos declaro, como já, outrora, vos preveni, que não herdarão o reino de Deus os que tais coisas praticam.
>
> Gálatas 5:19-21

Tiago 4:17 nos diz que, agora que sabemos fazer o bem, quando não o fazemos, para nós isso é pecado. Não são fraquezas. Não são defeitos de personalidade. São pecado!

Você encontrou seu "pecado de estimação" nesses versículos das Escrituras? Seu pecado "secreto" foi revelado por alguma dessas passagens? *Se esse for o caso, há uma razão para que Deus não responda às suas orações – você não está qualificado!*

No entanto, o fato mais importante é que não precisamos permanecer nessa condição de pecado, em que Deus responde às nossas orações de forma negativa por termos transgressões em nossa vida. A Bíblia declara enfaticamente: "Se confessarmos os nossos pecados, ele é fiel e justo para nos perdoar os pecados e nos purificar de toda injustiça" (1 Jo 1:9).

Em 1983, quando eu estava em férias, Deus me mostrou este versículo extraordinário: "Tendo, pois, ó amados, tais promessas, purifiquemo-nos de toda impureza" (2 Co 7:1).

É Deus quem determina a ordem correta a ser cumprida: identifique, admita, confesse, peça o perdão do Senhor – e receba esse perdão!

É claro que Deus tem seus requisitos para que haja poder em nossas orações. No entanto, ele também tem a resposta, o perdão, quando o pedimos!

Oração final

Pai, tu pareces estar respondendo com um "não" a meus pedidos de oração – ou nem sequer tem dado uma resposta. Há pecados em minha vida que não foram identificados ou confessados e que estão te impedindo de responder às minhas orações? Senhor, por favor, mostra-me quais são eles. Ó Deus, confesso todos os meus pecados! Por favor, perdoa-me! Purifica-me! Em nome de Jesus, Amém.

Capítulo 6

Quando Deus responde: Arrependa-se

Como Deus responde quando oramos: "Pai, eu pequei"? Ele diz: "Agora que você confessou ter pecado, vai ficar tudo bem"? De forma alguma. Deus ordena: "Arrependa-se!"

Uma esposa transtornada me ligou pedindo oração. Ela disse que o marido estava dormindo com outra mulher, levantando-se pela manhã e pedindo que Deus o perdoasse. Disse à esposa que estava tudo bem, pois Deus sempre nos dá seu perdão quando o pedimos.

— Isso é verdade? — perguntou-me a esposa. — Como cristão, ele tem o direito de viver desse jeito?

— Não — respondi eu e, então, compartilhei com ela um trecho de Romanos 6: "Permaneceremos no pecado, para que seja a graça mais abundante? De modo nenhum!" (vv. 1,2). "Não reine, portanto, o pecado em vosso corpo mortal, de maneira que obedeçais às suas paixões; nem ofereçais cada um os membros do seu corpo ao pecado, como instrumentos de iniqüidade; mas oferecei-vos a Deus, como ressurretos dentre os mortos, e os vossos membros, a Deus, como instrumentos de justiça" (vv. 12,13).

Depois que identificamos determinado comportamento em nossa vida como pecaminoso e admitimos isso a Deus em oração, nossa tendência humana é dizer a nós mesmos: "Agora, deixe para lá", ou "Isso não é pecado". Ou ainda, talvez, digamos: "Não tive a intenção de magoar ninguém" ou "Esse não é um pecado assim tão grave". Mas Deus diz: "Arrependa-se!"

Quando admitimos nosso pecado, Deus nunca diz: "Tudo bem, meu filho. Vamos deixar isso para lá, e você pode prosseguir com sua vida". De jeito nenhum. Ele não diz: "O que está feito, está feito" e considera o assunto encerrado. Deus espera ação contínua, tanto da nossa parte quanto da parte dele. O passo seguinte que devemos tomar é o do arrependimento.

JESUS E O ARREPENDIMENTO

Por que se arrepender? Porque Jesus assim o ordenou – tanto a cristãos como a não-cristãos.

Sessenta anos haviam se passado depois da ascensão, quando Jesus voltou ao céu. Então, enviou mensagens às suas igrejas na terra instando-as a se arrependerem. Ao registrar tais cartas em Apocalipse 2 e 3, o apóstolo João nos surpreende com a força e a freqüência do mandamento de Jesus: "Arrependei-vos!"

Quando o Filho de Deus iniciou seu ministério na terra, ele proclamou a mesma mensagem: "Arrependei-vos". Ele entrou na Galiléia pregando: "O tempo está cumprido, e o reino de Deus está próximo; arrependei-vos e crede no evangelho" (Mc 1:15).

Até mesmo seu precursor, João Batista, preparou o caminho para Jesus chamando os líderes religiosos da época ao arrependimento. Clamou: "Arrependei-vos, porque está próximo o reino dos céus" (Mt 3:2).

Durante todo o seu ministério aqui na Terra, ao contrastar o pecado dos seres humanos com a santidade do Pai e com sua própria ausência de pecado, Jesus ordenou que se arrependessem. O pecado que via aqui na terra o perturbava tanto que, no Sermão da Montanha, ele chegou a dizer que era melhor extirpar alguma parte do corpo do que permitir que o corpo todo perecesse no inferno (Mt 5:29).

Então, depois de Jesus ter morrido e de ter pago por todos os pecados da humanidade, encontramos em Lucas 24:46,47 algumas das últimas palavras do Cristo ressurreto a seus seguidores, admoestando-os a continuar pregando o arrependimento a todas as nações.

> E lhes disse: Assim está escrito que o Cristo havia de padecer e ressuscitar dentre os mortos no terceiro dia e que em seu nome se pregasse arrependimento para remissão de pecados a todas as nações, começando de Jerusalém.

Então Pedro, logo depois de ele próprio haver se arrependido, obedeceu imediatamente ao mandamento de Jesus em seu primeiro sermão, admoestando os incrédulos de Israel: "Arrependei-vos, e cada um de vós seja batizado em nome de Jesus Cristo para remissão dos vossos pecados" (At 2:38, veja também At 3:18,19).

Assim, o propósito da vinda de Jesus, de sua pregação, morte e ressurreição era o arrependimento, para que o perdão dos pecados fosse proclamado em seu nome a todas as pessoas em todos os lugares. Mesmo agora, que está vivendo no céu com o Pai, Jesus ainda se importa com essa questão.

Neste momento, Jesus está à direita do Pai intercedendo por nós. O que ele está pedindo? Apenas para que tenhamos força, poder, graça e orientação? Creio que não. Uma vez que ele precisou enviar instruções para as recém-formadas igrejas a fim de que se arrependessem, qual o motivo de sua intercessão por nós hoje em dia? Estaria ele intercedendo por mim, por você, por nossas igrejas – neste exato momento – para que nos arrependamos também?

"O que você quer dizer com 'arrepender-se'?"

O que é arrependimento? É muito mais do que uma rápida oração pedindo perdão. O arrependimento envolve três coisas: entristecer-se verdadeiramente com o pecado, buscar ativamente afastar-se do pecado e dar frutos condizentes com esse arrependimento.

Sentir profunda tristeza por haver pecado quer dizer ficar completamente arrasado só de pensar nisso. Quando os homens de Israel ouviram Pedro erguer a voz e expor os pecados deles, "compungiu-se-lhes o coração", e eles clamaram perguntando ao apóstolo o que deveriam fazer. A resposta de Pedro foi "Arrependei-vos!".

O verdadeiro arrependimento não é temer as conseqüências do pecado, mas sim horrorizar-se com o pecado em si. Quando era pequena, para mim arrependimento significava ver meu pai literalmente batendo com a cabeça na parede por causa do que havia feito à minha mãe. Depois de anos sendo infiel a ela enquanto viajava a trabalho como empreiteiro de uma construtora de rodovias, finalmente confessou seu pecado a ela. Por que ele confessou? Porque vislumbrou seu pecado em flagrante contraste com a vida santificada de minha mãe diante de Deus. Quando chegava em casa depois de ter passado a semana toda fora, dizia-lhe que praticamente podia ver um anjo voando ao redor dela. Foi sua santidade, semelhante à de Deus, em contraste com a perversidade dele que o levou a confessar – e a mudar seu modo de viver.

Um líder cristão que teve um caso com a secretária durante vários anos compartilhou que havia sido a busca constante de sua esposa por santidade que havia tornado a vida dele tão insuportável a ponto de, finalmente, levá-lo a confessar-lhe o seu pecado. No entanto, em vez de confessar imediatamente, a princípio ele pensou, várias vezes, em suicidar-se e, de fato, tentou fazê-lo, mas não conseguiu. Foi impedido pela polícia. Agitando-se em agonia em uma cama, confessou os detalhes sórdidos e sombrios de seu pecado.

Certamente, depois de confessar nossos pecados, vem o passo do arrependimento – ficarmos horrorizados e arrasados por havermos pecado e implorarmos que Deus purifique nosso coração novamente.

Tenho observado esse padrão de arrependimento ao longo de treze anos realizando seminários sobre O que Acontece Quando as Mulheres Oram. O primeiro requisito que estudamos para ter poder em nossas orações é "não haver pecado algum não confessado na vida do intercessor". Antes de começar nosso primeiro período de orações em voz alta em pequenos grupos, leio uma lista de pecados praticados com freqüência, de acordo com a Bíblia – como por exemplo orgulho, mentira, lascívia, desperdício de tempo, amargura, amor ao dinheiro, comunicação deturpada e falsidade. À medida que o Espírito Santo fala ao nosso coração por meio da Palavra de Deus, quase sempre há profundo arrependimento, todos confessam seus pecados e muitos choram. Com freqüência, essa oração de arrependimento toma a primeira parte da manhã, até a hora do intervalo.

Apesar de essa visualização dos nossos pecados ser, por vezes, desagradável ou mesmo embaraçosa, Paulo nos diz que se trata de um processo benéfico para nós. Depois de enviar uma carta para os cristãos de Corinto condenando os pecados deles, Paulo escreveu novamente para essa igreja, regozijando-se com o fato de que foi a contristação deles diante de Deus que gerou seu arrependimento: "(vejo que aquela carta vos contristou por breve tempo), agora me alegro, não porque fostes contristados, mas porque fostes contristados para arrependimento; pois fostes contristados segundo Deus [...] Porque a tristeza segundo Deus produz arrependimento para a salvação, que a ninguém traz pesar" (2 Co 7:8-10).

Deixar o pecado é o segundo passo do verdadeiro arrependimento. Não há arrependimento genuíno sem esse passo. Durante anos, tenho pedido a Deus diariamente que sonde meu coração e que me mostre meus pecados. Para mim, é relativamente fácil admitir que essas atitudes e ações, tão contrárias ao espírito de Cristo, são pecado e precisam ser perdoados. Além disso, arrependo-me sinceramente de ter dito, feito ou pensado certas coisas, mas não há arrependimento verdadeiro até que eu tenha deixado essas atitudes de lado. De acordo com Provérbios 28:13 "O que encobre as suas transgressões, jamais prosperará; mas o que as confessa e deixa, alcançará misericórdia" (grifos meus).

O marido que pensou que podia dormir com outra mulher todas as noites e depois pedir perdão no dia seguinte não havia entendido os requisitos de Deus. As únicas palavras de Deus para ele eram: "Arrependa-se e prove seu arrependimento por meio de uma mudança de comportamento!"

Em terceiro lugar, *o verdadeiro arrependimento "[Produz] fruto digno de arrependimento"* (Mt 3:8). Não significa apenas deixar algo, mas também voltar-se para algo.

Certa manhã de verão, em nossa casa de praia, antes de me levantar, estava orando pedindo a Deus que me perdoasse por uma atitude que eu havia demonstrado na noite anterior. Lamentava com sinceridade e estava arrependida de minha reação tão desprovida do espírito de Cristo para com outra pessoa. Ao andar até a praia para ler a Bíblia, pedi a Deus que me desse aquilo que ele sabia de que eu precisava. Enquanto lia Mateus 3, Deus me mostrou de modo bastante claro: "Produzi, pois, fruto digno de arrependimento" (3:8). Disse-me com firmeza: "Evelyn, arrependa-se mediante gestos práticos e não somente em oração!"

No grego, o verbo arrepender-se significa mudar a forma de pensar deixando o pecado e voltando-se para Deus. Quando Jesus disse à mulher adúltera: "Vai e não peques mais" (Jo 8:11), referia-se a uma mudança drástica de rumo na sua forma de pensar e de viver.

Essa alteração drástica esperada em nossas ações aplica-se tanto a cristãos quanto a não-cristãos, quando estes se arrependem. Para os cristãos, significa voltar a ter uma vida agradável a Deus, e para os não-cristãos, começar a viver de modo agradável ao Senhor. 2 Coríntios 7:8-10 mostra o cristão retomando o relacionamento com Deus, e Atos 26:20 mostra o incrédulo voltando-se para Deus.

Existe uma mudança considerável de comportamento quando há verdadeiro arrependimento. Desenvolve-se um modo de vida exatamente oposto ao antigo estilo pecaminoso. O arrependimento produz mudanças genuínas de conduta. O contraste é descrito de forma bem clara em Romanos 6:12,13: "Não reine, portanto, o pecado em vosso corpo mortal, de maneira que obedeçais às suas paixões; nem ofereçais cada um os membros do seu corpo ao pecado, como instrumentos de iniqüidade; mas oferecei-vos a Deus, como ressurretos dentre os mortos, e os vossos membros, a Deus, como instrumentos de justiça" (grifo meu). O arrependimento exige ação. Não fique apenas se arrependendo toda hora. Tome uma atitude!

Compartilhei com minha secretária o telefonema da esposa transtornada por causa do marido infiel. Ao contar-lhe como aquele marido pedia perdão diariamente por estar dormindo com outra mulher, ela comentou:

— Espere até ouvir essa. Acabei de receber um telefonema pedindo oração por uma mulher cuja marido, que é pastor, estava dormindo todas as noites, a noite toda, com outra mulher e depois voltava à casa pastoral pela manhã para tomar banho, trocar de roupa e ir trabalhar na igreja.

Pensei em voz alta se aquele pastor alguma vez havia lido 2 Coríntios 6:3: "não dando nós nenhum motivo de escândalo em coisa alguma, para que o ministério não seja censurado".

Sem dúvida, a Palavra de Deus nos diz que o verdadeiro arrependimento significa lamentar sinceramente pelo pecado, tomar uma atitude de modo a abandoná-lo e "produzir frutos dignos de arrependimento". Isso não se aplica apenas a pecados "grandes e ousados", mas a todos eles! Como nos distanciamos disso em nosso entendimento e tratamento do pecado nos dias de hoje!

Ao orar sobre os requisitos de Deus, no final do capítulo anterior, você fez uma "oração expressa" pedindo perdão? Se esse foi o caso, está verdadeiramente arrependido daquele pecado? Ou já está pensado nele novamente, talvez até mesmo cometendo-o de novo? Se é isso que está acontecendo, então não se arrependeu de verdade.

POR QUE SE ARREPENDER?

Por que me arrepender? Porque vi como sou através dos olhos de Deus.

Nossa necessidade de arrependimento é revelada quando nos vemos através dos olhos de Deus. Essa realidade me ocorreu de forma bastante intensa quando voltei, pela primeira vez, para nossa casa de praia depois da cirurgia de Chris, em 1982. Completamente exausta e esgotada, havia saído rapidamente de minha última palestra num congresso e dirigido o carro, rebocando nosso barco, até a casa de férias. A cada hora do caminho, juntava as forças que me restavam, fazendo todo esforço possível para chegar a tempo de pegar a balsa que nos levaria até o outro lado do lago Michigan.

Meu marido estava no banco do passageiro, reclinado em vários travesseiros de espuma e me orientando o tempo todo, indicando onde deveria andar mais devagar, virar, andar mais depressa e estacionar. Minha irritação foi crescendo, as respostas ficando cada vez mais curtas e, às vezes, não muito gentis... Nosso filho e a irmã de meu marido estavam no banco de trás e, de repente, me dei conta de como eles provavelmente estavam me vendo e não fiquei nem um um pouco satisfeita.

No entanto, logo no dia seguinte, ao ir para a praia levando minha Bíblia a fim de fazer de fazer minha devocional bem cedo, percebi que há algo muito mais importante do que a forma como os outros me vêem. Estava lendo o primeiro capítulo de 2 Pedro, observando cuidadosamente a lista maravilhosa de atributos cristãos. Enquanto lia, "reunindo toda a vossa diligência, associai com a vossa fé a virtude [...] a piedade [...] a fraternidade [...] o amor" (1:5-7), quando subitamente, o termo *fraternidade* pareceu quase saltar da página.

Então, as palavras dos dois versículos seguintes me deixaram estarrecida: "Porque estas coisas, existindo em vós e em vós aumentando, fazem com que não sejais nem inativos, nem infrutíferos no pleno conhecimento de nosso Senhor Jesus Cristo. [...] porquanto, procedendo assim, não tropeçareis em tempo algum" (2 Pe 1:8-10).

De repente, fui capaz de me ver através dos olhos de Deus. E isso é tão mais importante do que a forma como os outros me vêem – mesmo aqueles a quem amo! Em lágrimas, sozinha naquela praia deserta, arrependi-me de minhas atitudes.

Pedro também deve ter se sentido assim quando, após haver negado a Cristo três vezes depois que Jesus foi preso, o Senhor virou-se e olhou para ele. Pedro provavelmente se viu, através dos olhos do Filho de Deus, como um desertor. O sofrimento que devia estar espelhado no olhar de Jesus fez com que Pedro partisse chorando amargamente, cheio de profundo remorso e arrependimento (Mt 26:75).

Em outra ocasião, a coordenadora de música de um de nossos seminários compartilhou uma situação difícil com a qual seu marido – como presidente do conselho da igreja – teve de lidar. O pastor da igreja deles estava tendo um caso com a secretária. O conselho não deixou o assunto sair das reuniões e, depois que o pastor confessou seu pecado e arrependeu-se profundamente, foi encaminhado para um centro cristão de aconselhamento, a fim de receber restauração psicológica, pois acreditavam que ele precisava de ajuda. Entretanto, eles sabiam que seu trabalho naquela igreja havia acabado. Mas agora, perdoado por Deus e pelo conselho da igreja, está pastoreando outra congregação.

No entanto, a secretária não teve a mesma reação. Até hoje, não entendeu, sequer admitiu, que aquilo que fez foi pecado. Obviamente, o conselho da igreja a mandou embora. Agora, trabalha em outra igreja, mas está sempre reclamando que não se sente mais aceita e que as pessoas parecem não gostar dela.

De que modo Deus vê uma mulher como essa? Como uma "esposa de Potifar". Quando lemos na Bíblia como a esposa de Potifar procurou insistentemente a José, um homem temente a Deus, ficamos irados com ela. Qual é nossa atitude com relação às "esposas de Potifar" de hoje em dia em nossa vizinhança, no local de trabalho e, sem dúvida, até mesmo em nossas igrejas? Nós as vemos através dos olhos de Deus?

E aquele que está sendo seduzido? Quantas pessoas que gostam da adulação, da atenção, da exaltação do seu ego e do estímulo sexual que recebem de alguém desse tipo vêem o sedutor através dos olhos de Deus? (Ver a advertência de Jesus em Apocalipse 2:20.) O que aconteceria a nossos padrões morais se toda vez que houvesse algum tipo de sedução clamássemos, como fez José: "Como, pois, cometeria eu tamanha maldade e pecaria contra Deus?" (Gn 39:9). José viu-se através dos olhos de Deus. E nós?

De algum modo, sentimos que, se conseguimos enganar aqueles que estão a nosso redor, ninguém ficará sabendo de nosso pecado. Além disso, achamos que é possível iludir aqueles contra os quais pecamos, apesar de normalmente isso também não acontecer. No entanto, em momento algum conseguimos enganar a Deus. Antes de fazer sua conhecida oração, no final do Salmo 139, pedindo para Deus sondar seu coração, Davi começa o salmo dizendo: "SENHOR, tu me sondas e me conheces. [...] Ainda a palavra me não chegou à língua, e tu, SENHOR, já a conheces toda" (vv. 1-4). O escritor de Hebreus expressa a mesma idéia: "E não há criatura que não seja manifesta na sua presença" (Hb 4:13).

A negação de nosso pecado, muitas vezes, é um mecanismo de defesa que construímos ao nosso redor para evitar o sofrimento. Ao usar a negação para nos proteger, justificamos a autopreservação em vez de encarar essa negação da forma como Deus a vê: como pecado. Além do mais, a negação acaba gerando o pecado do "engano", encontrado em tantas listas de pecado da Bíblia. A negação, obviamente, é mentira (que, por sua vez também é pecado de acordo com as Escrituras). Dessa forma, uma mentira puxa outra – até acabarmos completamente presos em uma teia fatal de mentiras que tecemos a nosso redor.

Quando paramos de negar e começamos a admitir a nós mesmos que aquilo que fazemos é pecado, então podemos admiti-lo a outros – que provavelmente já sabiam mesmo – e para Deus, que sem dúvida alguma já sabia também. Paulo dirigia-se a cristãos quando escreveu: "Não vos enganeis: de Deus não se zomba; pois aquilo que o homem semear, isso também ceifará. Porque o que semeia para a sua própria carne da carne colherá corrupção; mas o que semeia para o Espírito do Espírito colherá vida eterna" (Gl 6:7,8).

MAIS RAZÕES PARA ARREPENDER-SE

Três versículos de Gálatas apresentam mais uma razão para nos arrependermos: as conseqüências do não-arrependimento. Romanos 2:4-6 traz palavras assustadoras sobre isso: "Ou desprezas a riqueza da sua bondade, e tolerância, e longanimidade, ignorando que a bondade de Deus é que te conduz ao arrependimento? Mas, segundo a tua dureza e coração impenitente, acumulas contra ti mesmo ira para o dia da ira e da revelação do justo juízo de Deus, que retribuirá a cada um segundo o seu procedimento".

Então Paulo, dirigindo-se ao povo não-cristão de Atenas, usou estas palavras bastante claras: "Ora, não levou Deus em conta os tempos da ignorância; agora, porém, notifica aos homens que todos, em toda parte, se arrependam; porquanto estabeleceu um dia em que há de julgar o mundo com justiça." (At 17:30,31).

Deus não pergunta: "Você gostaria de se arrepender?" nem diz: "Seria bom se você se arrependesse". Não. Antes, em sua Palavra afirma que devemos nos arrepender ou enfrentar as conseqüências.

No Salmo 38:3, encontramos outra razão surpreendente para nos arrependermos – a oração de arrependimento de Davi como um penitente sofredor: "Não há *saúde* nos meus ossos por causa do meu pecado". Ele prossegue descrevendo os problemas físicos que enfrentou por causa da indignação de Deus. Tiago repete essa mesma idéia em sua epístola, no capítulo 5, versículos 14-16, em que relaciona a confissão dos pecados uns aos outros com a oração uns pelos outros – para que haja cura.

Essa realidade é ilustrada pela vida de um pastor que sofria de diversos problemas de saúde. Chorando angustiado por estar vivendo em pecado numa área pessoal, ele perguntou: "Deus, tu estás me castigando?" Deus respondeu ao mostrar a esse pastor, através do Salmo 32:3,4, que, ao viver em pecado durante vários anos enquanto pregava, havia desobedecido às leis morais de Deus. "Enquanto calei os meus pecados, envelheceram os meus ossos", lamentou-se o pastor como fez o salmista.

Na verdade, Deus estava respondendo: "Decretei minhas leis morais desde a fundação do mundo. Minha resposta já está registrada nas Sagradas Escrituras. Você está colhendo os resultados conhecidos de desobedecer a meu código moral".

Porém, como é maravilhoso que Deus tenha acrescentado no versículo 5: "Confessei-te o meu pecado e a minha iniqüidade não mais ocultei. Disse: confessarei ao SENHOR as minhas transgressões; e tu perdoaste a iniqüidade do meu pecado". Assim como Davi, esse pastor regozijou-se no perdão de Deus quando admitiu seu pecado e arrependeu-se.

Essa mesma idéia pode ser encontrada na mensagem de Cristo para a igreja de Tiatira, no Livro de Apocalipse, em que o Filho de Deus é descrito para essa igreja como aquele que tem "olhos como chama de fogo" (2:18). Ele estava vendo sua igreja tolerar a mulher Jezabel, conduzindo seus servos à imoralidade. Em seguida, apresenta os *resultados desastrosos* em caso de não haver arrependimento (Ap 2:18-22).

Na realidade, com exceção de duas das sete igrejas, no Livro de Apocalipse, todas recebem mensagens nas quais o Senhor as chama ao arrependimento. Depois de elogiar a igreja de Éfeso pelas boas obras que estava realizando, declarou que tinha algo contra ela. Os cristãos haviam abandonado seu primeiro amor. E, tão sem importância quanto possa parecer, Jesus disse: "arrepende-te [...] se não, venho a ti e *moverei do seu lugar o teu candeeiro*" (Ap 2:5, grifos meus). A menos que se arrependessem, Jesus iria remover aquela igreja do meio deles.

A ORIGEM DA TENTAÇÃO

Apesar de reconhecermos que, desde a queda de Adão e Eva, o próprio Satanás é a origem de toda tentação, nos dias de hoje, estamos testemunhando um novo tipo de ataque frontal. Pouco tempo atrás, durante um café da manhã com nossa corrente metropolitana de oração, ouvimos o relato a respeito de uma mulher cristã que, ao sentar-se ao lado de outra mulher, ouviu-a recusar sua refeição durante um almoço e explicar que estava fazendo jejum.

— Você é cristã?

— Não — respondeu a outra zangada —, estou jejuando e orando para que Satanás destrua o casamento e o ministério de pastores cristãos através da infidelidade.

Também ficamos sabendo de um homem cristão que ouviu a pessoa no assento ao lado do seu no avião recusar uma refeição. Alguém perguntou a essa pessoa se ela era cristã e ela respondeu:

– Não. Estou jejuando para que Satanás coloque outros homens na vida das esposas de pastores cristãos.

Hoje, pela manhã, meu período de oração foi interrompido por um telefonema da Inglaterra. Era uma esposa e mãe de dois filhos que lutava para ser a esposa que Deus e seu marido desejavam que ela fosse.

— Mas — disse ela chorando —, apesar de meu marido ser um bom cristão, amanhã ele parte para os Estados Unidos. Vai se divorciar de mim e planeja casar-se com uma outra mulher.

Fico profundamente irada com esse tipo de pecado.

O arrependimento produz reavivamento

Qual você acha que é a resposta de Deus quando um cristão ora: "Senhor, manda um reavivamento"? É surpreendente, mas ele não manda chuvas de bênçãos nem atrai outros para si, a fim de que o conheçam como seu Salvador e Senhor. Antes, requer o *nosso* arrependimento. Então, outras pessoas encontrarão a Cristo como resultado do reavivamento.

Nosso Comitê Nacional de Oração descobriu, por experiência própria, o que a história mostra sobre cada reavivamento. Sentimos o profundo desejo de orar por um reavivamento em nossa nação e tivemos nosso primeiro encontro nacional para orar por esse assunto em novembro de 1982, na cidade de Washington. No entanto, estávamos prestes a ter uma surpresa. Depois de telefonar para líderes de oração de todas as partes dos Estados Unidos convidando-os a participar, crendo que iríamos orar por um *reavivamento,* o que acabou acontecendo foi que passamos metade do congresso nos *arrependendo.*

De acordo com a programação, deveria dar uma palestra sobre vida santificada logo no início. No entanto, depois que nosso comitê reuniu-se, no dia anterior ao congresso, tive certeza de que precisávamos saber qual o motivo de orar por uma vida santificada. Assim, pedimos a Joy Dawson, de Jovens Com Uma Missão, para falar sobre o que é, de fato, um reavivamento. Joy nos fez duas perguntas: "O que é reavivamento?" e "Agora que sabem o que é, querem mesmo um reavivamento?"

Aqui está a definição que ela apresentou: "Reavivamento é o derramamento soberano do Espírito Santo, no tempo de Deus e a seu modo, *primeiramente sobre o povo de Deus,* no qual a revelação da santidade de Deus é grandemente ampliada e, como resultado, ele revela sua perspectiva do pecado... Reavivamento é Deus agitando seu povo, fazendo-o estremecer e transformando-o da apatia, egoísmo e autopromoção para um desejo desesperado de orar, de ser humilde, sincero, quebrantado e cheio de paixão pelo próprio Deus e por sua glória".

Ao perguntar a Deus o que eu deveria dizer depois da mensagem de Joy Dawson, ele colocou 2 Crônicas 7:14 em meu coração. Esperava que ele me desse algo mais novo e original, uma vez que exploramos essa passagem exaustivamente como nosso tema cristão norte-americano durante vários anos. No entanto, talvez tenhamos deixado sua mensagem escapar. Deus me disse: "Use a minha ênfase nesse versículo". Assim, " Se o *meu* povo, que se chama pelo *meu* nome, *se* humilhar, orar, e *me* buscar, e *se* converter dos *seus* maus caminhos, então, eu ouvirei dos céus, perdoarei os *seus* pecados e sararei a sua terra" (grifos meus).

Temos acusado os humanistas, os defensores do aborto, os chefões da pornografia e os ateus e colocado sobre eles a culpa dos problemas de nosso país; mas, em sua Palavra, Deus aponta o dedo para nós – seu povo – e coloca a responsabilidade bem à nossa frente.

Depois da mensagem sobre uma vida santificada, começamos a confessar nossos pecados por volta das quatro e meia da tarde do primeiro dia. Após um breve intervalo para o jantar, voltamos a orar e derramar lágrimas de arrependimento pelos pecados que Deus foi nos mostrando até a meia-noite. No dia seguinte, prosseguimos até a tarde. Ficamos estarrecidos com as atitudes e atos, aparentemente inconseqüentes, que Deus esperava que esses líderes confessassem.

Lembro-me de ser chamada para dirigir os participantes em oração, bem tarde da noite, mas de estar chorando tanto que mal podia falar. Por quê? Pois Deus havia me repreendido por um pecado que eu não tinha reconhecido. Para mim, era uma coisa tão trivial que não havia percebido como se tratava de pecado, até que Deus começou a me admoestar. Era apenas uma pontinha de satisfação, invisível, bem lá no fundo do meu coração, pelo fato de um "concorrente" haver reconhecido a abrangência de meu ministério. "Arrependam-se primeiro, líderes!"

Em certos momentos, nós mesmos também não estávamos muito certos de querer um reavivamento, mas o poder que sentimos quando Deus finalmente nos guiou a orar por outros foi uma das maiores alegrias de minha vida. O verdadeiro reavivamento é sempre caracterizado por um genuíno arrependimento. Na verdade, sem isso não há reavivamento algum.

Evangelismo em contraste com reavivamento

Há muito tempo, os Estados Unidos precisam de um reavivamento. Desde o começo do século dezessete, tem havido reavivamentos em diferentes partes do país em média a cada vinte anos. No entanto, no século vinte, tivemos manifestações mais intensas aqui e ali, mas nem um reavivamento sequer. Tivemos muito evangelismo, mas nenhum verdadeiro avivamento.

Qual é a diferença? O evangelismo, apesar de ser correto de acordo com as Escrituras e ordenado nela, é um movimento iniciado pelo homem; o reavivamento, porém, é estritamente iniciado por Deus.

Espera-se que o evangelismo seja inspirado e realizado no poder do Espírito Santo; no reavivamento, porém, Deus toma a iniciativa e derrama seu Espírito em resposta a orações extraordinárias.

Diferente do evangelismo, o reavivamento sempre produz, em primeiro lugar, o arrependimento nos cristãos que oram por isso. O evangelismo concentra-se naqueles que não conhecem a Cristo como Salvador e Senhor; no reavivamento, porém, depois de os cristãos terem sido reavivados por meio do arrependimento, pessoas que não conhecem a Cristo arrependem-se e recebem-no como Salvador.

Tenho orado por um reavivamento há quarenta anos; mas, três anos atrás, pedi especificamente por isso em minha oração de aniversário. Foi quando a urgência de orar por um reavivamento nos Estados Unidos começou a surgir que senti em meu coração um peso cada vez maior por esse assunto. Uma vez que já sabia que o reavivamento sempre começa quando, antes de tudo, os cristãos vêem a santidade de Deus, fiz uma oração de aniversário com dois pedidos: "Senhor, mostra-me a tua santidade – e manda um reavivamento".

Ao esperar, no silêncio de meu quarto, por uma resposta do Senhor, ele dirigiu meus pensamentos àquele trecho tão conhecido das Escrituras sobre a santidade, em Isaías 6. Ao abrir a Bíblia nessa passagem e lê-la, meu coração saltou de alegria, exatamente como havia acontecido naquela manhã na praia, à beira do lago Michigan, quase três anos antes, quando escrevi na Bíblia: "Explosão de louvor e de adoração! Espontânea! Respirei fundo lentamente ao pensar em *quem Deus é*".

Na margem de minha Bíblia, ao lado de Isaías 6:1-4, também estavam as palavras que eu havia escrito no ano anterior, na praia de Deerfield, na Flórida: "Ao ler as palavras de Isaías, derramei lágrimas 'altas e sublimes'. Fechei os olhos e ergui o rosto para o sol da manhã que entrava pelas janelas abertas da casa, enquanto ouvia as ondas do mar quebrando lá embaixo. Lágrimas correram lentamente por meu rosto, e meu coração elevou-se a Deus – alto e sublime. Não há palavras adequadas nem suficientes para expressar isso em nossa língua.

Como será que Deus é *de verdade*? Não há palavras! Apenas 'Santo, santo, santo'".

Naquela manhã, na Flórida, não consegui encontrar palavras para orar. Fui absorvida e envolta pela essência de Deus. Ele embebia todo meu ser – como o sol que aquecia meu corpo. Santo!

Mais uma vez, naquela manhã de aniversário, vi sua maravilhosa e singular pureza. Junto com Isaías, vi os serafins por cima dele, clamando o único atributo de Deus escrito em tríade: "Santo, santo, santo!" (Is 6:3). Havia contemplado um lampejo de sua santidade!

Contudo, naquele aniversário, pedi mais uma coisa: pedi um reavivamento. Quando contemplei a santidade de Deus, assim como Isaías, clamei: "Ai de mim" (Is 6:5). Como o profeta, eu também só conseguia ver minha pecaminosidade, minha indignidade da presença santa de Deus. Isso persistiu por duas semanas, enquanto eu permitia que Deus me sondasse e purificasse – e *me* preparasse para um reavivamento.

Assim, quando os cristãos começam a orar seriamente por um reavivamento, Deus sempre mostra-lhes sua santidade e responde dizendo: "Antes, vocês devem se arrepender!"

Pouco tempo atrás, pediram-me que dirigisse uma reunião de oração com a equipe de uma grande rede de televisão cristã. Estavam prestes a começar oito dias de reavivamento no *campus* e pediram-me que os dirigisse em orações preparatórias para o evento. Depois de definir a diferença entre reavivamento e evangelismo, falei a respeito de vislumbrar a santidade de Deus e de nos enxergarmos como fez Isaías: como pecadores.

Antes de confessar nossos pecados em voz alta, perguntei quantos daqueles que tinham acabado de levantar as mãos, enquanto cantávamos hinos de louvor, haviam, na verdade, erguido mãos cheias de pecado. Mãos que haviam folheado revistas pornográficas, escolhido um filme erótico na TV, tocado o fruto proibido – quando a Bíblia diz claramente que devemos levantar "mãos *santas*" (1 Tm 2:8, itálicos da autora). Estarrecidos, muitos deles choraram, enquanto oravam pedindo perdão.

Perdoados!

Uma vez que há duas categorias de pecado – o estado singular de pecado em que todos os seres humanos nascem e os vários pecados que cometemos depois de nos tornarmos cristãos –, também há duas categorias de arrependimento. E a Palavra de Deus chama pecadores das duas categorias ao arrependimento.

O que acontece quando damos os passos necessários para admitir a Deus que pecamos, quando Deus já respondeu que devemos nos arrepender e quando nos arrependemos com sinceridade? O que vem depois?

É como o cirurgião, missionário na Etiópia, que convidou meu marido e eu para assistir a uma operação. Ajeitou um cabide de roupas de modo que a lâmpada apoiada nele iluminasse diretamente o abdome de uma pequena e frágil mulher deitada na mesa de cirurgia improvisada; a família dela a havia descartado feito lixo abandonando-a à morte. Ao colocar as mãos delicadamente na cavidade aberta, tirou de dentro dela um tumor enorme. Olhando em volta da sala minúscula e mal equipada, ele murmurou:

— Onde vou pôr isso?

Então, virando-se para mim, disse:

— Segure". Eu me encolhi enquanto ele colocava aquele tumor canceroso, quase do tamanho de uma bola de futebol, em minhas mãos desprotegidas e relutantes.

Deus é muito parecido com esse cirurgião. Um ano atrás, tive um dia particularmente difícil tratando das mágoas de muitos anos com uma pessoa que havia me machucado profundamente. Depois de tudo, larguei o corpo numa cadeira, enquanto chorava. Estava morrendo de pena de mim mesma e sentindo-me emocional e fisicamente exausta. Na manhã seguinte, arrependi-me de minha reação tão humana e pedi a Deus que tirasse de mim todas as atitudes que não estavam de acordo com o espírito de Cristo. Então, subitamente, foi como se as mãos amorosas do Senhor tocassem meu interior tirando dali de dentro minhas atitudes cancerosas.

Deus não nos abandona ao sofrimento e à morte quando pecamos. Ele diz: "Arrependei-vos!" e, quando o fazemos e pedimos que ele nos perdoe, gentil, porém firmemente, toca nosso coração. Então, colocando suas mãos sobre nosso tecido canceroso, como fez aquele cirurgião na mesa de operação, ele o remove completamente de nós!

Quando nos arrependemos verdadeiramente e abandonamos o pecado que confessamos, Deus responde descortinando uma nova cena, em que nos vemos em um estado maravilhoso: passamos a ser os "perdoados"!

Oração final

Ó Deus, sei que minhas "orações expressas" dizendo "admito que pequei" não bastam. Neste momento, arrependo-me dos meus pecados de todo o coração. Abomino esses pecados, Pai. Lamento tanto! Senhor amado, sei que meu verdadeiro arrependimento implica deixar esses pecados de uma vez por todas. Agora que já fiz minha parte, obrigada por fazer a tua e perdoar-me. Em nome de Jesus, Amém.

CAPÍTULO 7

QUANDO DEUS RESPONDE: RECONCILIE-SE COMIGO

Quando oramos dizendo que pecamos, Deus não apenas responde: "Arrependei-vos", mas também inclui em sua resposta: "Reconciliai-vos comigo".

A reconciliação só é necessária quando um relacionamento foi rompido. O pecado causa ruptura no relacionamento entre Deus e aquele que pecou.

Apesar de a reconciliação com Deus, na realidade, ocorrer simultaneamente com o verdadeiro arrependimento e perdão, essa relação tem dois lados. O arrependimento vem da parte do ser humano; a reconciliação vem da parte de Deus. É por isso que o perdão de Deus, quando nos arrependemos, deve incluir a reconciliação com ele.

Só é preciso haver reconciliação quando há votos quebrados, compromissos desfeitos ou pessoas traídas. Ela é necessária quando há tristeza, mágoa ou raiva – ou as três coisas juntas.

Na noite anterior a um seminário, estava jantando na casa do pastor da igreja onde aconteceria o evento convidada por minha anfitriã, a esposa dele, quando o telefone tocou. Ela atendeu e começou a cumprimentar alguém que, obviamente, era bem íntimo, mas parou no meio da frase. A impressão era a de que a pessoa do outro lado da linha estava falando rapidamente, e tudo o que ela podia dizer era:

— Não diga, é mesmo? O quê?!

A expressão dela mudou de surpresa para um sorriso meio sem graça e, então, para choque absoluto, até finalmente gritar, sem crer no que ouvia:

— Diga que você não fez isso!

Ao que parece, a pessoa do outro lado da linha sabia que o marido tinha uma namorada e estava ligando para contar à esposa do pastor o que havia acabado de fazer. A mulher desabafou dizendo que o marido havia comprado recentemente dois Cadillacs novinhos – um para ele e outro para a namorada. Irada ao extremo, a esposa entrou no carro novo e brilhante do marido, dirigiu furiosamente até a casa da namorada, mirou bem no carro parado em frente à casa dela, pisou no acelerador e acabou com os dois veículos.

Trêmula, a esposa do pastor sentou-se na cadeira em estado de choque. Ao refletir sobre a gravidade do que havia acontecido, a reação dela variava entre "Ai, não" e "Isso é contra a lei"; por fim disse:

— Ela não deveria ter feito isso... mas não a culpo.

Com o pequeno sorriso que não pudemos controlar, nós duas exclamamos:

— Ela fez bem!

Quem poderia sinceramente culpar a esposa por tal raiva incontida? Votos matrimoniais, direitos e ela própria não haviam sido traídos? Dentro de mim, dei um suspiro de alívio ao pensar que, se ela fosse julgada, eu não precisaria fazer parte do júri.

"QUEM ESTÁ IRADO?"

Uma vez que a reconciliação só é necessária quando há inimizade e hostilidade entre pessoas ou grupos, podemos perguntar: "Em nosso relacionamento com o Senhor, quem está irado?" A resposta surpreendente é: "Deus!"

Por que Deus insiste que o homem se reconcilie com ele? Porque está irado com nossos pecados.

Em momento algum, a Bíblia fala de Deus reconciliar-se com o homem, somente de as pessoas se reconciliarem com Deus. Apesar de, com freqüência, haver gente que fica zangada com Deus, ele não precisa se reconciliar conosco por causa de nossa ira. Deus jamais peca nem erra em seu relacionamento conosco, portanto não precisa buscar reconciliação. Somente nós pecamos contra ele.

Certa vez, ouvi um pastor perguntar à sua classe de escola dominical: "Ainda somos, como nos dias de Jonathan Edward, 'pecadores nas mãos de um Deus irado'?"

De algum modo, nos últimos anos essa visão bíblica de Deus foi esquecida ou racionalizada. No entanto, quando essa verdade, que não agrada muito as pessoas, foi pregada por Jonathan Edwards, um gigante espiritual do século dezoito, ela desencadeou o Grande Despertar dos primeiros anos dos Estados Unidos. Aquele reavivamento mudou o curso da história norte-americana. Sim, Deus ainda requer que nos reconciliemos com ele, pois se irava e continua a irar-se com aqueles que pecam.

Deus entristeceu-se e irou-se tanto com o pecado que estava pronto a eliminar toda a humanidade da face da Terra – com exceção de Noé, um homem piedoso (Gn 6:5-8). Posteriormente, Deus irou-se com os filhos de Israel por causa de seus pecados, enquanto eram conduzidos por Moisés à Terra Prometida ao longo de quarenta anos. Por causa do pecado do povo, Deus não permitiu que entrassem na terra (Hb 3:17). Davi também tinha pleno conhecimento da ira de Deus, quando clamou no Salmo 6:1: "SENHOR, não me repreendas na tua ira".

A mesma verdade foi transportada para os ensinamentos do Novo Testamento. Praticamente repetindo as palavras de Jesus a Nicodemos, em João 3:18, João Batista explicou a seus discípulos que: "Quem crê no Filho tem a vida eterna; o que, todavia, se mantém rebelde contra o Filho não verá a vida, mas sobre ele permanece a ira de Deus" (Jo 3:36).

Então, depois da morte de Cristo, em Romanos 1:18, Paulo deu a seguinte advertência: "A ira de Deus se revela do céu contra toda impiedade e perversão dos homens". Disse também: "Segundo a tua dureza e coração impenitente, acumulas contra ti mesmo ira para o dia da ira e da revelação do justo juízo de Deus" (Rm 2:5).

Em outra ocasião, durante o jantar na noite anterior a um seminário, uma bela jovem contou-me sua história. Apesar de ter estado profundamente envolvida com drogas, gostava de ouvir a Bíblia gravada em fitas. Quando conseguiu as fitas, seus amigos hippies zombaram dela dizendo:

— Para que você está ouvindo *isso*?

Ela, completamente drogada, deu uma risadinha e respondeu com petulância:

— Ah, é só a Bíblia!

No entanto, certo dia, enquanto fumava maconha, ouviu na fita: "Horrível coisa é cair nas mãos do Deus vivo" (Hb 10:31).

— Não quero que isso aconteça comigo! – exclamou atemorizada.

Naquele instante, aceitou a Cristo.

Por que Deus está irado?

Deus está irado porque sua santidade está sendo ofendida por nossos pecados humanos. Santidade? Sim, esse é o atributo de Deus que consiste em sua própria pureza moral. Não se trata apenas da ausência de pecado no ser de Deus, mas também do fato de que ele é a fonte e o parâmetro de toda pureza moral. Assim, Deus sente repulsa por nosso pecado e afasta-se dele horrorizado.

A santidade é, de fato, o único atributo de Deus que aparece na Bíblia em forma tríplice. Em momento algum, ouvimos dizer que ele é "amor, amor, amor" ou "verdade, verdade, verdade", mas os serafins que Isaías viu acima do trono de Deus em sua revelação clamavam "Santo, Santo, Santo é o SENHOR dos Exércitos" (Is 6:3).

Assim, o verdadeiro arrependimento deve incluir a consciência daquilo que fizemos não apenas a outras pessoas, mas também a Deus. Devemos nos dar conta de que, ao pecar, ofendemos a santidade divina e, assim, levamos Deus a irar-se. Somente mediante o arrependimento e o perdão de Deus seremos capazes de nos reconciliar com ele.

Com quem Deus está irado?

Uma vez que há duas categorias de pecado, há duas categorias de pecadores com os quais Deus está irado. Desse modo, há dois grupos de pecadores que precisam arrepender-se e reconciliar-se com Deus – quer seja pela *primeira vez*, quer seja um *retorno* à comunhão com o Senhor.

A primeira categoria é o estado pecaminoso no qual todos os seres humanos nascem. Em Romanos 5:18, Paulo nos diz por que já fomos julgados e, ao mesmo tempo, explica como todos pecaram mediante a transgressão de Adão e Eva: "Pois assim como, por uma só ofensa, veio o juízo sobre todos os homens para condenação". Em seguida, ele mostra claramente o processo de reconciliação com Deus, em Romanos 5:8-11:

> Mas Deus prova o seu próprio amor para conosco pelo fato de ter Cristo morrido por nós, sendo nós ainda pecadores. Logo, muito mais agora, sendo justificados pelo seu sangue, seremos por ele salvos da *ira*. Porque, se nós, quando inimigos, fomos reconciliados com Deus mediante a morte do seu Filho, muito mais, estando já reconciliados, seremos salvos pela sua vida; e não apenas isto, mas também nos gloriamos em Deus por nosso Senhor Jesus Cristo, por intermédio de quem recebemos, agora, a reconciliação (grifo meu).

Assim, uma vez que todos nós nascemos em estado pecaminoso, se o sangue de Jesus não nos purificou na salvação, ainda estamos vivendo em pecado e sob a ira de Deus. Ainda precisamos de reconciliação com ele.

Quando oramos, aceitando a Cristo como Salvador, devemos antes de tudo reconhecer que precisamos nos reconciliar com ele e nos arrepender diante dele, porque Deus está irado por sua santidade ter sido ofendida. Jesus declarou esse fato de modo bastante duro em Lucas13:3,5: "se, porém, não vos arrependerdes, todos igualmente perecereis", e em João 3:18 disse: "o que não crê já está julgado".

A categoria de pecadores é composta pelos que deliberadamente recusam a salvação em Jesus; pelos que são indiferentes e não percebem que estão perdidos, por não crer nele; ou pelas pessoas do campo missionário que existe, camuflado, dentro de nossas próprias igrejas, gente que se sente segura só por ser membro de uma congregação, mas que nunca teve um relacionamento pessoal com Cristo.

Um dos grupos de estudo bíblico em nossa vizinhança era coordenado por uma mulher, membro de nossa igreja, na cidade de Rockford. Certo domingo, ela nos surpreendeu com o anúncio de que havia descoberto, durante um de seus estudos bíblicos particulares, que não conhecia a Jesus.

— Depois de vinte e nove anos recebendo cuidados pré-natais espirituais — disse ela —, finalmente nasci de novo.

Em meus seminários de oração, depois de ler minha lista de vinte pecados relacionados nas Escrituras e de fazer algumas perguntas como: "Você vive uma vida de falsidade, simplesmente fingindo ser cristão?", com seu poder, Deus acaba com as inibições e reservas culturais dos participantes e põe por terra desculpas do tipo "nunca fiz nada disso". Às vezes, parece que todo mundo explode, orando imediatamente em voz alta dentro de seus grupos; em outras ocasiões, oram continuamente, um a um, por todo o auditório, como aconteceu certa vez durante doze minutos em Bristol, na Inglaterra. Num seminário realizado há pouco tempo, com dois mil e setecentos participantes, minha impressão foi a de que dois terços dos presentes oraram simultaneamente para confirmar que tinham um relacionamento pessoal com Cristo.

É bem provável que, dentre os que oraram, havia cristãos apenas se consagrando novamente a Jesus. A Bíblia diz que podemos ter certeza de nosso relacionamento com ele. Ao fazer uma oração de arrependimento e aceitar a Jesus, juntamo-nos àqueles que estão certos de sua reconciliação com Deus e que não se encontram mais no estado pecaminoso em que todos nós nascemos. "Estas coisas vos escrevi, a fim de *saberdes* que tendes a vida eterna" (1 Jo 5:13, grifo meu).

Em 1980, na Austrália, quase todos os participantes de meus seminários sobre oração já eram membros de um grande movimento de estudo bíblico; no entanto, ainda assim, 25% daquelas pessoas oraram em voz alta para confirmar que conheciam a Jesus como Salvador e Senhor. Quando estava indo embora, os membros daquela organização internacional de estudos bíblicos me disseram: "A coisa mais importante que você nos ensinou, como líderes e autores de textos de estudos bíblicos, foi que não incluímos em nosso material a oportunidade para as pessoas assumirem um compromisso pessoal com Cristo. Simplesmente partíamos do pressuposto de que todos os que estudam a Bíblia já são salvos".

Descobri, ainda, que o mais surpreendente de tudo é que essas pessoas, que freqüentam as igrejas, só estão esperando que alguém faça um apelo.

Hoje pela manhã, recebi um telefonema de uma esposa de pastor dizendo-me que, no dia seguinte a um seminário que apresentei na igreja deles, um homem pediu para tornar-se membro da igreja. Ao ser questionado pela comissão de membros a respeito de quando havia aceitado a Cristo como Salvador e Senhor, ele respondeu: "Ontem, no seminário da Evelyn".

No Japão, muitas vezes, pessoas incrédulas freqüentam igrejas evangélicas durante anos, somente como ouvintes, sem assumir compromisso algum. Contudo, depois de realizar vários seminários sobre oração, observei muitos aceitarem a Cristo. Descobri o motivo quando um missionário me disse: "Sabe, Evelyn, a razão pela qual houve tantas conversões foi o fato de você ter sido clara e direta e pedido que tomassem uma decisão".

Reconciliados com Deus por meio de Cristo! "Notifica aos homens que todos, em toda parte, se arrependam; porquanto estabeleceu um dia em que há de julgar o mundo com justiça" (At 17:30,31).

Quando, no dia do julgamento final, você perguntar a Cristo: "Senhor, quando foi que te vimos em dificuldade e não te assistimos?" o que você vai fazer se Jesus responder: "Apartai-vos de mim, malditos" (Mt 25:41)? Que resposta aterradora será para aqueles que sempre se chamaram cristãos, freqüentaram boas igrejas ou pensaram ser netos de Deus por ser filhos de pais tementes ao Senhor!

A INCRÍVEL PROVISÃO DE DEUS

No entanto, há o outro lado do caráter de Deus. Ao mesmo tempo que a santidade divina exige reconciliação por meio de um sacrifício por nosso pecado, Deus já proveu esse sacrifício!

Deus nos amou tanto a ponto de enviar o instrumento de reconciliação – seu próprio Filho, Jesus. Romanos 5:8 diz: "Mas Deus prova o seu próprio amor para conosco pelo fato de ter Cristo morrido por nós, sendo nós ainda pecadores". Jesus foi o sacrifício que cumpriu as exigência da santidade ofendida de Deus. E foi isso – o próprio amor de Deus – que nos salvou da ira divina.

Cristo veio não apenas para pregar o evangelho, mas também para que houvesse um evangelho a ser pregado! "Aquele que não conheceu pecado [Jesus], ele o fez pecado por nós; para que, nele, fôssemos feitos justiça de Deus" (2 Co 5:21). Maravilhado, meu coração clama: "Como foi possível Deus não poupar seu próprio Filho, mas sim entregá-lo por nós quando ainda éramos seus inimigos?"

A reconciliação é a remoção da ira de Deus contra o homem por intermédio do sangue de Jesus derramado na cruz. Por meio de Cristo, encontramo-nos em uma nova situação diante de Deus. Somos justificados na presença do celestial Deus Santo – como se jamais houvéssemos pecado, reconciliados com ele – uma vez que a ira de Deus contra nós foi eliminada, extinguida. "Não imputando aos homens as suas transgressões" (2 Co 5:19). Reconciliados!

Durante um discurso no início do ano letivo em uma universidade, Charles Colson fez a seguinte colocação: "O evangelho de

Jesus Cristo deve ser más novas de convicção de pecado antes de transformar-se em boas novas de redenção".

Em maio de 1983, quando me encontrava a caminho de uma entrevista para a rede de rádio British Broadcasting, meu táxi estava logo atrás de um ônibus com um adesivo que dizia: "Justificados, pois, mediante a fé, temos paz com Deus por meio de nosso Senhor Jesus Cristo." (Rm 5:1). Depois de olhar para aquelas palavras durante vários minutos, de repente percebi a importância da preposição "com". Quando somos justificados na salvação, não recebemos a paz de Deus, mas a paz *com* Deus.

Durante a mesma turnê de palestras na Grã-Bretanha, estava lendo minha Bíblia em Belfast e sublinhei Romanos 8:1: "Agora, pois, já nenhuma condenação há para os que estão em Cristo Jesus". Com lágrimas de profunda gratidão, orei: "Obrigada, Deus, pois tu removeste minha condenação quando eu tinha nove anos de idade!" Reconciliada com Deus! "Quem crê no Filho tem a vida eterna; o que, todavia, se mantém rebelde contra o Filho não verá a vida, mas sobre ele permanece a ira de Deus" (Jo 3:36).

Você tem certeza de que está reconciliado com Deus e de que aceitou a Cristo como seu Salvador e Senhor? Se não, já lhe ocorreu que Deus está irado porque você continua vivendo na condição de pecado em que nasceu e porque isso ofende a santidade dele? Já parou para pensar que ele o ama tanto que só está esperando e ansiando para mudar o relacionamento dele com você? Reconcilie-se com Deus!

Ministério de reconciliação

Aqueles que já são verdadeiros cristãos receberam de Deus o ministério de reconciliação. Uma vez que fomos reconciliados com Deus em Cristo, ele imediatamente nos encarrega de reconciliar outros com ele. "E, assim, se alguém está em Cristo, é nova criatura; as coisas antigas já passaram; eis que se fizeram novas. Ora, tudo provém de Deus, que nos reconciliou consigo mesmo por meio de Cristo e nos deu o ministério da reconciliação" (2 Co 5:17,18).

Quando o ministério Prison Fellowship, liderado por Charles Colson, realizou seu primeiro simpósio em Belfast em 1983, o tema escolhido foi Em Cristo – Reconciliação, de 2 Coríntios 5:17-20. Em minha palestra, lembrei os oficiais de justiça, funcionários das penitenciárias, ex-presidiários e membros do conselho internacional de que devemos definir o que vem a ser esse ministério de reconciliação. Em seguida, expliquei que foi isso que Paulo fez usando a expressão *a saber*, no versículo seguinte àquele que fala desse ministério. "A saber, que Deus estava em Cristo reconciliando consigo o mundo" (2 Co 5:19). "O mundo" refere-se àqueles que não pertencem ao corpo de Cristo.

Sempre haverá outros ensinamentos subseqüentes válidos e necessários, contudo a palavra de reconciliação que recebemos de Deus deve vir primeiro. Enquanto falava no simpósio, lembrei os participantes de que – a menos que tenha havido uma reconciliação com Deus pela fé em Cristo – devemos ver todo detento como alguém que foi condenado por Deus, independentemente de sua situação diante do sistema judiciário nacional. Mesmo quando são perdoados, encontram-se em liberdade condicional ou já cumpriram sua pena, ainda são condenados à morte por Deus, enquanto não se reconciliarem com ele.

Em nossa última reunião de diretoria do Prison Fellowship nos Estados Unidos, voltamos a enfatizar a importância de todo o nosso material, das declarações e dos membros da equipe que trabalham nos presídios reconhecerem que a verdadeira reabilitação de um prisioneiro só começa quando ele se reconcilia com Deus por intermédio de Cristo. Todos os outros ensinamentos devem vir depois desse.

Certa manhã de março, enquanto o vento soprava forte lá fora, estava fazendo minha devocional e pedindo a Deus que removesse todo pecado de dentro de mim. Sabendo que Deus nunca permite que eu me torne um frágil recipiente vazio, uma vez que todos esses pecados foram removidos, mas que ele me preenche, comecei a fazer para o Senhor uma lista de todas as coisas que eu sabia que precisava dele. De repente, porém, mudei de idéia. "Senhor, não quero aquilo que *acho* que preciso. Nesta manhã, por favor, enche-me daquilo que está no *teu* coração. Senhor, qual é tua maior prioridade para mim no dia de hoje?" E, num piscar de olhos, duas palavras me vieram à mente, como se estivessem escritas em letras maiúsculas: GANHAR ALMAS!

Muitas vezes me pergunto por que dedicamos tanto das orações durante as reuniões da igreja orando por cristãos doentes que, ao morrerem – o que vai acabar acontecendo um dia –, irão estar com Jesus, mas quase não gastamos tempo orando pelos pecadores que, ao morrerem, irão para a eternidade sem Cristo.

Ao falar em uma reunião de oração de quarta-feira à noite numa igreja grande e conhecida por sua profunda espiritualidade, mencionei de passagem o conteúdo assustador de listas de oração de igrejas. Quando chegou a hora de a congregação dividir-se em grupos para orar, o pastor levantou-se segurando um maço de cópias de listas de oração. Então, ficou vermelho e gaguejou:

— Estou com vergonha de distribuir estas listas...

E tinha razão. Exceto por um item, todos os pedidos eram por pessoas enfermas. Por favor, não pare de orar pelos membros da igreja que estão enfermos, mas *acrescente* à lista todos os que estão morrendo sem conhecer a Cristo, perdidos e irreconciliados com Deus.

Ao nos incumbir do ministério de reconciliação, Deus nos fez embaixadores de Cristo. É "como se Deus exortasse *por nosso intermédio*. Em nome de Cristo, pois, rogamos que vos reconcilieis com Deus" (2 Co 5:20, grifos meus).

Na época do apóstolo Paulo, os embaixadores eram enviados responsáveis por trazer pessoas conquistadas e incorporá-las à família do império romano. Hoje em dia, embaixadores cristãos do Senhor levam a outros os termos de Deus para que se tornem cidadãos do seu reino e membros de sua família. A honra do império romano também estava nas mãos do embaixador e, hoje, a honra de Cristo encontra-se em nossas mãos. Por meio de nossa vida, levaremos as pessoas a ter maior ou menor consideração por Cristo ao procurar trazê-las para a família de Deus. É um privilégio imenso ter a honra de Cristo e da igreja em nossas mãos, mas também é uma responsabilidade assustadora.

Aprendi sobre o privilégio – e a responsabilidade – de ser uma embaixadora de Cristo durante minha última turnê pela Grã-Bretanha. Antes de cada uma das muitas entrevistas que precisava dar para a impressa secular, orava: "Ó Deus, permita que, ao olhar para mim, vejam somente Jesus".

— Os repórteres estão esperando você no mezanino.

Encolhi-me um pouco, enquanto senti uma grande revolta dentro de mim ao ouvir as palavras do rapaz da recepção no hotel em Belfast. Era o único dia em que poderia me recuperar da longa viagem até lá. Estava exausta depois de passar quatro horas numa sessão de fotografias em alguns bairros destruídos pelos conflitos em Belfast. Havia sido fotografada diante de muros com pichações, junto com soldados, com a mãe do primeiro jovem a morrer na guerra da Irlanda – tudo isso no frio, no vento e na chuva – e só queria tomar uma tigela de sopa e ir para cama. Era a isso que a Bíblia se referia ao dizer para sermos embaixadores de Cristo? Rangi os dentes e fiz uma oração desesperada, enquanto andava, a passos firmes, para encontrar-me com a imprensa: "Ó Senhor, faze com que, ao olhar para mim, vejam somente a Jesus!"

A última entrevista do dia foi com uma repórter que enxugou algumas lágrimas, enquanto se esforçava para concentrar-se no seu trabalho. Nossa assessora de imprensa cochichou em meu ouvido:

— Dois dias atrás, ela ficou sabendo que o irmão, um jogador internacional de rúgbi, está com câncer. De acordo com os médicos, ele tem cerca de duas semanas de vida.

As perguntas da repórter foram semelhantes àquelas que todos nós fazemos sobre Deus, eternidade e cura. Desejava orar com ela naquele mesmo instante, mas sabia que ela ainda não estava preparada para isso. Apertei as mãos dela e perguntei:

— Você gostaria que eu orasse por você quando voltar para o quarto?"

Ela aceitou minha oferta, enquanto algumas lágrimas caíam sobre seu bloco de anotações.

Na semana seguinte, quando cheguei a Birmingham e estava enfrentando outro dia difícil cheio de entrevistas com a imprensa secular, ampliei um pouco minha oração habitual: "Deus, faze com que eu seja uma embaixadora autêntica, com o espírito de Cristo, que diz apenas as tuas palavras, irradiando tuas reações, teu amor, tolerância, paciência, alegria e preocupação com o mundo".

Durante um mês com sessões de quatro a oito horas de entrevistas para jornais, programas de rádio e televisão abertos para perguntas, comecei a observar um padrão impressionante. Não foi feita uma única pergunta depreciativa, indelicada ou embaraçosa. Não houve nenhuma questão impossível de responder sobre a posição do presidente Reagan na corrida armamentista nuclear. Surgiram perguntas do tipo: "O fato de os norte-americanos acharem que o presidente Reagan precisa de oração não é embaraçoso para ele?" e "Poderíamos orar do mesmo modo pela primeira ministra Margaret Thatcher?" O profundo desejo de saber mais sobre minhas convicções ganhou espaço cada vez maior nas entrevistas. Aqueles representantes da mídia ansiavam pelo Jesus que viam em mim.

Então, numa reunião de oração do comitê na noite anterior a um dos últimos seminários, cheio de empolgação, um jornalista nos deu a seguinte notícia: "Uma repórter de Belfast aceitou a Cristo no dia seguinte a uma entrevista com você, e os médicos descobriram que o câncer terminal do irmão dela havia desaparecido miraculosamente!"

Uma embaixadora de Cristo! É para isso que Deus chama todos aqueles que se reconciliaram com ele – para ser reconciliadores. O privilégio e a responsabilidade são enormes.

Paulo explica essa responsabilidade. Logo depois do chamado para que sejamos embaixadores, ele nos apresenta a conduta esperada daquele que é incumbido do ministério de reconciliação: "Na qualidade de cooperadores com ele [...] não dando nós nenhum motivo de escândalo em coisa alguma, para que o ministério não seja censurado. Pelo contrário, em tudo recomendando a nós mesmos como ministros de Deus" (2 Co 6:1-4).

O texto prossegue com mais exemplos das grandes expectativas com relação a um embaixador em sua tarefa de reconciliar o mundo com Deus:

> [...] na muita paciência, nas aflições, nas privações, nas angústias, nos açoites, nas prisões, nos tumultos, nos trabalhos, nas vigílias, nos jejuns, na pureza, no saber, na longanimidade, na bondade, no Espírito Santo, no amor não fingido, na palavra da verdade, no poder de Deus, pelas armas da justiça, quer ofensivas, quer defensivas; por honra e por desonra, por infâmia e por boa fama, como enganadores sendo verdadeiros; como desconhecidos e, entretanto, bem conhecidos; como se estivéssemos morrendo e, contudo, eis que vivemos; como castigados, porém não mortos; entristecidos, mas sempre alegres; pobres, mas enriquecendo a muitos; nada tendo, mas possuindo tudo.
>
> 2 Coríntios 6:4-10

Ao mesmo tempo que Deus nos chama para reconciliar pessoas, às vezes ouviremos a voz dele dizendo que precisamos nos reconciliar com ele. Qualquer coisa que der motivo para escândalo em nosso ministério é pecado aos olhos de Deus. Como cristãos que reconciliam outros com o Senhor, devemos estar alertas para o que fazemos e que Deus considera pecado.

A segunda categoria de pecados consiste nas transgressões que os cristãos cometem. Trata-se de "pecados" e não da situação de pecado em que todos nascemos. Esses pecados são cometidos depois de acontecer a primeira reconciliação com Deus no momento da salvação. Tais transgressões também exigem reconciliação com o Senhor, pois ele também fica irado com nossos pecados como cristãos.

Por que Deus não deveria irar-se? Afinal de contas, ele nos confiou a honra de Cristo e da igreja, mas nosso pecado serve de motivo para zombaria do Cristo que jamais pecou e que estamos representando como embaixadores.

Depois de ser purificados, ao nos arrepender e aceitar a Jesus como Salvador e Senhor, sendo reconciliados com Deus, ainda assim criamos inimizade com Deus quando pecamos. Isso não significa que rompemos nosso relacionamento inicial de reconciliação com ele obtido por meio da salvação, mas sim que, ao pecar, abrimos uma brecha entre nós e Deus. Nossos pecados interrompem a comunicação e a comunhão estabelecidas anteriormente com Deus. Assim, é preciso que nos reconciliemos com ele.

Ao escrever para os cristãos, Pedro afirma: "Os olhos do Senhor repousam sobre os justos, e os seus ouvidos estão abertos às suas súplicas, mas o rosto do Senhor está contra aqueles que praticam males" (1 Pe 3:12). Escrevendo também para os cristãos, o apóstolo João nos diz que "o sangue de Jesus [...] nos purifica de todo pecado", se houver confissão. E prossegue: "Ele [Deus] é fiel e justo para nos perdoar os pecados e *nos* purificar [e não aqueles que ainda se encontram no estado original de pecado] de toda injustiça" (1 Jo 1:9, grifo meu).

No primeiro capítulo da espístola aos Romanos, Deus apresenta um retrato repulsivo dos pecados daqueles que acabaram entregues a uma disposição mental reprovável – homens e mulheres que "mudaram o modo natural de suas relações íntimas por outro, contrário à natureza" (v. 26) "cheios de toda injustiça, malícia, avareza e maldade; possuídos de inveja, homicídio, contenda, dolo e malignidade; sendo difamadores, caluniadores, aborrecidos de Deus, insolentes, soberbos, presunçosos, inventores de males, desobedientes aos pais, insensatos, pérfidos, sem afeição natural e sem misericórdia" (vv. 29-31). Porém, no capítulo 2, ele deixa de falar dos pecados do mundo, a fim de dirigir-se diretamente aos cristãos para os quais está escrevendo. Paulo lhes diz:

> Portanto, [tu] és indesculpável, ó homem, quando [*tu*] julgas, quem quer que sejas; porque, no que julgas a outro, a ti mesmo te condenas; pois praticas as próprias coisas que condenas. Bem sabemos que o juízo de Deus é segundo a verdade contra os que praticam tais coisas. *Tu*, ó homem, que condenas os que praticam tais coisas e fazes as mesmas, pensas que te livrarás do juízo de Deus? (...)Mas, segundo a tua dureza e coração impenitente, [*tu*] acumulas contra ti mesmo ira para o dia da ira e da revelação do justo juízo de Deus, que retribuirá a cada um segundo o seu procedimento.
>
> Romanos 2:1-3, 5,6, grifos meus

Quais são os pecados dos cristãos que provocam a ira de Deus? Todos eles! Paulo explica aos cristãos de Colossos: "Fazei, pois, morrer a vossa natureza terrena: prostituição, impureza, paixão lasciva, desejo maligno, e a avareza que é idolatria; por estas coisas é que vem *a ira de Deus* [sobre os filhos da desobediência]" (Cl 3:5,6, grifo meu). A ira de Deus não vem sobre os pecados, mas sobre os pecadores. Deus não castiga pecados e, sim, pecadores.

Lembro-me de que, quando era esposa de pastor, em várias ocasiões entrei em nossa igreja em momentos que não eram horário de culto; certo dia, encontrei lá um membro da congregação, que havia abandonado a esposa e o filho para ficar com outra mulher, chorando dentro do templo escuro. Ele colocava as mãos no rosto e estremecia repetidamente, não apenas por causa daquilo que havia feito à sua família, mas também por aquilo que havia feito a Deus. Havia ofendido a santidade de Deus.

Para mim, isso é algo extremamente assustador. Todos os meus pecados ofendem a santidade de Deus! Eu, que sou filha dele, posso aborrecê-lo! Meu orgulho, irritabilidade, falta de bondade, ansiedade, falta de fé – a lista parece não ter fim – ferem a santidade de meu Pai celestial! A Bíblia contém várias listas de pecados que devem ser evitados pelos filhos de Deus. A lista que Jesus deu em Marcos 7:21,22 abrange um grande número de pecados "comuns" e encobertos que cristãos cometem, bem como todas aquelas transgressões horríveis encontradas *até mesmo* em meio às nossas famílias e igrejas. As Escrituras são uma fonte de repreensão divina para nós. "Tomara sejam firmes os meus passos, para que eu observe os teus preceitos. Então, não terei de que me envergonhar, quando considerar em todos os teus mandamentos" (Sl 119:5,6).

Ao ler essas palavras, meu coração clamou como o do salmista: "Oxalá eu não precise mais ser reprovada pelas Escrituras e não tenha do que me envergonhar quando lê-las, pois observo todos os preceitos de Deus!"

A PRESENÇA SANTA DE DEUS

São poucas as pessoas – cristãs e não-cristãs – que sequer têm consciência de que não estão reconciliadas com Deus. É absolutamente estarrecedor que, quando estão vivendo em pecado, apesar de amadas por Deus, sem dúvida alguma ele não se agrada delas.

Quando me sinto longe de Deus e oro: "Pai, desejo ter um relacionamento mais íntimo e profundo contigo", ele me responde: "Minha filha, você pecou e rompeu nossa comunhão. Em primeiro lugar, deve reconciliar-se comigo".

Quando meus esforços como reconciliadora do mundo com Deus são ineficazes e pergunto a ele, em meio à frustração, qual o motivo disso, com freqüência o Senhor insiste: "Antes de tudo, reconcilie-se comigo!".

Quando oro: "Senhor, dá-me poder na oração", às vezes ele responde literalmente: "Se eu no coração contemplara a vaidade, o Senhor não me teria ouvido" (Sl 66:18). "Arrependa-se e deixe-me reconciliá-la comigo e restabelecer nosso relacionamento de poder."

O único motivo pelo qual Deus nos convence do nosso pecado e exige arrependimento é para que nos reconciliemos com ele e voltemos a ter comunhão com ele. É para que possamos entrar naquela sala em que está escrito na porta *Sua Presença Santa*. "Quem subirá ao monte do SENHOR? Quem há de permanecer no seu santo lugar? O que é limpo de mãos e puro de coração" (Sl 24:3,4).

Sem dúvida, quando pecamos, nossa parte consiste em nos arrepender – e a parte de Deus em nos reconciliar com ele.

Quando Deus responde: "Eu te perdôo e te reconcilio comigo", passamos a ter o privilégio raro de estar – sem empecilhos nem restrições – na presença do Deus santo, rei do Universo. Todas as barreiras para que cheguemos à sua presença são vencidas e andamos de mãos dadas com ele – como se jamais tivéssemos pecado! "Agora, porém, vos reconciliou no corpo da sua carne, mediante a sua morte, para apresentar-vos perante ele santos, inculpáveis e irrepreensíveis" (Cl 1:22).

Oração final

Ó Deus, confesso que ofendi tua santidade e, assim, rompi o nosso relacionamento. Por favor, Deus, purifica-me de todo pecado aparente e oculto. E muito obrigado, Pai, por ser tão santo a ponto de irar-se com o meu pecado, mas também por me amar a ponto de me perdoar e de me reconciliar contigo. Em nome de Jesus, Amém.

Capítulo 8

Quando Deus responde: Reconcilie-se com os outros

A reconciliação plena com Deus não é possível sem que haja uma disposição para nos reconciliarmos com outros também. Por quê? Porque um dos mandamentos muito claros da Bíblia é o que diz que nos reconciliemos com os outros. Enquanto não obedecemos aos mandamentos de Deus nas Escrituras, estamos pecando – e continuamos não-conciliados com ele. "Se alguém disser: Amo a Deus, e odiar seu irmão, é mentiroso; pois aquele que não ama a seu irmão, a quem vê, não pode amar a Deus, a quem não vê" (1 Jo 4:20).

Com freqüência alguém me pergunta: "Você quer dizer que ora com *eles*?"

Pasmas, tais pessoas verbalizam, na verdade, o que pensam, que estou me rebaixando ao orar com cristãos de outras denominações ou de diferentes estilos de culto.

Na Assembléia Internacional de Oração em Seul, na Coréia, em junho de 1984, fui convidada a participar do comitê que estava escrevendo a Conclamação Internacional à Oração para o Comitê de Evangelização Mundial de Lausanne, patrocinador do evento. Enquanto discutíamos sobre quais cristãos deveríamos conclamar ao redor do mundo para orar, um representante da Europa disse:

— Se incluirmos *essas pessoas*, os intercessores do meu país vão nos pôr para correr.

Como secretária dessa reunião, acabei me exasperando e em meu interior, horrorizada com tal discussão. Por fim, de modo espirituoso, porém firme, perguntei: "Quando transcrever essa discussão para imprimir a ata, devo incluir todos aqueles com quem vamos passar a eternidade no céu ou..."

Estarrecidos, todos fizeram um longo silêncio. Então, concordaram com enfática unanimidade que a oração mundial é para *todos* os cristãos. Ruborizado, o representante da Europa pediu perdão profusamente. "Quero, portanto, que os varões [pessoas] orem em todo lugar, levantando mãos santas, *sem ira e sem animosidade*" (1 Tm 2:8, grifos meus).

Apesar de sermos criaturas carnívoras, uma das coisas que nos distingue da maioria dos outros carnívoros é que não devoramos uns aos outros. No entanto, às vezes não é isso o que acontece no corpo de Cristo.

Ainda me lembro de uma ocasião, há dez anos, quando duas grandes organizações competiam pelo potencial de oração das cidades de Mineápolis e de St. Paul. As duas possuíam ministérios produtivos, mas estavam praticamente se acotovelando para convencer os intercessores da região a filiarem-se a elas. No meio da controvérsia, clamei a Deus: "Ó Pai, por favor, resolve essa horrível disputa. Qual é tua resposta?" Ele me surpreendeu com as palavras de extrema relevância em Gálatas 5:15: "Se vós, porém, vos mordeis e devorais uns aos outros, vede que não sejais mutuamente destruídos".

Sem isso, não há reconciliação com Deus

No final de sua vida aqui na Terra, Jesus dirigiu ao Pai sua oração sacerdotal colocando como requisito que nós, cristãos, nos reconciliássemos uns com os outros. Enquanto essa reconciliação mútua não acontece, continuamos pecando, pois estamos desobedecendo a esse desejo de Jesus, que ele deixou registrado para nós. Além disso, é óbvio que, enquanto houver pecado em nossa vida, não estaremos reconciliados com Deus. Jesus orou:

> Não rogo somente por estes [os que o Pai lhe deu], mas também por aqueles que vierem a crer em mim, por intermédio da sua palavra; *a fim de que* todos sejam um; e como és tu, ó Pai, em mim e eu em ti, também sejam eles em nós; *para que* o mundo creia que tu me enviaste. Eu lhes tenho transmitido a glória que me tens dado, *para que* sejam um, como nós o somos; eu neles e tu em mim, *a fim de que* sejam aperfeiçoados na unidade, para que o mundo conheça que tu me enviaste e os amaste, como também amaste a mim.
>
> João 17:20-23, grifos meus

Ao contrário da crença popular, Jesus não pediu a seus filhos que se reconciliassem *a fim de que se tornassem um só corpo*, mas *por serem* um só corpo! Assim, sempre que oramos perguntando a Deus com quais cristãos devemos orar, ele responde: "Mas vocês *são* um só corpo!". "Dessarte, não pode haver judeu nem grego; nem escravo nem liberto; nem homem nem mulher; porque todos vós sois um em Cristo Jesus" (Gl 3:28).

No entanto, os requisitos de Deus para a reconciliação abrangem mais do que os membros do corpo de Cristo. Incluem a reconciliação *individual* com pais, cônjuges, filhos, parentes, irmãos, irmãs, pastores, vizinhos, funcionários, patrões, concorrentes e nossos inimigos – sendo que estes podem ser tanto cristãos como não-cristãos. Assim, enquanto não nos reconciliarmos até mesmo com eles, não estaremos obedecendo ao plano de Jesus para nós: "Perdoai-vos mutuamente, caso alguém tenha motivo de queixa contra outrem. Assim como o Senhor vos perdoou, assim também perdoai vós" (Cl 3:13).

Esse "outrem" inclui a reconciliação *social*, que abrange pessoas de todas as raças, cores, sexo, denominação, partido político, ocupação e idade. 1 João 2:9 afirma claramente: "Aquele que diz estar na luz e odeia a seu irmão, até agora, está nas trevas".

Assim, a falta de disposição para se reconciliar com outros é um pecado e, portanto, deve haver confissão, arrependimento e perdão. Além disso, tal pecado deve ser deixado para trás, se desejamos uma reconciliação com Deus.

Em 1983, pouco antes de voltar da conturbada cidade de Belfast para os Estados Unidos, depois do bem-sucedido Simpósio Internacional do ministério Prison Fellowship sobre Reconciliação, fui entrevistada por uma emissora local de televisão.

— O que você gostaria de dizer para os telespectadores da Irlanda antes de partir? — perguntou o entrevistador.

Olhando diretamente para a câmera, disse:

— Reconciliem-se. Perdoem e peçam o perdão de Deus!

Minha querida anfitriã cristã perguntou estarrecida:

— Depois de tudo o que *eles* fizeram?

Então, corou, envergonhada, ao lembrar a palavra de Deus que também foi tema do nosso simpósio: "Reconciliai-vos!"

Quem está irado, afinal?

Em termos humanos, na verdade não importa quem está irado. Quer estejamos com raiva de uma pessoa, quer ela esteja zangada conosco, ou ainda que o sentimento seja mútuo, a resposta de Deus é a mesma: "Reconciliai-vos!"

Quando Deus estava irado com nosso pecado por termos ofendido sua santidade, era preciso que nos reconciliássemos com ele. No entanto, sempre que há relacionamentos rompidos aqui na Terra, suas instruções para nós são igualmente claras: "Reconciliem-se uns com os outros!"

Em Mateus 5:22-24, Jesus faz admoestações muito firmes: "Eu, porém, *vos* digo que todo aquele *que [sem motivo] se irar contra seu irmão* estará sujeito a julgamento; e quem proferir um insulto a seu irmão estará sujeito a julgamento do tribunal; e quem lhe chamar: Tolo, estará sujeito ao inferno de fogo" (grifos meus).

Então, Jesus muda o enfoque e fala da ira voltada contra nós. "Se, pois, ao trazeres ao altar a tua oferta, ali te lembrares de que teu irmão tem alguma coisa contra ti, deixa perante o altar a tua oferta, vai primeiro reconciliar-te com teu irmão; e, então, voltando, faze a tua oferta" (vv. 23, 24). Jesus não tolera a ira de outros nem contra outros.

Como é possível haver reconciliação?

Neste mundo de desejos, objetivos e dogmas tão diversificados, é realista crer que o corpo de Cristo pode ser reconciliado? Como membros da raça humana, nossa resposta deve ser: "Isso é impossível". No entanto, essa não é a resposta certa, pois a reconciliação já foi realizada na cruz de Cristo.

Jesus *foi* a resposta a essa pergunta. Em Efésios 2, Paulo diz que o sangue de Cristo derrubou a parede de separação entre os gentios e os judeus do Antigo Testamento: "O qual de ambos fez um [...] para que [...] em si mesmo [...] reconciliasse ambos em um só corpo com Deus, por intermédio da cruz, destruindo por ela a inimizade" (vv. 14-16).

Ele também diz que aqueles que foram unidos no corpo de Cristo revestiram-se "do novo homem que se refaz [...] no qual não pode haver grego nem judeu, circuncisão nem incircuncisão, bárbaro, cita, escravo, livre; porém Cristo é tudo em todos" (Cl 3:10,11). Assim, nossa responsabilidade é viver em nosso dia-a-dia aquilo que já foi realizado para nós por Jesus. A reconciliação é a aplicação da obra de Cristo na cruz.

Jesus é a resposta

Numa carta de Charles Colton, havia uma história que, de acordo com ele, demonstrava maravilhosamente o poder reconciliatório de Jesus Cristo. (Mudei o nome dos detentos.) Este é o relato, nas palavras dele:

> A história fala de dois detentos. Um deles é Steve, um homem musculoso, de quarenta anos de idade, cumprindo uma pena de

cinco anos por envolvimento com pornografia. Quando chegou à prisão, já era um homem bruto e irascível, e a vida na cadeia o endureceu ainda mais, tornando-o amargurado e ressentido.

Durante o julgamento de Steve, a principal testemunha contra ele foi John, membro de uma força-tarefa especial contra a pornografia. No entanto, quatro anos depois, o próprio John foi condenado – ironicamente – por acusações morais. Foi sentenciado a cumprir sua pena no mesmo presídio que Steve.

Assim que Steve ficou sabendo, pela rede de informações dos presidiários, que seu antigo acusador estava na prisão com ele, tornou-se obcecado pelo desejo de vingança. Começou com assédio e, depois, fez uma tentativa de chantagem. Mas, com todo o seu ódio, Steve não se contentou só com isso e, por fim, aconteceu o inevitável. Steve espalhou a notícia de que iria matar John.

Como posso dizer por experiência própria, depois do tempo que passei na prisão, dentro dos muros de um presídio, ninguém é mais odiado por todos do que um informante ou uma testemunha da procuradoria; e John, um homem franzino, temia que fosse apenas uma questão de tempo até ele ser espancado ou esfaqueado.

Porém, durante o final da semana de 3 a 5 de maio de 1985, realizamos um de nossos seminários de evangelismo dentro daquele presídio. Incrivelmente, tanto Steve quanto John inscreveram-se para participar. Apesar de Steve ter considerado o evento uma oportunidade de ficar à espreita de sua vítima, Deus tinha outros planos. Depois de um fim de semana de ensinamentos claros sobre o perdão de Deus oferecido por meio de Jesus Cristo, a instrutora, Lorraine Williams, encerrou as palestras com um desafio especial.

"Se há alguém aqui que precisa perdoar outra pessoa, desafio você a tomar uma atitude neste exato momento."

Depois de um minuto de silêncio profundo, Steve se levantou. Era hora de atacar? Ou será que aquela "coisa de religião" tornara-se irritante demais para seu espírito amargurado? Ninguém sabia,

> ao certo, o que estava acontecendo quando ele começou a caminhar em direção a John. Tremendo, John ficou sentado, com a cabeça abaixada.
>
> Por fim, Steve parou bem em frente ao homem que desejava matar. John levantou a cabeça e os dois se encararam diante de todos os participante do seminário.
>
> "Eu sinto muito", disse Steve timidamente. "Você pode me perdoar?" Estarrecido, John ficou imóvel por um momento e depois, bem devagar, fez que sim com a cabeça. "Posso", disse ele e, com Steve sentado a seu lado, os dois comprometeram-se a tratar suas diferenças como irmãos *cristãos*.

Nada de retaliação, nada de vingança, mas sim reconciliação em Jesus!

A reconciliação em seminários sobre oração

Ao longo dos anos, em nossos seminários sobre oração, também temos visto inúmeros casos de reconciliação impressionantes. As lutas e, depois, a alegria que surge são algo extraordinário. Lágrimas, abraços, pessoas que correm para telefonar para alguém ou que procuram um amigo a fim de perdoar ou de ser perdoadas – tudo isso inunda cada seminário de experiências que mudam as vidas. Uma de nossas maiores alegrias é ver membros do verdadeiro corpo de Cristo orando uns pelos outros durante as palestras. Testemunhamos diferenças políticas, culturais, raciais e pessoais sendo resolvidas, e a unidade do corpo de Cristo manifestando-se – por vezes de modo lento e hesitante, porém, ainda assim, começando a surgir.

Uma imagem de reconciliação cultural que me comoveu profundamente ocorreu em Madras, na Índia. Com muita sabedoria, o comitê havia marcado o seminário de oração para acontecer numa belíssima catedral daquela cidade, atraindo com isso muitas senhoras da elite. Assim, elas vieram vestidas com seus sáris de seda pura, enfeitados com bordados em fios de ouro e prata. As pobres, algumas vestidas com pouco mais que farrapos, também vieram. Os governantes locais me explicaram que, tendo em vista o fato de o sistema de castas ainda ser muito arraigado em sua cultura, aquela era a primeira vez que essas duas classes se reuniam e, algo ainda mais raro, que passassem o dia orando juntas, de mãos dadas, em pequenos grupos.

Assim que acabou o seminário, tive de sair para ir a outro compromisso, mas as mulheres não quiseram ir embora. Disseram que precisavam terminar de orar juntas. Ao passar, um tanto relutante, pela porta da frente daquela catedral enorme, olhei para trás e vi reconciliação. Respirei fundo ao olhar para aquelas mulheres ajoelhadas em círculos por toda a catedral, com a testa tocando o chão e seus sáris puxados de modo a cobrir a cabeça, criando caleidoscópios coloridos. Um belo passo no sentido de derrubar paredes de separação construídas há séculos pelos seres humanos.

Muita dessa unidade resulta das regras fundamentais que insistimos em seguir ao realizar cada seminário. Em primeiro lugar, antes de aceitar um convite para um seminário sobre oração, pedimos que o *comitê organizador* encontre um cristão de cada igreja da comunidade para fazer parte do comitê de coordenação. Normalmente, a reação chocada é algo do tipo:

— Quer dizer que há um cristão sincero *naquela* igreja? — (É claro que temos o cuidado de explicar a diferença entre os verdadeiros membros do corpo de Cristo e aqueles que simplesmente são membros de uma igreja.)

Então, muitos têm a surpresa agradável de descobrir que há verdadeiros irmãos e irmãs em Cristo em *todas* as igrejas.

No entanto, o motivo para essa diversidade na hora de formar o comitê de coordenação não é tanto o trabalho a ser realizado, mas sim o cumprimento do requisito de que haja orações intensivas, em suas reuniões regulares, seis meses antes do seminário. Então, tenho o privilégio indescritível de participar do jantar desse comitê e de suas reuniões de oração na noite anterior ao seminário e de sentir-me cercada pelo amor mútuo e pelo poder de suas orações conjuntas.

Digo-lhes que, depois de terem aprendido a orar juntos dessa maneira, mal precisam de mim para realizar o seminário! Já descobriram, normalmente pela primeira vez, a unidade do corpo de Cristo na região onde moram – uma necessidade absoluta para as grandes correntes metropolitanas de oração ou para qualquer que planejem organizar depois de nosso seminário.

Jamais me esquecerei da experiência de orar com o comitê em Glasgow, na Escócia, na noite anterior ao nosso seminário de oração naquela cidade, em 1981. O comitê era composto de excelentes líderes femininas e, apesar de algumas diferenças doutrinárias, tinham uma poderosa e notável unidade em Cristo desenvolvida ao longo dos meses que passaram orando juntas. Naquela noite, porém, elas haviam convidado seus maridos e pastores. Algumas mulheres precisaram até obter permissão para orar na presença daqueles homens (que lhes foi dada, em alguns casos, com certa relutância). Porém, ao nos ajoelharmos para orar juntos, meu marido e eu percebemos claramente a magnífica unidade em Cristo surgindo no meio daquelas pessoas. Por fim, maravilhada com a presença de Deus naquele lugar, meu amor a Cristo levou-me a irromper em cânticos, dirigindo-nos todos a entoar, ainda ajoelhados, "*Ele* é o Senhor, Ele é o Senhor!" E éramos todos um só corpo – reunidos no Senhor!

Outra diretriz dos seminários que tem gerado reconciliação surpreendente é *convidar todos* – pessoas de todas as raças, cores, denominações e partidos políticos. A comunidade de determinada região de nosso país parecia ainda estar vivendo a época da Guerra Civil ao me convidar a realizar um seminário sobre oração. Quando souberam que um dos requisitos para o seminário era que todas as igrejas da comunidade fossem bem-vindas, disseram:

— Mas nunca, em toda nossa história, fizemos algo assim.

— As outras igrejas não virão.

— Ai, Evelyn — lamentou a líder, uma mulher temente a Deus —, é horrível dizer isso, mas até sei quais de nossos membros irão se levantar e ir embora se uma pessoa negra entrar em nossa igreja.

Com grande temor e tremor, mas também com coragem e determinação, essa presidente tão querida foi visitar a líder da sociedade de senhoras da igreja da comunidade negra naquela região. Quando fez seu convite para o evento, a líder das senhoras negras quase gaguejou

— Mas nós não somos bem-vindas em sua igreja.

— Sei disso — respondeu ela muito envergonhada. — Mas estou convidando vocês mesmo assim.

E elas vieram. Hesitantes, cautelosas, olhando de soslaio para ver como as "outras" reagiam. Mas antes que nos déssemos conta, Deus estava realizando sua obra de reconciliação, e barreiras muito antigas começaram a cair por terra. A alegria foi tomando conta daquele lugar. No final do dia, enxuguei algumas lágrimas ao ver as participantes de mãos dadas nos círculos de oração, o amor de Jesus irradiando de tantos rostos. Reconciliadas? Certamente foi um bom começo!

O problema inverteu-se, quando uma representante da associação de ministérios para negros convidou-me a realizar um seminário no Sul dos Estados Unidos. Foi um tempo de grande empolgação e comunhão. Todos os pastores participaram, fazendo anotações ao longo do dia. Foi um evento muito agradável, cheio de calor e de aceitação por parte de todos, com exceção de algumas mulheres, furiosas pelo fato de seus pastores estarem se sujeitando a ser ensinados por uma mulher branca... Mas, nesse exato momento, vejo outro convite sobre a minha mesa... feito por *essas* mesmas mulheres!

Nos seminários que realizamos, há pouco tempo, em Guam e na região oeste da Austrália, observamos o surgimento de algo que já nos é bem familiar. Pela primeira vez ali, cristãos de várias denominações reuniram-se para aprender a orar. Em Taiwan, também pela primeira vez, as duas facções políticas opostas encontraram-se para aprender a orar num grupo que contou com representantes de quarenta e três organizações e denominações cristãs diferentes, disso resultando que, hoje, há mais de dez mil intercessores, dos dois lados daquela ilha, que se organizaram para orar.

Foi durante meu primeiro seminário sobre oração em Belfast realizado em 1981, na Irlanda do Norte, no qual orou-se tanto por Liam quanto por outros presos, que presenciamos uma grande reconciliação. Dividi os participantes em grupos de oração de quatro pessoas, com uma singular mistura de protestantes e de católicos – que estavam em guerra – em cada grupo. Minha anfitriã da Scripture Press e o marido me assistiram de uma galeria. E, pela primeira vez, tanto para eles como para mim, testemunhamos, literalmente, tremores físicos durante as orações, quando as pessoas perdoavam alguém. Ao perdoar aqueles que haviam bombardeado seus lares ou escritórios, que haviam morto ou ferido seus entes queridos, vimos ali uma pequena chama de esperança para uma futura reconciliação.

Reconciliação final. As últimas orações que fazemos durante nossos seminários consistem num passo ativo de reconciliação. No encerramento, as pessoas, que passaram o dia todo orando juntas em grupos de quatro, recebem uma última tarefa. Peço que um membro do grupo diga o nome de sua igreja e do pastor ou clérigo. Então, aquele que se encontra à direita dessa pessoa ora por esse líder especificamente, enquanto os outros fazem orações silenciosas. Ao completar a volta nos pequenos círculos, cada igreja e pastor ou clérigo representado no seminário terá recebido orações intercessórias. Com freqüência, essa é primeira vez que muitos deles oram por outra igreja, especialmente se é considerada uma "concorrente" sua ou mesmo se tem uma forma um pouco diferente de adorar a Deus.

Por fim, para encerrar o seminário, todos nós no auditório damos as mãos – tanto aqueles que têm um relacionamento pessoal com Cristo há anos como os que, naquele dia, certificaram-se de que fazem parte do corpo – cantamos juntos:

Eu sei que foi pago um alto preço,
Para que contigo eu fosse um, meu irmão...
Aliança no Senhor, eu tenho com você,
Não existem mais barreiras em meu ser.
Eu sou livre pra te amar, pra te aceitar,

E para te pedir: "perdoa-me, irmão".
Eu sou um com você, no amor do nosso Pai,
Somos um no amor de Jesus!

Quando todos ainda estão de mãos dadas, eu digo:

— Agora, apertem bem forte a mão que estão segurando!

E a manifestação repentina de unidade é expressa nesse último aperto de mãos, enquanto um grande sorriso se abre no rosto de vários dos presentes – que, com freqüência, ficam surpresos com sua própria reação. Muitos viram-se para abraçar seus novos amigos em Cristo ou para chorar. Reconciliados no verdadeiro corpo de Cristo!

Creio que Deus me deu o ministério de reconciliação – não apenas do pecador com Deus, mas também de irmãos e irmãs em Cristo uns com os outros. E funciona! Mas sei, também, que essa unidade é uma das respostas maravilhosas de Deus às orações feitas, ao longo dos anos, por milhares de intercessores e pelos comitês locais de cada seminário.

Segredos para a reconciliação

Há muitos segredos para a reconciliação que ensinamos e colocamos em prática, porém o mais importante deles parece ser o *perdão*.

Recebi um telefonema de uma mulher que havia participado de meu seminário de oração no dia anterior, mas havia saído de lá sem perdoar sua família. Ao ouvir essa mulher consternada gritando no telefone, ocorreu-me que, provavelmente, estava falando com alguém prestes a cometer suicídio. (Fiquei sabendo depois que, de fato, ela havia procurado tirar a própria vida em duas ocasiões anteriores.)

— Sra. Christenson — gritou —, estava falando sério quando disse aquelas coisas sobre Jesus ontem?

Perguntei-lhe a que se referia, e ela literalmente berrou no telefone:

— Você falou que Jesus disse que, se eu não perdoar os outros, agora que sou cristã, Deus também não perdoará os pecados que cometi depois de minha conversão.

Assegurando-a de que Jesus disse isso tanto em Mateus 6 quanto em Marcos 11, perguntei:

— Por quê? Qual é o problema?

— Se você soubesse o que passei na infância — disse ela ainda aos gritos —, jamais ensinaria isso outra vez!

Então, para descrever os horrores que sofreu, continuou:

— Meu irmão mais velho me estuprava quase todas as noites desde que eu tinha sete anos de idade. Meu pai, com a minha mãe ao lado dele e consentindo com tudo, me amarrava na cama e abusava de mim. Então, um dia, ele tirou toda a minha roupa, amarrou-me a uma árvore no quintal e mutilou meu corpo a tal ponto que jamais poderei ter filhos. Vou passar pela segunda cirurgia corretiva no final desta semana.

Como desejei, naquele momento, dizer a ela que Jesus não havia dito nada daquilo, que era tudo invenção minha... Mas não podia mentir. Jesus, de fato, disse essas palavras. Assim, fiquei com ela ao telefone, conversando, orando, lutando desesperadamente durante um longo tempo para fazê-la mudar de idéia. Então, de repente ela disse:

— Comprei um de seus livros, *Ganhando através da perda*. Será que ele pode me ajudar?

Aliviada com aquela mudança súbita de atitude, respondi.

— Claro. No seminário aprendemos apenas sobre a responsabilidade de perdoar, mas há muito mais do que isso. Há um capítulo nesse livro que fala sobre o que acontecerá se você não perdoá-los.

Ela terminou a ligação prometendo-me que iria ler o capítulo e, dois dias depois, voltou a telefonar. Com uma voz alegre ela exclamou:

Consegui! Eu os perdoei!

Alegramo-nos juntas e liguei para a corrente de oração para contar-lhes as boas novas e para agradecer a todos pelas orações.

Dois dias depois, ela voltou a ligar.

— Bem — ela anunciou em tom de vitória —, fiz tudo o que precisava! Minha família mora há mais de mil e quinhentos quilômetros daqui, mas telefonei para eles e disse que os havia perdoado e também — acrescentou com uma voz muito séria —, pedi que me perdoassem pelo meu rancor.

Seu pastor havia passado alguns dias no exterior e perguntei se ele já havia voltado. Juntamente com outros conselheiros profissionais, vinha tentando ajudá-la há mais de dois anos. Quando perguntei-lhe o que ele havia dito quando a viu, ela repetiu as palavras do pastor cheia de orgulho:

— Judy Rae, essa é a transformação mais rápida que já vi em minha vida! Reconciliada pelo perdão.

Em 9 de janeiro de 1984, a revista *Time* publicou um artigo sobre o papa João Paulo contando como ele passou alguns minutos na prisão com o homem que havia tentando assassiná-lo – Mehmet Ali Agca. O artigo dizia: "Enquanto o papa João Paulo segurava com carinho a mão que havia apontado uma arma para matá-lo, desenrolou-se um drama comovente de perdão e de reconciliação".

Não é incrível como a admoestação de Efésios 4:31,32 funciona mesmo? "Longe de vós, toda amargura, e cólera, e ira, e gritaria, e blasfêmias, e bem assim toda malícia. Antes, sede uns para com os outros benignos, compassivos, perdoando-vos uns aos outros, como também Deus, em Cristo, vos perdoou".

Além do perdão, outro segredo da reconciliação é o *amor*. Em nossos seminários sobre O Que Acontece Quando Oramos, temos praticado durante anos, e com resultados surpreendentes, o que as Escrituras dizem sobre a reconciliação em 2 Coríntios 2:5-11. Depois de perdoar alguém, oramos a Deus pedindo que nos dê todo o amor que deseja que tenhamos por aquela pessoa, esperamos em oração até sentir a resposta e, então, voltamos para casa a fim de confirmar esse novo amor.

Uma participante de um desses seminários compartilhou, numa carta, o milagre que Deus realizou em sua vida:

Querida Evelyn,

Não tenho palavras para expressar quanto sua vida e mensagem afetaram a minha vida! Perdi minha querida mãe há cinco anos. Ela era uma mulher e mãe tão devota e amorosa quanto você.

Meu pai casou-se novamente há três anos [...] com uma mulher que, aparentemente, não conseguia me amar. Fiquei profunda e intensamente magoada nas muitas oportunidades que ela usou para expressar rejeição e desgosto, talvez até beirando o ódio, quando poderíamos ter compartilhado amor.

Orei muito sobre isso, mas uma raiz de amargura começou a desenvolver-se e espalhou-se para outros relacionamentos, tornando-me uma pessoa muito melindrosa e emocionalmente instável.

Durante seu seminário sobre oração em Reno, Nevada, havia três pessoas em meu coração contra as quais eu cultivava grande amargura. Em meio a muitas lágrimas, perdoei-as naquele seminário. Nas duas semanas seguintes, Deus trabalhou maravilhosamente de modo a concretizar o verdadeiro perdão entre essas três pessoas e mim e também deu oportunidade para reconciliações puras e verdadeiras.

Pela primeira vez, minha madrasta me escreveu numa tentativa de expressar amor sincero por mim. O Senhor também me libertou de modo a ser capaz de expressar amor por ela, ao permitir que ela passasse por uma grande necessidade!

Não posso explicar como minha vida tem sido mais livre, alegre e produtiva por causa desse perdão e do rompimento das cadeias de amargura.

Muito obrigada por ser uma serva ungida e disponível para o Senhor. Amo muito você em Jesus! Que Deus a abençoe *ricamente*.

TERESA

Na noite em que Jesus foi traído, disse aos seus discípulos: "Novo mandamento vos dou: que vos ameis uns aos outros [...] Nisto conhecerão todos que sois meus discípulos: se tiverdes amor uns aos outros" (Jo 13:34,35).

Vi uma mãe cristã maravilhosa, cujo filho estava profundamente envolvido com o crime organizado, colocar em prática esse texto das Escrituras. Ao amá-lo incondicionalmente, perdoando-o sempre – apesar de, sem dúvida alguma, não ser conivente –, ela manteve seus braços e seu lar abertos para ele, ao longo dos anos, e sofreu esperando e orando. Como teria sido bem mais fácil para ela expulsá-lo de casa ou deserdá-lo, como fazem com tanta freqüência pais envergonhados ou irados com seus filhos. No entanto, seu amor foi recompensando. O filho dela voltou para o Senhor e, agora, ele, a esposa e a mãe são amigos inseparáveis.

A UNIDADE NO CASAMENTO

Ouvimos tanta gente dizer: "Meu casamento acabou há muito tempo". A incompatibilidade, o amor que esfriou ou o conflito de interesses não separam o que é "uma só carne" criada por Deus no casamento. O que o casal mais precisa é de reconciliação.

Minhas filas de autógrafos estão cheias de gente com olhos brilhantes, explicando alegremente como o casamento delas foi salvo depois que seguiram as instruções apresentadas em nossos seminários sobre O Que Acontece Quando as Mulheres Oram para que perdoem, amem e confirmem seu amor.

Numa linda carta endereçada a mim, uma mulher desculpava-se por não haver me contado sobre sua reconciliação com o marido seis anos antes. Ela disse que estavam à beira do divórcio, brigando o tempo todo e emocionalmente separados. "Só era preciso que um de nós dissesse duas palavras: 'Vou embora'. Mas em seu seminário sobre a oração, você disse que precisávamos pedir perdão àqueles a quem magoamos e perdoar os que nos magoaram". Contou-me, então, como ela e o marido se aproximaram, pediram perdão um ao outro e verdadeiramente se perdoaram. "Naquele instante, o Senhor curou nosso casamento. Havíamos chegado no seminário como dois indivíduos casados, porém independentes, e saímos como um só coração e mente. Louvado seja Deus. Nossos dois filhos teriam ficado arrasados com o divórcio".

Certa vez alguém me disse: "Um bom casamento não é feito de dois bons amantes, mas sim de dois bons perdoadores!"

Porém, conflitos familiares e casamentos fracassados nem sempre são regenerados pelo perdão e o amor. Fiquei desconsolada quando foi pedido que orássemos por uma mulher cristã, de trinta e cinco anos de idade, que estava criando sozinha a criança que havia tido quando ainda era adolescente. Marginalizada pela família e pelos amigos, estava à beira de um colapso emocional por causa de tanta pressão. Até mesmo sua mãe se recusava a falar com ela desde que tudo havia acontecido.

QUANDO A RECONCILIAÇÃO NÃO ACONTECE

Não importa quanto nos esforcemos, há pessoas que se recusam a reconciliar-se conosco – o cônjuge que pede o divórcio e casa-se com outra pessoa, o pai ou a mãe que nunca mais aceita o filho, o filho que foge de casa e corta todos os laços com a família, o membro da família que passa anos em silêncio e cheio de raiva.

O que fazer, então? Romanos 12:18 mostra qual é nossa responsabilidade nessas situações. "Se possível, *quanto depender de vós*, tende paz com todos os homens" (grifos meus). Em outras palavras, devemos fazer absolutamente todo o possível para nos reconciliar, mas, na vida real, isso nem sempre acontece. No entanto, quer as pessoas façam as pazes conosco quer não, Deus diz que devemos ter paz com elas.

Um jovem e promissor seminarista recém-formado, que começava a pastorear sua primeira igreja, ficou arrasado quando sua noiva o abandonou para dedicar-se à sua carreira e, depois, admitiu estar profundamente apaixonada por outro homem. Seus sonhos, esperanças e, infelizmente, talvez até seu trabalho ficaram destruídos. Em profunda agonia, ele buscou os motivos de tanto sofrimento e não encontrou solução. Tentou, de todas as formas, reconquistá-la, mas foi sempre rejeitado.

O que fazer? Há momentos em que não resta outra coisa senão a oração... de dois tipos. Primeiro, *uma oração de entrega*. Pouco antes de falar num almoço da igreja, não pude entender por que tanta gente chorou quando uma bela e articulada jovem abriu o encontro com uma devocional sobre a Oração de Entrega, de Katherine Marshall. Mas a esposa do pastor dessa bela igreja sussurrou para mim:

— Essa é a esposa de nosso ex-pastor. Ele fugiu com a secretária, com quem acabou de casar.

Sem dúvida, quando a pessoa que Deus uniu a você como uma só carne se casa com outra, é hora de fazer uma oração de entrega.

Na Assembléia Nacional de Oração na Índia, um pastor não escondeu suas lágrimas ao compartilhar como, naquele dia, havia perdoado um membro de sua igreja que, em duas ocasiões, havia colocado uma faca no pescoço dele para matá-lo. Mais tarde, ele me escreveu contando: "Aquele homem rico fechou as portas para que eu não pregue ali [...], mas eu orei com um coração quebrantado e em meio a lágrimas: 'Ó Senhor, perdoa os erros e pecados daquele homem. Ajuda-me, Senhor, a aceitá-lo como meu irmão'". Então, disse que foi até esse irmão e falou: "Querido irmão, por favor me perdoe; amo muito você e oro por você". Mas o homem simplesmente respondeu: "Não venha mais à minha casa. Saia daqui".

No entanto, esse pastor na Índia também descobriu outro tipo de oração que usamos quando tudo parece estar perdido: a *oração intercessora*. Jesus disse: "Orai pelos que vos perseguem" (Mt 5:44).

Causa-me perpétua admiração o grande número de telefonemas que recebo de mulheres cristãs cujos maridos têm outras mulheres. Sempre contam como foram incessantemente fiéis e oraram durante anos a fio por seus cônjuges infiéis; como, até o presente, continuam orando por eles, por mais que tenham sido manipuladas de modo tão abjeto. Também fico estarrecida com os telefonemas e cartas de mulheres usadas de modo desprezível no trabalho, na escola, em sua vizinhança e até mesmo em organizações cristãs e que ainda oram por aqueles que lhes fizeram mal. Estão seguindo a admoestação de Jesus para que oremos por aqueles que as usaram tão desprezivelmente!

OS RESULTADOS SURPREENDENTES DA UNIDADE

Jesus sabia o motivo pelo qual ordenou que houvesse reconciliação e unidade. Sabia dos resultados espantosos da reconciliação. Em sua oração sacerdotal, registrada em João 17, ele revelou os motivos para orar pedindo união (Jo 17:20-23). Jesus sabia que muitas das coisas que precisamos e que desejamos resultam da reconciliação. São *para que*, em nossa união, aconteça o mesmo tipo de relacionamento existente entre o Pai e o Filho. *Para que* tenhamos uma posição privilegiada de coesão *dentro* desse relacionamento entre Pai e Filho. Nossa unidade mostrará *que* Deus enviou Jesus. E Jesus nos deu a glória que recebeu de Deus para que também sejamos todos um. *A fim de que* sejamos aperfeiçoados na unidade *de modo que* o mundo saiba que Deus enviou Jesus e *que* ele ama o mundo, assim como ama seu Filho, Jesus. O que mais poderíamos querer?

No entanto, o mais espantoso é que a credibilidade de Jesus no mundo depende de nossa união! Assim, quando sentimo-nos tentados a orar: "Senhor, com quem devo me reconciliar?", sem qualquer hesitação, Deus responderá: "Com todos!"

Oração de encerramento

Pai, por favor, perdoa-me por viver como se meus relacionamentos rompidos com outras pessoas não importassem para ti. Ajuda-me a buscar a reconciliação até onde estiver a meu alcance. Prometo orar por aqueles que me usaram de modo desprezível. Obrigado porque Cristo insistiu na reconciliação entre os membros do seu corpo, não para que nos tornássemos um só corpo, mas porque somos um. Prometo buscar o verdadeiro corpo de teu Filho, Jesus Cristo, e praticar a unidade que ele nos concede. Em nome de Jesus, Amém.

Capítulo 9

Quando Deus responde: Faça uma reparação

Apesar de, aos olhos de Deus, não sermos mais devedores pelos pecados que ele perdoou, ainda assim, somos responsáveis diante dos seres humanos a quem magoamos.

Depois de orar: "Deus, eu pequei" e de dar os passos de arrependimento e de reconciliação com ele e com os outros, estamos isentos de quaisquer responsabilidades e atitudes futuras? Não. Ainda somos responsáveis diante daqueles contra quem pecamos.

Esse é o passo da reparação. Significa colocar as coisas em ordem, reparar os danos que causamos. Significa restituir ao dono legítimo algo que lhe foi tirado. Quando pecamos, é nosso dever colocar as coisas em ordem com as pessoas que foram vítimas de nosso pecado.

Apesar de ser necessário nos reconciliarmos com Deus quando pecamos, a reparação deve ser feita somente às pessoas contra as quais pecamos. Não há modo de compensar a Deus por ofender sua santidade. Tudo o que resta é o arrependimento por magoar a Deus tão profundamente. Pelo fato de amarmos tanto ao Senhor, dispomo-nos a fazer qualquer coisa ao nosso alcance para restaurar nosso relacionamento com ele. Então, voltamos a servi-lo com vigor renovado, para compensar as oportunidades e os dias desperdiçados. Porém, em nossos relacionamentos humanos, as coisas são diferentes.

A reconciliação com as pessoas contra as quais pecamos ou cometemos um crime normalmente inclui algum tipo de reparação.

PENSANDO EM NOSSA VÍTIMA

Ao estudar e ensinar sobre os relatos bíblicos do pecado de Davi, nossa tendência é ignorar a situação de Bate-Seba. No entanto, não foi isso que Davi fez; depois de algum tempo, ele pensou nela.

Quando o Senhor enviou Natã a Davi para repreendê-lo por seu pecado com Bate-Seba e por providenciar para que o marido dela fosse morto, Natã contou uma história a Davi. Era a respeito de um homem rico que matou a única cordeirinha de um vizinho pobre para alimentar seus convidados, em vez de pegar uma ovelha de seu enorme rebanho. Davi se encheu de furor e exclamou: "Tão certo como vive o SENHOR, o homem que fez isso deve ser morto. E pela cordeirinha *restituirá* quatro vezes, porque fez tal coisa e porque não se compadeceu" (2 Sm 12:5,6, grifos meus). Então, quando Natã disse: "Tu és o homem!", Davi ficou arrasado e arrependeu-se de seus terríveis pecados.

Contudo, o resultado do pecado dele estendeu-se à sua vítima, Bate-Seba. Quando Davi reconheceu que era um pecador e arrependeu-se, Natã disse: "Também o SENHOR te perdoou o teu pecado; não morrerás. Mas, posto que com isto deste motivo a que blasfemassem os inimigos do SENHOR, também o filho que te nasceu morrerá" (2 Sm 12:13,14). Assim, apesar de Deus perdoar as transgressões de Davi por causa de seus pecados, Bate-Seba – a vítima inocente – perdeu duas pessoas muito queridas, o marido e o filho.

Por fim, Davi percebeu que se arrepender diante de Deus não representava o fim de suas responsabilidades. Como rei, havia dito que o homem que matara a cordeirinha de seu vizinho pobre deveria compensá-lo pela perda. Viu também que, sendo ele próprio o homem ao qual Natã havia se referido na história, deveria, de algum modo, reparar seu erro. Assim, procurou aquela a quem ele havia magoado, Bate-Seba. 2 Samuel 12:24 diz que, depois da morte do filho: "Então, Davi veio a Bate-Seba, consolou-a".

Chegou um momento, depois da morte do filho, que Davi pôs um ponto final em sua autocomiseração. Parou de olhar apenas para o que havia acontecido a si mesmo por seu pecado ter sido descoberto. Davi entendeu que seu desejo por Bate-Seba havia causado sofrimento duas vezes mais profundo a ela. A transgressão de Davi não apenas fez dela uma viúva, mas também levou à morte seu filho, concebido pelo pecado dele.

O SOFRIMENTO DA VÍTIMA

Meu telefone toca o tempo todo. São ligações de vítimas arrasadas pelo pecado de filhos, cônjuges ou de outras pessoas que imploram para que oremos por elas. Espero em silêncio quando, do outro lado da linha, a dor que vem à tona é tanta que as palavras tornam-se insuportáveis. Ou, então, ouço com o coração apertado enquanto choram sem parar, tentando pedir oração. A vida dessas pessoas foi destruída e, ao mesmo tempo que entendo que nenhum filho, pai ou cônjuge é perfeito, sempre parece haver alguém que pratica pecados que trazem graves conseqüências e que causam profunda dor. Pessoas inocentes estão sendo feridas.

Depois de um seminário, segurei em meus braços uma mãe muito triste que me relatou como a filha, aparentemente cristã, havia dado as costas para Deus e estava experimentando todas as emoções imagináveis do mundo nas ruas de uma de nossas grandes cidades. Então, senti o corpo todo daquela mãe estremecer violentamente ao pensar na imagem repulsiva de sua querida filha envolvida em tantos pecados sórdidos. Era uma adolescente entregando-se aos desejos mais nocivos, completamente alheia, ou pelo menos insensível, ao que fazia com os pais.

Lembro-me da agonia e humilhação de uma mãe, na ocasião em que, sentada com ela e o filho de quinze anos, aguardávamos que ele recebesse uma sentença de prestação de serviços comunitários para compensar pelas "coisinhas" que havia roubado de seu patrão.

— Onde foi que eu errei? — gemia a mãe. — Em que falhei? Esforcei-me tanto para viver e ensinar valores bíblicos em nosso lar.

Aquela mãe havia dado tudo de si pelo seu filho – só para que ele retribuísse com atitudes que lhe causavam angústia e até mesmo culpa.

Um filho ou uma filha vivendo em pecado devem se dar conta da dor terrível que causam aos pais. O funcionário que não é digno de confiança deve encarar o fato de que seu empregador não acredita nele; o cônjuge em pecado deve admitir a dor acarretada por sua transgressão aos votos matrimoniais. O pai ou mãe em pecado deve ter consciência da profunda angústia que causa aos filhos; o criminoso precisa ver a perda que infligiu à sua vítima, privando-a de bens, de dignidade ou da vida.

Durante mais de um ano, orei ao telefone com Kaye, cujo marido havia se apaixonado por outra mulher da igreja. Enquanto Kaye assistia a tudo, dos bancos do coral ao lado do púlpito, a tal namorada tornou-se amante, o marido pediu divórcio e agora só falta ficar abraçado com a nova esposa durante os cultos. O pastor acompanhou o processo inteiro e, mais tarde, ainda realizou o casamento, dando-lhes sua bênção – obviamente sem levar em consideração se era da vontade de Deus um casal já casado viver assim. Sem dúvida, o pastor também não se lembrou do que Jesus ensinou em Mateus 19:6: "Portanto, o que Deus ajuntou não o separe o homem", tampouco das palavras de Malaquias 2:16: "Porque o SENHOR, Deus de Israel, diz que odeia o repúdio".

Aqueles meses de sofrimento acompanhando o romance se desenvolver foram um tempo de profunda reflexão para Kaye – como acontece com a maioria das pessoas com as quais eu oro. Ela me perguntava sempre o que havia feito de errado, em que havia falhado, o que poderia fazer para reparar aquela situação. Uma das coisas mais difíceis desses telefonemas é lidar com a busca das vítimas por respostas de Deus sobre como mudar aspectos de si mesmas quando, ao mesmo tempo, seus cônjuges em pecado parecem absolutamente alheios a qualquer problema de sua parte.

As mulheres com quem converso não apenas se esforçam para se tornarem melhores companheiras, mas também batalham para manter os filhos juntos e cuidar de suas necessidades físicas e emocionais – tudo isso ao mesmo tempo que oram, de todo o coração, por seus cônjuges inconstantes.

Minha própria mãe, uma mulher temente a Deus, falou de seus sentimentos quando meu pai confessou-lhe que estava sendo infiel.

— Sempre disse que meu marido jamais faria uma coisa dessas comigo. Achava que ele era incapaz de fazer algo errado. Confiava inteiramente em meu companheiro — disse ela entre lágrimas. — O que doeu mais foi perder a confiança. Ser traída por aquele em quem eu acreditava absoluta e completamente. Meu companheiro! Eu queria morrer, pular de uma ponte e me matar.

Enquanto ela dizia isso, as palavras de Deus em Malaquias 2:15 começaram a falar cada vez mais alto dentro de mim. Nessa passagem Deus quase troveja: "ninguém seja infiel para com a mulher da sua mocidade". Para o cônjuge que ainda acreditava na santidade do casamento como uma das coisas mais valiosas de sua existência, os votos matrimoniais são violados, a pureza física é aviltada e as promessas de toda uma vida são quebradas.

Muitas vezes, a vítima torna-se incrédula, incapaz de voltar a confiar. No entanto, não foi o que aconteceu com minha devota mãe. Apesar de meu pai não ser cristão, observei admirada quando ela o perdoou e, pouco a pouco, restaurou a vida dele e o casamento dos dois por meio de seu amor incrivelmente abnegado.

O QUE VOCÊ ESPERA?

Com freqüência, depois de condenados, muitos detentos esperam receber o perdão ou a liberdade condicional antes de cumprir toda a pena, independentemente dos danos que tenham causado a suas vítimas. Porém, um pastor que falou há pouco tempo no Congresso Nacional de Rádio e Televisão Religiosos, disse algo importante: "O criminoso deve ficar na prisão tanto tempo quanto sua vítima tiver de ficar no hospital".

Já ouvi, muitas vezes, histórias de maridos que abandonam o lar, vivem com outra mulher por algum tempo e depois voltam para casa, agindo como se nada tivesse acontecido. Sentem-se perfeitamente no direito de esperar todo o conforto do lar – exatamente como era antes. Uma mulher me contou que seu marido vai e volta desse jeito e fica absolutamente irado se ela sugere que ele está errado e ferindo os sentimentos dela.

Jesus falou da expectativa bem mais realista do filho pródigo que, depois de esbanjar sua herança vivendo em devassidão numa terra distante, percebeu que estava errado e voltou para casa *esperando* ser acolhido apenas como servo. Mesmo tendo sido abraçado e beijado pelo pai, o filho exclamou: "Pai, pequei contra o céu e diante de ti; já não sou digno de ser chamado teu filho" (Lc 15:21).

Também não devemos *esperar* ser recebidos de braços abertos quando causamos tristeza e ansiedade em alguém. Devemos entender que a resposta humana de nossa vítima será, mais provavelmente, parecida com aquela do irmão mais velho do filho pródigo, que ficou com raiva e não se mostrou propenso a restaurar o relacionamento. Devemos ficar extremamente agradecidos quando uma vítima está disposta a perdoar, a aceitar-nos de volta e a restaurar o relacionamento.

Aceite a responsabilidade

Quando ensino que a vítima do pecado de outro tem a responsabilidade bíblica de perdoar (*O que acontece quando as mulheres oram*)* e falo sobre as conseqüências sérias de não perdoar (*Ganhando através da perda*)*, há quem pergunte:

— Mas e quanto a eles?

Pois bem, este capítulo é sobre "eles" – a responsabilidade do pecador que causou o sofrimento.

Basicamente, é o egoísmo de quem peca que causa a dor a ser suportada pela vítima. A atual filosofia, bastante difundida mesmo

* Publicados pela Mundo Cristão

entre cristãos, é pensar apenas no próprio bem-estar, tendo pouca ou nenhuma preocupação por aqueles que estejam sofrendo. É o humanismo, que se propaga cada vez mais, ou o chamado humanismo cristão, que leva cristãos a viver de maneira exatamente oposta aos preceitos bíblicos dados por Deus.

Lembro-me das intensas orações por uma esposa grávida, à beira de uma crise emocional, porque o marido estava tendo um caso. A namorada dele resolveu dar um chá de bebê para a criança, mas não convidou a futura mãe! Então, quando todos os convidados haviam saído, ela e o marido deitaram-se no meio dos presentes do bebê e fizeram sexo. A tensão da gravidez somada a esse tratamento incrivelmente desumano levou muitos a temerem pela saúde da esposa, uma vez que ela estava prestes a sofrer um colapso. Esse foi o comportamento de um pai desprovido de qualquer preocupação pela esposa ou pelo filho por nascer!

Os pecadores devem ver-se como malfeitores. Devem aceitar o fato de que são culpados de causar sofrimento a uma pessoa ou, às vezes, até a muitas mais. Aquele que causou dor emocional, mental e talvez física deve aceitar a responsabilidade por aquele a quem destruiu e conscientizar-se de que essa pessoa precisa ser curada e de que a reparação é absolutamente necessária.

Você pecou prejudicando a reputação de uma pessoa ao espalhar rumores, parcial ou totalmente falsos, sobre ela? Você enfraqueceu um ministro chamado por Deus ao criticá-lo com maldade? Você destruiu o valor próprio de outra pessoa porque essa era a única maneira de alimentar e de satisfazer seu orgulho e seu ego? Você progrediu dentro da empresa passando por cima de colegas de trabalho? Você pecou com alguém do sexo oposto, em pensamentos ou em atos, humilhando seu cônjuge? As emoções de seu filho foram abaladas por causa de seu egoísmo ao viver em pecado? Seu comportamento está causando angústia e culpa imerecidas a seus pais? Será que pisar em alguém é a única forma de obter aquilo que lhe satisfaz? As pessoas prejudicadas por você merecem uma reparação.

FAÇA UMA REPARAÇÃO

Nos tempos coloniais dos Estados Unidos, Jonathan Edwards considerava a reparação uma obrigação contínua e sua falta um pecado contínuo. Disse: "Exorto aqueles que estão conscientes de ter feito mal a seu próximo a reparar seu erro. Trata-se de um dever, de uma obrigação muito clara [...] Um homem que obteve algo de outro ilicitamente, continua a fazer mal a essa pessoa cada dia que deixa de restituí-la quando tem a oportunidade de fazê-lo"[1].

Depois de reconhecer que é responsável pelo sofrimento de sua vítima, é hora de dar passos e de agir para colocar as coisas em ordem. Há pecadores e criminosos que aceitaram essa responsabilidade e, corajosamente, tomaram providências para reparar seus erros.

O ministério Prison Fellowship tem sido bem-sucedido ao patrocinar projetos de serviços nos quais detentos cristãos são colocados na comunidade durante algumas semanas para reformar casas de pessoas carentes e participar de outros projetos, a fim de reparar o que fizeram de errado.

O reverendo Sam Hines, um pastor muito abençoado de Washington, cuja igreja oferece lares para crianças abandonadas e café da manhã cinco dias por semana para os moradores de rua da vizinhança, abriu as portas para um dos projetos do Prison Fellowship. Cinco detentos cristãos passaram duas semanas consertando a casa de uma família carente com nove pessoas. A reação da comunidade foi extraordinária, e até o prefeito do Distrito de Colúmbia elogiou o serviço comunitário do ministério Prison Fellowship.

No final do projeto, o pastor Hines disse:

— Os presos são vistos sempre de modo negativo, mas o projeto do qual participamos acabou com esse mito.

As pessoas viram detentos – transformados pelo Cristo vivo – darem demonstrações práticas de amor usando de martelos, pregos e tinta nova para uma casa que precisava tanto de tudo isso.

Porém, mais importante ainda, foi o fato de o projeto dar aos próprios detentos o privilégio de reparar seus erros, de dar algo à comunidade à qual haviam causado danos. Não o fizeram por obrigação, mas porque assim desejaram. Também adquiriram uma auto-imagem mais positiva. Reparação!

Daniel Van Ness, presidente do ministério Justice Fellowship em Washington, informou que, na época em que escrevia este livro, um dos deputados do congresso nacional está propondo uma lei para "permitir que detentos de presídios de segurança mínima possam trabalhar fora durante o dia. É claro que serão supervisionados de perto. O dinheiro que receberem será dividido entre a vítima, a família do detento, o governo (para pagar por sua moradia) e uma parte ficará numa caderneta de poupança para o próprio detento. Ficam evidentes os benefícios tanto para a vítima como para a comunidade". Van Ness prosseguiu afirmando que: "As vítimas receberiam uma restituição, e a comunidade teria uma redução nos custos com presos. Mas acredito que o detento também será amplamente beneficiado, dentre outras coisas, pela oportunidade de reparar os seus erros".

Como seria maravilhoso ter um programa que finalmente permitisse ao detento pagar à comunidade pelo mal que causou e que, ao mesmo tempo, beneficiasse a vítima, a família do detento, o governo e o próprio presidiário!

Nas palavras de João Calvino: "Quando alguém ficou mais pobre porque outra pessoa, de alguma forma, cometeu uma ofensa, o transgressor deve indenizar a vítima pela perda que causou"[2].

Mary Kay Beard é alguém que causou muitas perdas e que agora está dedicando toda sua vida a presidiários. Num retiro do ministério Prison Fellowship, liderado por Charles Colson, passei várias horas com Mary Kay, diretora regional eficiente e bem-sucedida dessa organização.

— Agora, toda minha vida é dedicada a reparar erros — ela me disse.

Mas Mary Kay nem sempre se empenhou em levar as boas novas de Cristo a presídios, trabalhando com detentos, com suas famílias e com ex-presidiários. Ela própria é uma ex-presidiária condenada a vinte e um anos de prisão por assalto à mão armada, tendo roubado principalmente dinheiro e diamantes. Era procurada em cinco estados e pela polícia federal e estava jurada de morte pelo submundo do crime.

Quando era criança, Mary Kay foi abusada por seu pai alcoólatra, que quebrou a coluna dela e todas as suas costelas e, em duas ocasiões, fraturou seu nariz. Ela fugiu de casa aos quinze anos e casou com um homem que, como veio a saber mais tarde, era jogador inveterado e ladrão. Mary Kay viajou com ele, durante cinco anos, cometendo inúmeros crimes. Realizou seus sonhos de infância com roupas bonitas, peles, jóias e carros de luxo. Então, o homem que tanto adorava abandonou-a e, logo em seguida, foi preso. Oito meses depois, ela também estava na cadeia.

No entanto, enquanto estava na prisão, Mary Kay passou por uma transformação quando, certo dia, desceu de sua cama de metal, ajoelhou-se no chão de concreto da cela e entregou sua vida a Jesus. Ela escreveu: "Enquanto lágrimas corriam livremente pelo meu rosto, todo o meu ser encheu-se de imensa alegria. Senti-me leve, como se tivesse me livrado de uma enorme âncora. Naquele momento, no dia 16 de março de 1973, Deus me libertou [...] eu estava livre do terrível peso da culpa e da vergonha e livre da escravidão do pecado!"

Ela se formou com louvor no primeiro grupo de detentas a participar do programa de ensino superior na prisão feminina Julia Tutwiler. Mary Kay tornou-se a primeira mulher norte-americana a receber um diploma universitário enquanto cumpria pena.

MAIS DO QUE UMA RESPONSABILIDADE LEGALISTA

Agora, Mary Kay dedica a vida àqueles que ainda se encontram em prisões, concretas e espirituais. A exuberância e felicidade que irradiam dela me fizeram ver que ela não é motivada apenas por uma responsabilidade legalista, mas por vontade própria.

Angel Tree, um dos programas de maior sucesso do ministério Prison Fellowship, foi iniciado por Mary Kay. Tendo em vista que detentos raramente podem comprar presentes de Natal para os filhos, pede-se que essas crianças escrevam quatro coisas que mais gostariam de ganhar no Natal. Seus pedidos são escritos em anjos de papel que, por sua vez, são pendurados em árvores de Natal em igrejas, *shopping centers* e outros lugares públicos. Então, as pessoas pegam um anjo da árvore, compram um ou mais desses presentes que, posteriormente, são embrulhados e enviados às crianças por funcionários e voluntários do Prison Fellowship.

É incrível o que esse projeto – que agora existe no mundo todo – está realizando. Crianças que se sentiam abandonadas de repente são lembradas; barreiras cada vez maiores entre pais encarcerados e seus filhos são transpostas, e muitas necessidades profundas são supridas. Durante o Natal de 1985, o projeto Angel Tree ofereceu presentes a 31.500 filhos de detentos. A reação dessas crianças ao receber os presentes foi absolutamente maravilhosa.

Perguntei a Mary Kay o que as crianças costumam pedir, e ela respondeu:

— É incrível. Às vezes pedem apenas uma caixa de lápis para a escola, algo que os pais não podem comprar. Uma adolescente pediu uma roupa de baixo *nova*, coisa que nunca teve na vida. Outra menina pediu só uma coisa: no Natal queria visitar o pai na prisão que ficava em outro estado. A maioria das pessoas ficou perplexa com o pedido escrito naquele anjo e não quis pegá-lo. Mas uma classe de escola dominical de adolescentes tirou aquele anjo da árvore, trabalhou para arrecadar o dinheiro e pagou a passagem da menina para que ela visitasse seu pai no Natal!

Perguntei a Mary se esse projeto era, de alguma forma, sua maneira de reparar erros. Surpresa com essa possível motivação, ela disse que precisava de tempo para pensar nisso. Quando nos encontramos no dia seguinte, ela já sabia a resposta:

— Sem dúvida alguma. Sim, essa é minha maneira de ajudar toda a população de presidiários.

Então, Mary refletiu com tristeza:

— O Natal é a época mais difícil do ano para estar longe dos filhos, em que os presos sentem-se absolutamente incapazes de dar um pouco de alegria às crianças. Era muito dolorido ver mães na prisão receberem, talvez, uma pasta de dentes de presente de um grupo de igreja ou de alguma pessoa mais preocupada e, então, dá-la ao filho de presente de Natal, pois era o único presente que tinham para dar.

Trata-se de algo que vai muito além de uma responsabilidade legalista. Mary Kay é um excelente exemplo da admoestação do apóstolo João, em 1 João 3:18, para que se coloque em prática o amor de Jesus: "Filhinhos, não amemos de palavra, nem de língua, mas *de fato* e de verdade" (grifo meu).

Mary Kay também precisava colocar muita coisa em ordem com sua própria família. Como ela explicou:

— Quando morava com minhas irmãs, criei divisão entre elas ao mentir sobre o que cada uma havia dito em determinadas situações.

Disse-me também que, quando orou perguntando: "Senhor, onde foi que eu errei?", ele respondeu dizendo-lhe para escrever uma carta reparando o que havia feito às duas irmãs mais velhas. Ela escreveu e rescreveu uma porção de cartas, sempre incluindo alguma coisa que justificava seus atos. Mas Deus sempre lhe dizia que não era aquilo. "Foi só quando, finalmente, consegui escrever confessando que tudo havia sido uma grande mentira é que o Espírito Santo permitiu que eu colocasse a carta no correio." Apesar de levar mais de quatro anos para uma das irmãs responder aceitando o pedido de perdão, Mary Kay havia obedecido à resposta de Deus à sua oração: faça uma reparação de seu erro.

Dois anos depois de cometer o crime, Deus mostrou à Mary Kay que deveria restituir cem dólares que havia roubado usando o cartão de crédito de outra pessoa. Pediu a ajuda de Deus para encontrar de quem tirara o dinheiro e para lembrar-se exatamente do valor que precisava ser ressarcido. Em resposta, Deus usou a mãe de Mary para ajudá-la a encontrar a pessoa. Mary Kay recebia vinte e cinco dólares por mês trabalhando no presídio e levou exatamente quatro meses para restituir o que havia roubado. Mas conseguiu!

Fazer uma reparação não implica apenas pagar multas, mandar cheques de pensão, cumprir pena na prisão ou pagar de má vontade por algo que roubou. As reparações devem partir de um desejo do coração. Não são feitas por obrigação, mas por amor.

NEM SEMPRE É FÁCIL

"Ao fazer uma reparação, é possível ter de ficar exposto a mais coisas do que se é capaz de lidar" disse-me Mary Kay. "Quando eu era procurada em quatro estados, mas ainda não havia sido julgada, sabia que, se confessasse determinado crime, isso indicaria que havia estado em Raleigh, no Estado da Carolina do Norte, o que teria mostrado minha participação em vários outros crimes. Porém, finalmente, consegui escrever a um delegado de polícia daquela cidade e admitir que havia roubado um carro lá, de modo que certas coisas pudessem ser devolvidas ao legítimo dono."

Mas Mary me disse que, apesar de estar disposta a pagar por mais esse crime, Deus – em toda sua graça – protegeu-a de ser acusada de outros crimes que havia cometido naquela região na mesma época. Reparar erros pode não ser fácil!

Para ela, uma experiência, ao colocar a vida em ordem, foi particularmente difícil pelo fato de a *vítima também ter sua parcela de culpa*. Depois de se converter, Mary Kay confessou ter roubado dinheiro e jóias de um membro da "Primeira Igreja" de certa cidade. No entanto, a vítima acusou Mary Kay de ter roubado também um anel, que, na verdade, estava num cofre o tempo todo e, com isso, recebeu indevidamente o dinheiro do seguro. Mary Kay havia pedido perdão para essa mulher por ter arrombado a casa dela, assustando-a e roubando não apenas seus bens materiais, mas também a segurança de seu lar. No entanto, a vítima recusou-se a perdoá-la, afirmando que o pior de tudo era o fato de ter perdido seu anel – o qual, na verdade, nunca havia saído daquela casa.

Mais de um ano depois, o diretor do presídio deu permissão a Mary Kay para falar a um grupo de senhoras cristãs naquela cidade, e a mulher em questão havia sido convidada para a palestra. Sob a vigilância de repórteres e de guardas do presídio, Mary Kay deu seu testemunho. Então, a vizinha da vítima perguntou a Mary Kay se ela não pretendia pedir perdão, uma vez que aquela mulher afirmava que sua vida tinha começado a desintegrar-se depois do assalto. O marido da vítima perdoou Mary Kay antes de ele falecer, mas a mulher havia se tornado uma viúva profundamente amargurada.

Mary Kay sabia que seu pedido de perdão havia sido negado e teve de fazer um grande esforço para não revelar a verdade e incriminar a vítima. Nessa caso, aquele era o momento de a *vítima* reparar seu erro, pedindo perdão a Mary Kay e devolvendo o dinheiro do seguro. A responsabilidade de Mary Kay terminou quando pediu perdão e começou a pagar o que havia, de fato, roubado. Os problemas da vítima eram conseqüência de suas próprias atitudes, de sua parcela de culpa no crime e de todo seu rancor.

Durante o retiro do ministério Prison Fellowship, Don, marido de Mary Kay, veio encontrar-se conosco. Ele também é um ex-presidiário e cumpriu duas penas por estelionato e outros crimes de colarinho branco. Então, os dois me explicaram como funcionava o seu *programa conjunto de restituição.*

Primeiro, oraram pedindo a Deus que lhes mostrasse como deveriam reparar o que haviam feito. Ele respondeu dando-lhes um plano específico, que os dois colocaram em prática logo em seguida. Os primeiros 10% de sua renda deveriam ir para Deus. Concordaram, em seguida, que 60% do que recebiam era suficiente para cobrir suas despesas e que os outros 30% seriam usados para restituir às pessoas das quais haviam roubado.

Em seguida, procuraram suas vítimas e entraram em contato com elas, dando prioridade às que haviam prejudicado pessoalmente e que haviam sofrido perdas como indivíduos. Assim, pouco a pouco, mês a mês, distribuíam entre essas pessoas aqueles 30% de seus ganhos. Fazer uma reparação não é pagar multa à comunidade, mas sim restituir o que foi tirado da vítima.

Jesus faz a diferença

Mary Kay e Don me lembram Zaqueu, o abastado coletor de impostos que subiu numa árvore para ver Jesus. Zaqueu e outros coletores de impostos não recebiam salário por seu trabalho, mas cobravam tanto quanto podiam para que tivessem uma boa margem de lucro antes de pagar o que era devido ao governo romano. No entanto, quando Zaqueu viu Jesus e o "recebeu com alegria", fez-lhe uma declaração surpreendente sobre sua intenção de reparar seus erros: "Senhor, resolvo dar aos pobres a metade dos meus bens; e, se nalguma coisa tenho defraudado alguém, restituo quatro vezes mais" (Lc 19:8).

É admirável como não há nenhuma indicação de que Jesus exigiu que Zaqueu reparasse seu erro. Porém, uma vez que Zaqueu colocou em ordem seu relacionamento com o Senhor, percebeu diante de si toda sua vida de desonestidade, e a primeira coisa que lhe ocorreu foi a necessidade de restituir o que era devido às pessoas a quem havia lesado.

É evidente que não pensou apenas em tirar um peso da consciência ao fazer as devidas reparações. Antes, novo amor e compaixão surgiram dentro dele espontaneamente. Em vez de ganância, ao que parece, Zaqueu descobriu a emoção de ver suas vítimas sendo ressarcidas e, talvez, até tiradas de sua condição de pobreza.

Será que, nos dias de hoje, devemos fazer menos do que Zaqueu? Será que não devemos, além de toda a empolgação do primeiro amor em nossa nova vida com Cristo, ter consciência cada vez maior de quanto causamos danos, prejudicamos ou ferimos nossas vítimas, até mesmo no dia-a-dia?

Tendo em vista que, no grego, as palavras de Zaqueu "resolvo" e "restituo" encontram-se no tempo presente, sabemos que ele pretendia que esse fosse um processo contínuo de reparação. Será que não devemos, da mesma forma, manter viva essa sensibilidade para com o mal que causamos a outros – até aqueles a quem amamos?

PARA O BEM DO PECADOR

Ao conversar com Don Beard, no retiro da equipe de obreiros do ministério Prison Fellowship, fiquei impressionada com sua percepção tão profunda da importância, para o próprio criminoso, de fazer reparações.

— Cheguei a tal ponto, em meu processo de reparar erros, que sou capaz de andar em qualquer lugar sem medo de quem vou encontrar — disse ele com um sorriso vitorioso.

— Todas as pessoas a quem você restituiu o que era devido reagiram da mesma forma? — perguntei a Don.

— Não. Quando as abordava e dizia que era responsável pelo que havia feito no passado, mas que só poderia pagar um pouco de cada vez, as reações foram variadas. Um homem ficou ofendido. Outro, um colega de trabalho que eu havia enganado, foi pego totalmente de surpresa. Disse-me que sabia, pelas minhas atitudes, que eu estava sendo sincero e perdoou todas as minhas dívidas. O mais incrível é que as pessoas mais lesadas foram as que mais perdoaram!

Don concordou comigo que a responsabilidade de reparar erros não tem nada a ver com a reação da vítima. A responsabilidade é daquele que errou, mas as recompensas também são dele.

— Para mim, fazer uma reparação é sempre muito gratificante — disse Don. — *É uma demonstração pública do arrependimento que demonstrei diante de Deus em particular.*

Ele explicou melhor, dizendo:

— A reparação concretiza o arrependimento.

Então, aparentemente refletindo sobre todo esse processo, ele disse em voz baixa:

— O arrependimento sem reparação é vazio.

Don havia experimentado o arrependimento. Arrependeu-se e aceitou a Cristo enquanto ainda estava na prisão. Depois, como cristão, arrependeu-se profundamente do mal que havia causado a tantas pessoas. Também aprendeu que o criminoso não pode ser completamente restaurado a menos que sua culpa seja redimida a seus próprios olhos por meio da reparação.

Então, Mary Kay e Don disseram, quase ao mesmo tempo:

— A reparação é para o bem do próprio criminoso. Ela traz cura e purificação!

E você, precisa fazer alguma reparação?

Oração final

Senhor Deus, perdoa-me por ter sido insensível com aqueles a quem magoei. Perdoa-me pelo meu egoísmo. Pai, ajuda-me a lembrar de todos aqueles com os quais preciso colocar as coisas em ordem. Deus, vou esperar em silêncio diante de ti até que tu me mostres os passos que devo tomar. Por favor, dá-me o amor de Jesus por eles e a coragem de Cristo para que eu te obedeça em tudo o que tu esperas de mim. Em nome de Jesus, Amém.

Capítulo 10

Quando Deus reponde: Restaure esse pecador

Quando vemos que um irmão ou uma irmã pecou, quantas vezes oramos: "Ó Deus, o que faço agora?" A resposta surpreendente de Deus já está registrada na Bíblia: "Restaure esse pecador!"

> Irmãos, se alguém for surpreendido nalguma falta, vós, que sois espirituais, corrigi-o [restaurai-o], com espírito de brandura; e guarda-te para que não sejas também tentado.
>
> Gálatas 6:1

O que significa restaurar? Nesse versículo, Paulo estava se referindo a consertar algo que havia sido danificado. A restauração é responsabilidade dos crentes que se encontram perto do pecador. O arrependimento, a reconciliação e a reparação são de responsabilidade do pecador, mas, para nosso espanto, é bem provável que a restauração deva ser realizada por aquele contra quem se pecou, e é possível que seja uma incumbência da vítima.

No entanto, a restauração não começa enquanto a pessoa continua pecando. É somente quando ela é "pega" em alguma falta que começa o processo. Não pode haver verdadeira restauração enquanto o pecador não tiver passado pelos demais passos que a antecedem – arrependimento, reconciliação e reparação. Paulo não deixa margem para desculpas em seus ensinamentos a cristãos que se encontram em pecado, mas deixa claro que o pecador pode ser restaurado. No entanto, só devemos aceitar de volta e restaurar o pecador aceito de volta por Deus mediante seu perdão.

Nos últimos anos, esse ensinamento parece ter se perdido. Tratamos o irmão ou a irmã que peca de duas maneiras. Ou ignoramos o pecado, pois achamos muito mais cômodo não nos envolvermos, ou seguimos as exigências bíblicas de repreendê-lo, porém sem nos preocuparmos com o bem-estar e a restauração dessa pessoa arrependida.

Apesar de o pecado não dever ser tolerado, há determinados passos que a igreja cristã precisa tomar em relação aos pecados de um irmão ou de uma irmã. O último passo do processo, como um todo, é a restauração do pecador à comunhão e ao ministério.

Em Lucas 17:3, Jesus disse a seus discípulos: "Se teu irmão pecar contra ti, repreende-o; *se ele se arrepender*, perdoa-lhe" (grifos meus). A atuação dos cristãos começa quando o pecador se arrepende.

Quem restaura o pecador?

Há alguns anos, num seminário sobre o tema: "Senhor, Transforma-me", durante um exercício de leitura bíblica, Deus me fez parar em Gálatas 6:1: "corrigi-o com espírito de brandura". Ao orar perguntando quem ele desejava que eu corrigisse, o Senhor respondeu imediatamente dizendo o nome de uma amiga íntima. Sempre que o Senhor dá uma ordem tão clara como essa, prometo imediatamente que irei cumpri-la – e foi o que fiz naquele dia.

Então, perguntei a Deus o que precisava ser corrigido ou restaurado, e sua resposta inundou minha mente: "Vigor, liderança, autoestima, firmeza, postura de confiança". Assim, há mais de dois anos, estou envolvida no processo de restaurar minha amiga. Apesar de o preço ser alto, minhas recompensas e alegrias são indescritíveis quando observo que, uma a uma, essas qualidades estão sendo restauradas abundantemente em minha amiga.

Por intermédio de Paulo, Deus deu aos cristãos "espirituais" das igrejas da Galácia a incumbência de restaurar pecadores. Lembro-me de certo desconforto com relação ao termo "espirituais". Apesar de saber que Deus divide os cristãos nessas categorias, parecia-me uma demonstração terrível de orgulho considerar-me como tal. No entanto, é verdade que, apesar de nenhum cristão ser perfeito, há alguns que estão lutando para ter o espírito de Cristo, enquanto outros vivem em oposição às leis divinas. É aos cristãos "espirituais" que Deus dá a tarefa de restaurar.

Além disso, no importante texto sobre o perdão, em 2 Coríntios 2:5-11, é o cristão entristecido que deve consolar, apoiar e restaurar aquele que o entristeceu. É o cristão que sabe que seu irmão tem algo contra ele que deve procurá-lo antes de levar sua oferta a Deus.

Contudo, se não estamos dispostos a obedecer a Deus e a restaurar o pecador, então, obviamente, não podemos ser qualificados como cristãos espirituais aos olhos do Senhor. Pode ser que prefiramos viver amargurados, especialmente se alguém pecou contra nós. Com essa atitude, desobedecemos ao mandamento de Deus em Efésios 4:31: "Longe de vós, toda amargura, e cólera [...] e bem assim toda malícia". Isso, obviamente, também impede que sejamos cristãos espirituais. Um cristão que vive em pecado não está numa posição legítima de restaurar outro irmão ou irmã que cometeu alguma transgressão.

"EU NÃO QUERO"

Também existe a possibilidade de que não desejemos ver o pecador restaurado. Pode ser que prefiramos dizer:

— Bem feito, você recebeu o que merecia. Agora sofra as conseqüências do seu pecado!

No Novo Testamento, Deus ordena que não nos vinguemos: "Evitai que alguém retribua a outrem mal por mal; pelo contrário, segui sempre o bem entre vós e para com todos" (1 Ts 5:15). Em Romanos 12:17, diz: "Não torneis a ninguém mal por mal".

Há muitos motivos pelos quais, consciente ou inconscientemente, não desejamos que um pecador seja restaurado. Enquanto ele não for restaurado, em termos comparativos, nós parecemos bem mais espirituais. Nós, as vítimas, recebemos muito mais solidariedade por causa do fardo que levamos se a outra pessoa permanecer em estado pecaminoso. Talvez as pessoas até nos elogiem por nosso gesto de bondade ao oferecer apoio a quem pecou.

Ou talvez julguemos necessário que o pecador continue dependendo de nós. Precisamos ser líderes fortes, vitoriosos e magnânimos. Faz bem para nossa auto-imagem quando alguém se arrasta a nossos pés cheio de remorso, vergonha e frustração.

Fiquei surpresa com a advertência para minha vida apresentada em Gálatas 6:1: "e guarda-te para que não sejas também tentado". Ao ler o versículo 3, clamei: "Ó Deus, perdoa-me por achar que sou melhor do que a pessoa que estou restaurando. Sonda meu coração para que eu também não seja tentada, antes que isso aconteça".

Além disso, obviamente, também é possível que tenhamos inveja do pecador arrependido que está sendo restaurado para um grande ministério e que acreditemos que essa pessoa não tem o direito de realizar mais coisas nem de ir mais longe do que nós. Mas, sejam quais forem nossas desculpas, Deus diz em sua Palavra: "Restaure esse pecador!"

QUEM PRECISA DE RESTAURAÇÃO?

Devemos ter cuidado ao identificar quem é o pecador ao qual Paulo se refere em Gálatas 6:1. A restauração só pode ocorrer na vida de um cristão. Ser restaurado a uma posição correta (2 Tm 3:16) não é algo possível para quem ainda se encontra na condição de pecado em que nasceu. Os não-cristãos precisam de regeneração – processo no qual todos os pecados são perdoados quando se arrependem e aceitam a Cristo. Então, aceitos no corpo de Cristo, recebem o alimento espiritual.

Paulo teve o cuidado de dizer, em 1 Coríntios 5:12,13, que não devemos julgar os de fora, pois tal julgamento cabe a Deus. Jesus também disse, em João 3:18, que a pessoa que não crê nele já está condenada. O processo de restauração não é para ela. Devemos ganhar essa pessoa para Cristo, e ele a tornará uma nova criação nele.

Meu pai, que não era cristão, pecou contra minha mãe durante muitos anos; mesmo quando ela o perdoou – e houve plena reconciliação no casamento deles, tendo meu pai feito todo o possível para reparar os danos que causou a minha mãe –, ele não foi restaurado a uma posição correta até Deus perdoá-lo de todos os seus pecados e até ele pedir a Jesus que se tornasse seu Salvador e Senhor (Mc 1:15). Só assim foi possível ver, como família, o início da restauração de meu pai.

DE QUE MODO SERES HUMANOS RESTAURAM PECADORES?

Agora que sabemos que restaurar um irmão ou irmã que pecou não é algo opcional, perguntamos a Deus: "Mas como fazemos para restaurar essa pessoa?" A Bíblia encontra-se repleta de instruções de Deus sobre esse assunto que, com freqüência, é ignorado.

Repreenda o pecador. Essa é a primeira instrução de Deus. Assim como o Senhor enviou Natã para repreender Davi depois que o rei havia pecado, Deus também envia pessoas nos dias de hoje. Às vezes, ele coloca um "Natã" em nossa vida; outras vezes, ele nos chama para ser "Natã".

Quando Natã disse a Davi que o rei havia pecado não apenas contra Urias, mas também havia desprezado a Palavra de Deus ao fazer o que era mal perante o Senhor, Davi clamou: "Eu pequei contra o SENHOR" (2 Sm12:13). Ao aceitar a repreensão de Natã, Davi deu o primeiro passo para a restauração.

Como é importante dar ouvidos àqueles que Deus envia a nós! Em Lucas 16:19-31, Jesus contou a seus seguidores a história de um homem rico que clamou de seu lugar de tormento, depois da morte, implorando que Abraão enviasse Lázaro para advertir seus irmãos, a fim de que se arrependessem. Mas Abraão respondeu: "Se não ouvem a Moisés e aos profetas, tampouco se deixarão persuadir, ainda que ressuscite alguém dentre os mortos" (Lc 16:31).

Ao dar instruções sobre o que fazer com um irmão ou uma irmã em pecado, Paulo conclui dizendo: "Todavia, não o considereis por inimigo, mas adverti-o como irmão" (2 Ts 3:15).

Em Lucas 17:3, Jesus disse aos seus seguidores: "Acautelai-vos. Se teu irmão pecar contra ti, repreende-o". Assim, o primeiro passo para restaurar um irmão que pecou é admoestar e advertir.

Restaure pelo perdão. Repreender um irmão que pecou não é tudo o que devemos fazer para restaurá-lo. Depois dessa admoestação para advertir o irmão que pecou, Jesus diz: "Se ele se arrepender, perdoa-lhe" (Lc 17:3).

O processo de restauração exige daquele que está restaurando que perdoe quem está sendo restaurado. Sem verdadeiro perdão, o processo todo não passará de uma farsa, e a falta de sinceridade da parte do restaurador será sentida por quem está sendo restaurado.

Na restauração do pecador, o passo do perdão pode ser o mais difícil de todos. Às vezes, guardamos mágoas da pessoa que está sendo restaurada, temos profundos sentimentos não resolvidos de que ela "não merece ser perdoada e restaurada depois de haver pecado de modo tão terrível". No entanto, não podemos começar a restaurar um pecador arrependido a menos que o tenhamos perdoado.

Presenciei a dor de um amigo chegado quando sua esposa teve um caso com um amigo da família e acabou abandonando o marido e os filhos. Então, veio o período de reconciliação, em que o marido a aceitou de volta. Certo dia, encontrei-me por acaso com ele. Com o rosto corado de emoção e lágrimas nos olhos, ele sorriu e me mostrou uma passagem da Bíblia dizendo:

— Veja o que o Senhor me deu! Olhe só, essa passagem diz como devo perdoá-la. E sabe, dona Chris, foi isso que fiz. Eu a perdoei!

Como é empolgante, agora que se passaram mais de dois anos, ver esse casamento e a esposa que errou completamente restaurados e cheios de felicidade!

Lembro-me daquela que, para mim, foi a prova mais difícil de obediência quando estava trabalhando com uma amiga. Deus me incumbiu de restaurá-la e, numa tarde em que conversávamos, essa pessoa simplesmente explodiu e me confessou que eu era aquela contra a qual ela havia pecado. Apesar de eu saber disso havia anos, minha amiga sempre negou a situação. Mesmo tendo perdoado de todo coração, de repente, ouvi os detalhes horríveis do que havia ocorrido e fiquei estarrecida. Foi Deus quem me capacitou para não voltar atrás na decisão de perdoar; em momento algum daquele dia, senti qualquer ponta de rancor.

Nos últimos dez anos, ao ensinar sobre o perdão em nossos seminários sobre oração, tenho visto, literalmente, centenas de casamentos restaurados e salvos do divórcio pelo perdão oferecido ao cônjuge que errou.

A restauração a uma condição proveitosa para o reino de Deus só é possível depois que os cristãos envolvidos perdoam o líder ou leigo arrependido. Perdi uma palestra num congresso para escutar uma líder cristã maravilhosa contar-me sobre as grandes dificuldades que estava passando em casa. Sua filha de quatorze anos de idade estava prestes a dar à luz. Havia engravidado do coordenador do grupo de jovens da igreja – um homem casado e pai de um filho. Ele havia feito uma visita à casa deles para aconselhar a menina, então levou-a para o quarto, de onde ela saiu grávida.

Arrasado, arrependeu-se profundamente diante de Deus, apresentou-se à igreja para pedir perdão e incansavelmente fez todo o possível para acertar as coisas com a família e a menina contra a qual havia pecado.

Essa mãe relatou como, pouco antes de vir para o congresso em que estávamos, o moço passara na casa dela para saber da menina. Então, ela repetiu as palavras absolutamente incríveis que disse a ele:

— Você estudou teologia e foi chamado por Deus para servi-lo pelo resto da vida. Quando Satanás fizer outras pessoas dizerem que você perdeu o direito de servi-lo por causa dessa coisa horrível que fez, olhe nos olhos delas e diga: "Mas até a mãe dela me perdoou!"

Um administrador altamente qualificado havia sido contratado por uma faculdade cristã, mas, logo em seguida, foi demitido por causa da insistência do conselho deliberativo em apontar certo ato imoral que ele havia cometido no passado. Apesar de esse homem haver se arrependido profundamente diante de Deus, de sua esposa e publicamente diante de sua igreja, de ter sido perdoado e aceito de volta por todos, os membros do conselho daquela faculdade ainda não acreditavam nele e, compreensivelmente, desejavam proteger a reputação da escola e evitar problemas com os alunos. No entanto, apesar de ele haver, sem dúvida alguma, mudado seus caminhos, não recebeu a oportunidade de ser restaurado a seu ministério.

Depois de pecar, muitos cristãos que receberam dons de Deus para trabalhar na obra de seu reino estão usando esses talentos no mundo, pois os cristãos recusam-se a fazer sua parte. Não obedecem ao mandamento de Deus para perdoar e restaurar depois que o pecador arrependido deu passos de arrependimento, reconciliação e reparação.

Restaure por meio de seu modo de viver. Não é apenas o que dizemos, mas também o que somos em nosso relacionamento com Deus que tem enorme valor em nossa restauração de pecadores arrependidos. A pessoa que está sendo restaurada dará mais atenção a nosso viver do que a nossas palavras. Nossa confiança inabalável e fé em Deus; nossa busca pela santidade, apesar de todas as terríveis circunstâncias que nos cercam ou das pessoas com quem convivemos; a atitude vitoriosa e positiva diante da vida; o espírito de mansidão permeando nosso ser – todas essas coisas ajudarão a restaurar o pecador.

Meu exemplo disso foi minha mãe, um dos instrumentos mais abençoados de Deus aqui na terra. Mesmo que o mundo a seu redor estivesse ruindo, sua confiança em Deus era inabalável e simples como a de uma criança. Em momento algum ela vacilou em sua fé, enquanto passava pela processo de restaurar parentes que haviam pecado, bem como ao ajudar meu pai arrependido. Cuidou dele até os últimos anos que passou preso a uma cama. Minha mãe!

Aliás, foi durante a busca mais profunda pela santidade de Deus para minha própria vida e durante a intercessão por um reavivamento que certa pessoa, a quem eu estava restaurando, disse:

— O que não agüentava era ver você lutando por mais santidade e, ao mesmo tempo, perceber como eu não estava espiritualmente qualificada para um reavivamento. Isso tornou minha falsidade insuportável e, por fim, levou-me a confessá-la.

*Restaure ao orar **pelo** pecador.* Orar é a coisa mais poderosa que podemos fazer para restaurar o pecador. Por quê? Porque isso libera o Deus do Universo para tocar o pecador arrependido com sua restauração onipotente.

Além disso, há muitas ocasiões em que a profundidade da culpa e do remorso é tanta que o pecador é espiritual ou emocionalmente incapaz de orar por si mesmo; nesses momentos, ele depende de nossas orações. Às vezes, também, orar é a única coisa que podemos fazer.

No entanto, trata-se de orar *pelo* pecador arrependido e não *sobre* ele. Em Mateus 5:44 Jesus exortou seus seguidores: "Orai *pelos* que vos perseguem". É relativamente fácil orar *sobre* uma pessoa que estamos restaurando, mas a intercessão sincera *por* ela requer muito mais de nós. Podemos experimentar uma profunda agonia na alma ao lutar em oração por essa pessoa. Ao interceder *pelo* cristão que pecou, passamos a fazer parte da obra do próprio Cristo e vemo-nos trabalhando à direita do Pai.

Depois de testemunhar muitos pecados de pessoas escolhidas por Deus, o profeta Samuel disse-lhes: "Quanto a mim, longe de mim que eu peque contra o Senhor, deixando de orar por vós" (1 Sm 12:23). Isso também vale para os cristãos "espirituais" que Deus chama para restaurar irmãs e irmãos que pecaram.

Aradam Tedla, cuja história de fuga da Etiópia foi publicada na revista *Reader's Digest* em dezembro de 1983, sorriu para mim no final de meu seminário sobre o tema Ganhando através da Perda, realizado em Washington. Depois de quase todos os seus amigos terem sido executados ou presos sem direito a defesa e assim que ele próprio foi solto da prisão, esse líder político e social da Etiópia fugiu do país. Para isso, teve de atravessar à pé campos minados e território inimigo, caminhando durante quinze dias. Esgotando seus suprimentos de comida e de água, conseguiu chegar à fronteira etíope e, por fim, aos Estados Unidos. Profundamente emocionado, ele me disse, depois do seminário:

— Hoje aprendi a perdoar, mesmo que tenham tomado de mim tudo o que eu possuía. — E acrescentou: — Deus me mostrou que vai fazer com que tudo isso coopere para o meu bem.

Mas o encontro mais emocionante com Aradam aconteceu mais de um ano depois, quando nos vimos no Simpósio Internacional do Ministério Prison Fellowship, em Queen's University, na cidade de Belfast, na Irlanda do Norte. Eu havia terminado de falar e todos nós havíamos participado do exercício de "orar por aqueles que usaram você de modo desprezível". Quando estava de saída, Aradam, já um tanto sem fôlego, me alcançou no elevador.

— Consegui. Finalmente consegui! Hoje fui capaz de orar *por* eles! — exclamou radiante.

A verdadeira oração *pelo* pecador deve ser feita em amor, não apenas por uma preocupação humana ou por um senso de dever cristão. Podemos orar *sobre* os outros sem amá-los. Contudo, para orar *por* eles, precisamos deixar de pensar em nossos sentimentos e direitos e nos concentrar em orar apenas pelas necessidades deles. Quanto mais profundamente fomos magoados, maior é nossa tendência a orar *sobre* eles e não *por* eles. Jesus disse: "Amai os vossos inimigos, fazei o bem aos que vos odeiam; bendizei aos que vos maldizem, orai pelos que vos caluniam" (Lc 6:27,28).

*Ao orar **com** esse pecador*, a restauração dele pode caminhar a passos largos. Por quê? Porque não passamos tempo juntos oferecendo nem repetindo conselhos humanos que podem ou não ser corretos e oportunos, mas sim relacionando-nos com o Grande Restaurador, nosso Pai celestial. As respostas dele são sempre verdadeiras, chegam na hora certa e são perfeitamente adequadas a cada circunstância.

As horas preciosas que passei *com* aquela amiga que estava restaurando foram, de longe, meu esforço mais produtivo. Juntas, permanecemos na presença santa de Deus. Como fazia bem derramar nosso coração perante o Senhor e senti-lo envolver nossa alma com seu amor, sustentando-nos com seus braços fortes.

O que acontece quando Deus responde às orações que fazemos com o pecador arrependido? Sua restauração parece fluir – de maneira extraordinária –, não apenas na vida daquele que está sendo restaurado, mas também na vida do restaurador.

Restaure por amor e não por legalismo. Grande parte da restauração da pessoa arrependida é desencadeada a partir de nosso amor por ela. Se seguirmos as instruções da Bíblia com legalismo rígido, quem está sendo ministrado sentirá nossa frieza para lidar com a situação, e nossas tentativas de restauração acabam rejeitadas. Porém, se amarmos a pessoa com sinceridade e abnegação, nossas ações e atitudes automaticamente irão sustentá-la e restaurá-la.

A essa altura, é provável que esteja pensando: "Mas não amo aquele pecador tanto assim... Como conseguir o amor que Deus deseja que eu tenha por ele?"

Um dos exercícios mais eficazes de meu seminário sobre O Que Acontece Quando as Mulheres Oram é orar usando o que Bíblia nos ensina sobre a maneira como devemos tratar alguém que nos entristeceu, conforme está escrito em 2 Coríntios 2. Apesar de estudarmos o texto do ponto de vista da responsabilidade daquele que foi ofendido, as necessidades de quem causou a ofensa também se encontram nessa passagem. Depois de perdoar e de prometer consolar o pecador (para que não seja consumido por tristeza excessiva), devemos prometer confirmar nosso amor por ele.

É claro que sabemos que é impossível confirmar algo que não temos; assim, em oração, pedimos a Deus que conceda a todos nós o amor que ele deseja que tenhamos. Então, esperamos em silêncio, depois dessa oração, sentindo o amor de Deus. Assim, se você não sente muito amor por esse pecador que está restaurando, ajoelhe-se e espere até que Deus lhe dê o amor necessário.

Quando o pecador arrependido que está sendo restaurado é verdadeiramente amado, ele normalmente corresponde a esse amor e começa um processo de nos amar também e, mais importante ainda, de voltar a amar a si mesmo.

De que modo Deus restaura o pecador?

Na melhor das hipóteses, tudo o que os seres humanos são capazes de fazer é criar o ambiente no qual Deus trabalha para restaurar a alma. Em última análise, quem restaura o pecador, obviamente, é Deus. A obra completa de restauração realiza-se quando o Senhor responde às súplicas do pecador arrependido, como aconteceu com a pessoa que eu estava restaurando e que um dia finalmente clamou: "Pai, restaura a minha alma!"

Essa oração deve vir depois da oração de arrependimento, porém alma perdoada não é sinônimo de alma restaurada. A alma perdoada está reconciliada com Deus, mas ainda há muito a ser restaurado.

Deus usa as Escrituras para responder aos pedidos de restauração. "A lei do Senhor é perfeita e restaura a alma" (Sl 19:7).

No versículo bíblico que diz: "Toda a Escritura é inspirada por Deus e útil para o ensino, para a repreensão, para a correção, para a educação na justiça" (2 Tm 3:16), a palavra *correção* significa "restaurar ao estado correto". Sem dúvida, Deus restaura por meio das Escrituras.

A amiga que eu estava restaurando sabia, em termos teológicos, o que está escrito em 1 João 1:9 " Se [nós cristãos] confessarmos os nossos pecados, ele [Deus] é fiel e justo para nos perdoar os pecados e nos purificar de toda injustiça", porém minha amiga havia lutado durante vários anos procurando aceitar o perdão, fazendo todo o possível para ter certeza dele. E, depois de sua confissão para mim, ainda sofreu durante dois meses pensando se, de fato, havia recebido o perdão de Deus. No entanto, a realidade desse perdão veio de modo intenso por meio da Bíblia.

Foi o Salmo 32 que finalmente tocou minha amiga.

— Veja isso! — disse ela cheia de empolgação e, juntas, lemos o texto lentamente.

> Bem-aventurado aquele cuja iniqüidade é perdoada, cujo pecado é coberto. Bem-aventurado o homem a quem o SENHOR não atribui iniqüidade e em cujo espírito não há dolo (vv. 1,2).

E então, Deus mostrou um retrato belo e extremamente autêntico da vida de minha amiga:

> Enquanto calei os meus pecados, envelheceram os meus ossos pelos meus constantes gemidos todo o dia. Porque a tua mão pesava dia e noite sobre mim, o meu vigor se tornou em sequidão de estio (vv. 3,4).

Mas a vitória estava lá:

> Confessei-te o meu pecado e a minha iniqüidade não mais ocultei. Disse: Confessarei ao SENHOR as minhas transgressões; e tu perdoaste a iniqüidade do meu pecado (v. 5).

Então, o versículo 11 expressou a emoção de minha amiga ao estar segura de que havia sido perdoada:

> Alegrai-vos no SENHOR e regozijai-vos, ó justos; exultai, vós todos que sois retos de coração.
>
> Salmo 32:11

Perdoada! Restaurada à posição correta! Regozijando-se!

Quatro meses depois, Deus deu à minha amiga o seguinte versículo: "Pois tu, Senhor, és bom e compassivo; abundante em benignidade para com todos os que te invocam" (Sl 86:5). Anotei na margem de minha Bíblia: "Minha amiga recebeu esse versículo hoje e tomei-o como uma promessa pessoal!"

Assim, Deus usa sua Palavra escrita, a Bíblia, de forma poderosa para responder às orações do pecador arrependido e às intercessões por ele pedindo restauração.

Perdoe-se a si mesmo

No entanto, o pecador perdoado deve aceitar o perdão de Deus. Quantas vezes Deus não diz em voz audível: "Eu te perdoei. Deixa-me conduzir-te a um lugar magnífico onde estarás livre". É o lugar repleto do doce perfume do perdão de Deus. Sua doçura é maravilhosamente agradável, não apenas para o olfato, mas para todo o ser. Ela satura, envolve, elimina completamente qualquer mau cheiro de pecado. Mas cabe a nós permitir que Deus nos conduza a esse lugar.

Uma jovem que havia feito um aborto casou-se e passou anos tentando engravidar. Depois de exames médicos e de tratamentos exaustivos, concluiu-se, finalmente, que ela não poderia ter filhos. Do fundo de seu desespero, ela se lamentou:

— Matei meu único filho!

Como é trágico não conseguir aceitar o perdão de Deus quando houve arrependimento sincero! Como é triste não poder andar novamente com Deus no frescor do jardim, no lugar de perdão!

Deus não pode restaurar o pecador até que este tenha aceitado seu perdão. Meu cunhado, Skip, disse-me um dia desses:

— Depois de Deus perdoar a pessoa e de ela confessar seu erro diante de um irmão, se não conseguir perdoar-se é porque está colocando para si padrões mais elevados que os de Deus.

A maior inimiga da restauração pode ser a própria pessoa perdoada. A restauração completa só ocorre na vida do pecador arrependido quando o horror que sente por si mesmo e a verdadeira paranóia em que vive for substituída pela aceitação amorosa de Deus.

A viúva de um pastor muito conhecido, que se suicidou depois de cometer um pecado com conseqüências graves, disse:

Quando ele se arrependeu de todo o seu coração, nossos filhos e eu o perdoamos, mas – ela baixou a cabeça e suspirou – *ele* não conseguiu se perdoar".

SE EU NÃO TIVESSE PECADO

Quando houve um pecado devastador em nossa vida dizemos:

"O que teria acontecido se eu não tivesse pecado? O que teria sido de mim, o que eu poderia ter realizado se não tivesse feito isso?"

Essas palavras cheias de amargura causam muito desgosto ao pecador arrependido, levando sua alma a convulsões aparentemente intermináveis: "Se eu não tivesse pecado!"

Por certo, o pecado tem conseqüências com as quais devemos viver. "Pois aquele que faz injustiça receberá em troco a injustiça feita; e nisto não há acepção de pessoas" (Cl 3:25). Também em Gálatas 6:7 lemos a seguinte advertência: "Não vos enganeis: de Deus não se zomba; pois aquilo que o homem semear, isso também ceifará".

O pecado trará conseqüências inevitáveis – relacionamentos rompidos, deterioração física, um filho fora do casamento, anos perdidos que a locusta comeu. Sempre teremos essas coisas.

Um rapaz muito magro e hesitante, que havia encontrado a Cristo depois de passar anos usando drogas pesadas, parou a meu lado com sua motocicleta durante um congresso de jovens e, com muito esforço, gaguejou:

— Sra. Ev-elyn, v-v-você mi-ministrou m-m-muito ao m-meu coração hoje.

Em seguida, chorou, quebrantado, por seu corpo e sua mente debilitados pelo resto da vida.

— Se eu não tivesse pecado!

Um pastor, arrependido, clamou:

— Será que um dia conseguirei reconquistar a confiança das pessoas?

Mesmo tendo recebido o perdão de Deus, Davi pagou pelo resto da vida o preço do pecado contra Bate-Seba e seu marido. Deus disse que o filho que ela estava esperando morreria, o que de fato aconteceu (2 Sm 12:10-14). Além disso, Deus não permitiu que Davi construísse o templo e, dali em diante, sua família teve de conviver com a violência constante entre seus membros. Em meio a seu profundo arrependimento, Davi deve ter pensado em muitas ocasiões: *Ah, se tivesse sido diferente! Se eu não tivesse pecado!*

Só Deus restaura o ministério

No entanto, o mais extraordinário é que, enquanto estamos clamando: "Se eu não tivesse pecado!", Deus está respondendo: "Então". Ele responde nosso lamento: "Se eu..." com: "*Então*, agora que você foi perdoado, é meu trabalho restaurar seu ministério".

Depois de seu mais sincero arrependimento, Davi encontrou uma palavra importante – *então*. O Salmo 51 diz que ele se prostrou reconhecendo seu pecado, arrependeu-se profundamente de seus atos, implorou a Deus que criasse nele um coração puro e pediu ao Senhor que restituísse nele a alegria da salvação. "Então", disse Davi, "ensinarei aos transgressores os teus caminhos, e os pecadores se converterão a ti" (Sl 51:13). Um ministério restaurado!

E, de modo inacreditável, Deus ainda usou a linhagem desse pecador arrependido e restaurado para trazer ao mundo o Messias, Jesus! O Novo Testamento começa com as seguintes palavras: "Livro da genealogia de Jesus Cristo, filho de Davi, filho de Abraão" (Mt 1:1).

No entanto, é preciso acrescentar que não temos como saber quais eram as coisas maravilhosas que Deus tinha planejado para Davi caso o rei não tivesse pecado. Em seu livro *Perelandra*, C. S. Lewis escreve: "Não importa o que você faça, Deus cuidará para que isso redunde em algo de bom. No entanto, não será aquilo que havia preparado para sua vida, caso você lhe tivesse obedecido. Isso se perdeu para sempre"[1]. Jamais saberemos como poderia ter sido o resto da vida de Davi se ele não tivesse cometido um pecado de conseqüências tão graves.

Já ouvi muitas pessoas dizerem: "Deus nunca mais poderá me usar por causa do pecado horrível que cometi."

Porém, Deus não apenas perdoa quando há verdadeiro arrependimento, como também restaura a posição dessa pessoa no reino dele. Podemos nos tornar puros novamente, prontos para seu santo ministério.

No entanto, precisamos nos lembrar de que somente Deus pode decidir se ou quanto desse ministério ele irá restaurar. Nós, seres humanos, não temos nada a ver com a forma de Deus restabelecer seu chamado para essa pessoa. Podemos contratá-la para um novo cargo ou até mesmo para a posição que ela ocupava antes, porém só Deus pode decidir derramar outra vez seu poder e sua bênção sobre ela e por meio dela. Essa decisão pertence a Deus, não a nós.

Pedro é um excelente exemplo de alguém cujo ministério foi restaurado por Deus após cometer um pecado bem grave. Depois de ter negado o Senhor, na noite em que Jesus foi traído, Pedro chorou amargamente. As palavras "se eu não tivesse feito isso" devem ter vindo à sua mente muitas e muitas vezes em meio a lágrimas de angústia. É possível que Pedro estivesse convencido de que não havia mais nada para ele fazer pelo reino de seu Senhor.

Que agonia Pedro deve ter sentido em sua alma naquela praia, depois da ressurreição, quando Jesus lhe perguntou diversas vezes: "Tu me amas?" Mas, então, como ficou confuso, e com uma pontinha de esperança que deve ter mexido com todo seu ser, quando Jesus disse: "Apascenta as minhas ovelhas" (Jo 21). Em sua dor, é possível que Pedro não tivesse compreendido a magnitude da restauração ministerial que Jesus lhe concedeu.

Ele foi restaurado para o serviço do Senhor – cabeça erguida, passos firmes, auto-imagem recuperada e, o mais importante de tudo, um ministério proveitoso para Deus.

MAS QUEM RESTAURA O RESTAURADOR?

Em meio à restauração de um pecador penitente, o que acontece quando, por fim, o restaurador clama: "Ó Pai, quem vai *me* restaurar?".

Talvez, nossa vida tenha sido arrasada pelo comportamento de um filho adolescente, destruída por um cônjuge que foi procurar pastos mais verdejantes ou humilhada por alguém que amamos em Cristo e que envergonha o santo nome do Senhor e o nosso. O Senhor espera que restauremos o outro sem ter qualquer consideração nem suprir nossas próprias necessidades?

Como o "cristão espiritual" que recebe a ordem de restaurar o outro é, provavelmente, aquele que foi mais ferido pelo pecador, fica a pergunta: "Quem restaura o restaurador?"

DEUS É O RESTAURADOR

Lembro-me de colocar diante de Deus em oração a pessoa que ele havia me incumbido de restaurar há nove meses. No entanto, quando de repente ouvi os detalhes de como aquele pecado havia sido contra mim, senti uma dor profunda e cruel dentro de mim. Depois de continuar lutando por mais um ano dentro daquele processo de restauração, o fardo começou a parecer insuportável. Então, curvei-me e solucei: "Ó Deus, quem restaura o restaurador?".

Para meu espanto, a resposta de Deus veio imediatamente: "É o salmo vinte e três", disse o Senhor. Minha alma encheu-se de confiança. Lá estava a resposta: *Ele* "refrigera-me a alma". Deus!

A restauração do restaurador era parte da intenção de Deus desde o princípio, quando ele nos instruiu a restaurar o irmão caído. Antes de nos dizer: "corrigi-o", em Gálatas 6:1, ele já sabia que esse processo incluiria a restauração divina em nós, os restauradores. É impressionante como, no grego, "corrigi-o" encontra-se no gerúndio, indicando um processo possivelmente de longa duração e não um ato definitivo.

Então, no final dessa passagem das Escrituras, Deus dá uma promessa. Meu coração saltou de alegria quando li: "E não nos cansemos de fazer o bem, porque a seu tempo ceifaremos, se não desfalecermos" (Gl 6:9).

É algo admirável e de imensa ajuda se o pecador arrependido dedicar tempo e esforço para reparar o mal que fez à pessoa contra quem pecou. Os ternos afetos, as incontáveis palavras e gestos de bondade para compensar a dor causada são de enorme valor e auxílio. No entanto, a ferida profunda que sentimos dentro de nós só pode ser completamente sarada por Deus. Somente Deus é capaz de preencher o vazio arrasador deixado pelos relacionamentos rompidos com filhos, parentes e amigos e pelos votos matrimoniais quebrados. Somente Deus restaura a *alma*.

As necessidades do restaurador

Restaurar alguém que pecou pode ser um processo tremendamente exaustivo. Dedicar-se de todo coração a trabalhar com a pessoa que precisa ser restaurada, orar com ela e dar-lhe o apoio necessário acaba deixando o restaurador emocional e talvez até fisicamente esgotado. Ele talvez esgote todos os seus recursos no processo.

A auto-imagem do próprio restaurador pode ter sido gravemente prejudicada, especialmente se sua competência como pai, mãe ou líder foi colocada em dúvida ou se ele não é mais o "número um" aos olhos do cônjuge. Ou, ainda, é possível que você pareça um fracassado quando, por mais que se esforce, o pecador não permite que o restaure. A pergunta de profundas implicações: "Onde foi que eu errei?" parece não ter resposta. Então, quem restaura o restaurador?

A maioria das pessoas parece ignorar ou nem ter consciência da necessidade de restauração do próprio restaurador. É doloroso quando as pessoas elogiam o progresso daquele que está sendo restaurado, mas ignoram o sangue, o suor e as lágrimas dedicados à sua recuperação. Poucos parecem se importar com as horas, dias e talvez até anos que passamos procurando manter aquela pessoa com a cabeça fora da água, quando simultaneamente nós mesmos estamos nos debatendo para não afundar. Também parecem não notar as feridas profundas feitas em nós, especialmente se *parecemos* fortes e damos a impressão de estar "lidando tão bem" com a situação.

É possível que outros só vejam as atitudes da pessoa restaurada quando ela está no meio social, enquanto nós temos de conviver e talvez sofrer em silêncio com as mudanças de humor da pessoa, com sua depressão, sua auto-recriminação, sua luta para admitir que pecou e talvez até com suas tendências suicidas. Os outros talvez só enxerguem a máscara de coragem que ela usa em público, enquanto nós convivemos com o colapso inevitável dentro de casa. Então, quem nos restaura?

Ou, pior ainda, a parte mais difícil é ser acusado de haver causado o problema na vida da pessoa que estamos tentando restaurar, quando dentro de nós sabemos qual é a verdadeira causa e que somos, essencialmente, inocentes. No entanto, por causa de nossa extraordinária lealdade, estamos protegendo a pessoa que se encontra no processo de restauração e não queremos nos defender, revelando os fatos ou a seqüência de acontecimentos, mesmo quando apenas algumas palavras seriam suficientes para limpar nossa reputação.

Além disso, a pessoa que pecou normalmente só enxerga suas próprias necessidades e está alheia a qualquer coisa que o restaurador precise.

Assim, quem irá restaurar o restaurador? Deus diz: "Eu o farei!".

QUANDO AS CIRCUNSTÂNCIAS NÃO MUDAM

Mesmo quando as circunstâncias não mudam, e isso acontece com freqüência, ainda assim Deus irá nos restaurar.

"Querida Evelyn", escreveu-me uma participante de um seminário, "estava absolutamente no fim de todas as minhas forças. Não podia mais viver com as circunstâncias de minha vida. Estava pronta a acabar com tudo quando encontrei seu livro, *Senhor, Transforma-me!* *Aqueles princípios me deram novo ânimo. Então, voltei-me

* Publicado pela Mundo Cristão

para a Palavra de Deus e ele me restaurou! As circunstâncias ao meu redor não mudaram, mas meu relacionamento com o Senhor sim. Ele me ergueu e me encheu de alegria!" Sem dúvida, em última análise, a restauração do restaurador deve ocorrer em seu relacionamento com Deus.

"Meu marido, que é pastor e tem doutorado em psicologia" escreveu outra participante de um seminário, "dá para as pessoas a quem aconselha três livros, e um deles é *Senhor, transforma-me!* Depois, as pessoas que ele trata compartilham como Deus está transformando a vida *delas*, mesmo quando as circunstâncias continuam inalteradas".

Uma personalidade famosa da televisão, que é também uma cristã maravilhosa, compartilhou comigo sua incrível restauração depois do suicídio do marido. Ele era um pastor brilhante e extremamente bem-sucedido que estava à frente de uma igreja com vários milhares de membros.

— Mesmo quando estava vivendo na carne, ele ainda pregava melhor do que a maioria dos homens depois de muita oração — disse ela em tom irônico. — E, sem dúvida, era na carne que ele estava vivendo quando caiu em pecado com outra mulher.

Quando percebeu que havia perdido a igreja, a esposa, a família e tudo o que havia sido preparado para fazer e que havia trabalhado para realizar, mergulhou em profundo remorso. Por fim, em vez de tomar as atitudes necessárias e de aceitar o perdão de Deus, cometeu suicídio.

— Fizemos tudo o que podíamos para restaurá-lo — disse ela tristemente e buscando compreensão em meus olhos. — Mas ele não deixou!

No entanto, ela permitiu que Deus a restaurasse!

Dilacerada e arrasada, essa mulher incrível conseguiu voltar-se para Deus e receber forças para sustentar a si mesma e sua família durante toda a provação. Agora, não apenas foi restaurada por Deus, mas também tem um ministério em âmbito nacional com pessoas solitárias que estão sofrendo.

Quando a mãe de uma amiga de sua filha adolescente entrou em colapso e teve uma crise nervosa em meio a circunstâncias parecidas, a filha dessa mulher restaurada disse:

— Obrigada, mãe, por ser uma mulher temente a Deus!

DEIXE QUE DEUS SEJA DEUS

Não espere que outras pessoas sejam sua única fonte de restauração. Não dependa de seu pastor, de seu cônjuge, de sua família ou de seus amigos para preencher as horas solitárias e o vazio devastador. Deixe que Deus seja Deus em sua vida.

Como posso ser restaurado, a fim de voltar a ser um restaurador amoroso, quando dentro de mim ainda surgem atitudes como: "Prefiro ficar longe do outro"; "Prefiro fugir a andar lado a lado" ou "Prefiro pendurar a chuteira a pôr mãos à obra"? Quem pode tratar desses meus sentimentos negativos? Deus – à medida que restaura minha alma!

Dê uma chance a Deus. Passe com ele no mínimo o mesmo tanto de tempo que você passa com outras pessoas que lhe oferecem apoio. Uma mulher abandonada pelo marido telefonou outra vez na semana passada, dizendo estar extremamente confusa com todas as instruções e conselhos contraditórios que várias pessoas lhe estavam dando.

— Pare de falar com as pessoas durante algum tempo — repliquei. — Em vez disso, continue lendo a Bíblia até Deus falar com você. Então, pare de ler e fale com o Autor do Livro — o próprio Deus. Veja que conselho e consolo ele tem para você. Assim, você receberá dele aquilo que é verdadeiro e também adequado para o momento.

O RESTAURADOR TAMBÉM É RESTAURADO POR PESSOAS

Deus usa pessoas para responder à nossa oração quando perguntamos: "Quem restaura o restaurador?"

As pessoas podem exercer papel muito importante na restauração do restaurador ao erguê-lo, ouvi-lo, apoiá-lo e gastar tempo com ele. Mesmo quando não sabem por que o restaurador precisa de restauração, com freqüência são sensíveis o suficiente para ver o sofrimento dessa pessoa e dar-lhe o apoio de que necessita.

A igreja cristã não deve ser um lugar onde ignoramos os outros, fofocamos e criticamos, mas sim onde restauramos os que sofrem. Logo depois das instruções para corrigir o pecador em Gálatas 6:1, encontramos as seguintes palavras: "levai as cargas uns dos outros" (v. 2). Uma das maneiras importantes de fazer isso é gastar tempo lembrando aos outros de nosso carinho e apoio.

Vi minha própria igreja obedecer a essa admoestação quando vários membros da congregação reuniram-se ao redor de uma esposa que lutava para restaurar o marido instável. Às vezes, era um abraço ou um aperto de mão, enquanto nosso olhar se cruzava com o dela afirmando: "eu entendo", "estamos com você até o fim" ou "agüente firme!". Às vezes, nós a ajudávamos com inúmeros pequenos e grandes gestos necessários para preencher as horas vazias, momentos solitários de oração, longos silêncios ou até mesmo para suprir suas necessidades financeiras.

No entanto, a maneira mais importante por meio da qual parentes e amigos podem restaurar o restaurador é orar pela pessoa que está batalhando. Nisso também o intercessor libera o bálsamo curativo de Deus sobre as feridas, a força para os joelhos dobrados e a coragem para o coração desanimado. Certa vez, recebi uma carta de uma mulher perguntando por que Deus a estava despertando todas as noites nas duas últimas semanas para orar por mim. Outro dia, uma participante da corrente metropolitana de oração das cidades de Mineápolis e de St. Paul, alguém que eu não conhecia e que, por sua vez, não fazia idéia do tipo de oração de que eu precisava, disse-me que estava acordando às três da manhã todos os dias para orar por mim. Em muitas ocasiões, tenho a clara consciência de que sem todas essas orações jamais teria sobrevivido.

Numa época em que estava arrasada, quando saí de um almoço em Fort Worth, no Texas, uma missionária viu minha necessidade, abraçou-me e disse-me que estaria orando por mim em minha viagem de volta para casa. E como senti o efeito daquelas orações! Ainda dentro do avião, no vôo de volta para casa, percebi que dei um passo enorme dentro de meu próprio processo de restauração.

A resposta dele às nossas orações

Talvez o meio mais importante de Deus para restaurar os restauradores seja responder às nossas orações quando pedimos socorro.

Eu havia orado pedindo: "Senhor, cura-me!" durante vários dias durante o tempo em que estava restaurando minha amiga. Mas foi num sábado de manhã, depois de um longo período de seca em nossa cidade seguido de dois dias de chuva refrescante, que me vi sentada no deque pedindo, mais uma vez, que Deus me curasse. Encontrava-me em silêncio diante do Senhor, sentindo o ar puro e ouvindo os pássaros cantarem. Então, meu coração se elevou. Fui tomada de grande emoção, enquanto deixava que o calor do sol e a presença de Jesus tirassem a tensão de dentro de mim, me enchessem e tocassem todo o meu ser. Meus olhos estavam úmidos de lágrimas de gratidão e amor a Deus! Senti-o fluindo para dentro de mim, tão real quanto o sol quente daquela manhã. Enxuguei uma lágrima de alegria que havia escorrido pelo rosto. *Deus*!

Essa foi apenas uma das muitas respostas à minha primeira oração perguntando: "Deus, quem restaura o restaurador?" Mas aprendi que devo permitir que ele me restaure. Há uma lei que rege esse processo: a rapidez e a plenitude de minha restauração são determinadas por aquilo que permito que Deus faça em mim, à medida que ele responde a essa oração.

Contudo, há outro tipo de oração. Um membro da Trindade está intercedendo por mim, restaurador. Um dia, durante meu tempo de oração, estava sob o ataque de Satanás e sentindo-me emocionalmente esgotada. Então, meu rosto abriu-se num sorriso quando, de repente, vi Jesus orando por mim – sentado à direita do Pai, intercedendo por mim! "Vivendo sempre para interceder por eles" (Hb 7:25).

Agradeci ao Senhor com grande alegria em meu coração e pedi que continuasse a orar as palavras de sua oração sumo sacerdotal: "[Pai] Peço... que os guardes do mal" (Jo 17:15).

O INIMIGO DA RESTAURAÇÃO

Por que Jesus fez essa oração pouco antes de deixar a terra? E por que ele nos ensina, como seus seguidores, a orar: "[Pai] [...] Livra-nos do mal" (Mt 6:13) na oração modelo do Pai Nosso? Porque Jesus sabia como nosso inimigo, Satanás, iria trabalhar procurando anular a vontade de Deus aqui a Terra, da mesma forma que procurou fazê-lo no céu antes que Deus o expulsasse de lá. Trata-se de uma batalha espiritual, na qual Satanás tenta frustrar a restauração oferecida por Deus.

Sempre haverá momentos em que lugares, coisas e pessoas trarão à memória, tanto do restaurador quanto daquele que está sendo restaurado, o pecado cometido. Lembranças dolorosas lhes vêm à mente, ao passar por um prédio ou cidade em que o pecado ocorreu, quando de repente se vêem diante da pessoa com quem o pecado foi cometido ou, mesmo sem serem percebidos, cruzam com essa pessoa, dando início a mais tristeza e remorso.

Num momento como esse, encontrava-me envolta em dores do passado, e a amiga a quem estava restaurando encontrava-se profundamente entristecida pelo sofrimento que havia me causado. No dia seguinte, enquanto falávamos sobe essa experiência arrasadora, minha amiga perguntou:

— Como você lida com as memórias? Por que você as superou e eu não? A única maneira que encontrei de lidar com isso é simplesmente deixar de lado. Há um limite para quanto sou capaz de me mortificar com o remorso e o arrependimento. Depois disso, preciso tirar tudo da cabeça e procurar manter-me muito, muito ocupada para não pensar mais nessas coisas.

Ao refletir sobre isso, de repente percebi que, de fato, no dia seguinte, já havia recebido a vitória. Naquele curto espaço de tempo, havia voltado ao estado de paz e até mesmo de alegria.

— Creio que a diferença encontra-se no fato de que, em vez de procurar tirar as coisas de minha mente, eu lido com meus sentimentos — respondi. Quando minha amiga me perguntou como, eu lhe expliquei os passos.

— Primeiro, identifique de onde estão vindo essas memórias. Satanás é o inimigo da restauração. A última coisa que ele deseja é que uma pessoa presa a uma vida de pecado seja restaurada. (É claro que Deus também pode ter seus motivos para usar essas memórias a fim de nos advertir e ensinar.) Assim – prossegui –, em vez de colocar meus sentimentos de lado, busco a privacidade do meu quarto para orar. Ontem passei uma hora e meia com o Senhor, orando sobre isso. Então, repeti a intercessão de Jesus por mim: "Pai, livra-me do maligno, de Satanás".

— O próximo passo não é orar, mas sim se dirigir ao próprio Satanás. Com uma fé inabalável na obra que Jesus completou na cruz, digo a Satanás que estou me apropriando desse sangue contra ele. Chego até a visualizar a força irresistível do sangue derramado por Cristo fluindo em meu corpo e minha mente, expulsando Satanás e removendo de mim toda a sua influência.

— Depois disso, peço a Deus que me perdoe por meus pensamentos negativos e por qualquer modo com que eu tenha permitido a Satanás aproveitar-se desses pensamentos, enquanto eu sucumbia a seus dardos inflamados sobre minhas lembranças.

— A seguir, peço a Deus para ser cheia do Espírito Santo. O vazio criado em mim quando Deus me limpou e perdoou precisa ser preenchido pelo Espírito.

E é isso que Deus faz! Concede paz, pensamentos positivos, estabilidade dentro de mim, como uma rocha. Vitória! É incrível como desenvolve-se dentro de meu ser o amor para com aquele que pecou contra mim – amor renovado, reforçado e até ampliado.

Elva Stump, uma senhora de noventa e sete anos de idade que participou de nosso seminário em Lakeland, na Flórida, levantou-se e compartilhou conosco o segredo para uma vida tão longa e vitoriosa.

— É Romanos 12:2 — disse ela. — Tenho repetido essa passagem todo os dias de minha vida. — Então, explicou:

— Pelo fato de Jesus me amar e de eu amá-lo, estou sempre cheia do Espírito Santo. Em primeiro lugar, Jesus me ajuda a amar a todos, a orar pelas pessoas desagradáveis, a pedir por sua salvação. Em segundo lugar, ele me ajuda a não guardar mágoas nem ressentimento. A confissão e o perdão são absolutamente essenciais. Em terceiro lugar, ele me ajuda a rejeitar pensamentos negativos. Se damos espaço ao inimigo, ele usa nossa mente como se fosse seu parque de diversões. Assim, rejeite o primeiro pensamento negativo que aparecer. Como? Disciplinado-se e esforçando-se para isso!

Desse modo, em vez de ouvirmos Satanás dando suas gargalhadas de vitória, colocando outro cristão na sua lista de "derrotados", ele bate em retirada, vencido, sem ter mais uma vítima em suas garras.

E o reino de Deus avança, triunfante, restaurado, poderoso e com grandes conquistas, exatamente como o Senhor o planejou. Isso não acontece sem lutas e batalhas, mas sim quando os filhos de Deus levam a sério a ordem do Senhor para restaurar o pecador arrependido e para serem, eles próprios, restaurados!

Para que não sejas também

Na passagem de Gálatas 6 sobre os cristãos espirituais que devem restaurar aquele que foi surpreendido em pecado, encontramos uma advertência para o restaurador. Ao ler esse trecho das Escrituras há pouco tempo num seminário sobre o tema Senhor, Transforma-me!, Deus me deteve nas palavras, "e guarda-te para que não sejas também tentando" (v. 1).

"Senhor", orei, "sonda meu coração para que eu também não seja tentada. Sonda-me *antes* que isso aconteça. Ó Deus, que tipo de tentação será? Certamente não é sempre do mesmo tipo. Serão pensamentos novos. Senhor, que tipo de tentação será?"

Então, um tanto espantada, disse em voz alta: "A resposta está aqui, no versículo 3? 'Porque, se alguém julga ser alguma coisa, não sendo nada, a si mesmo se engana'. Será o pecado do orgulho? Achar que sou maior do que a pessoa que estou restaurando? Ó Deus, perdoa-me! Já fui tentada a pensar que sou alguma coisa, mesmo não sendo nada".

REVERTA ESSA TENDÊNCIA

Enquanto minha amiga e eu conversávamos sobre todos os importantes músicos, escritores e pastores cristãos nacionais e internacionais que haviam caído em pecado, eu disse:

— O que precisamos, de fato, para dar um basta nessa tendência insidiosa, na liderança cristã da atualidade, é que um desses líderes, um bem famoso, arrependa-se publicamente. Talvez aparecendo no rádio, na televisão ou numa revista de circulação nacional para dar o devido nome a seus atos: *pecados*, e pedir perdão à comunidade cristã. Então, essa pessoa precisa prometer fazer todo o possível para restituir a confiança perdida em sua liderança.

— Se ao menos um deles fizesse isso, daria aos cristãos a oportunidade de obedecer ao mandamento das Escrituras de perdoar e de restaurar o pecador arrependido. Seria uma boa oportunidade de não cancelar os convites para que preguem e se apresentem em nossas igrejas, de não tirar seus livros de nossas prateleiras nem seus programas das emissoras de rádio e televisão cristãs, mas de perdoá-los quando Deus os perdoar.

— Isso daria às centenas, milhares e até mesmo milhões de pessoas que seguem sua liderança não apenas o direito de ver o erro de seu herói ou heroína em pecado e de saber que são indignos de ser seguidos no estado em que se encontram, mas também que são um exemplo corajoso daquilo que Deus espera de seus seguidores quando pecam e daquilo que fará por eles.

O problema é que todos nós temos a tendência de querer a restauração sem pagar o preço. Esperamos saltar de nossos terríveis pecados diretamente para a comunhão e o respeito. Ficamos convencidos de que, quando oramos: "Senhor, eu pequei", somente a restauração é necessária, enquanto na verdade Deus quer que, antes disso, haja arrependimento, reconciliação e reparação.

Descanso

É impressionante como, quando essas instruções das Escrituras são obedecidas e colocadas em prática, as lutas e sofrimentos aparentemente intermináveis acabam passando, e o resultado final da restauração é o descanso.

No entanto, só quando seguimos em obediência todos os passos do arrependimento, reconciliação e reparação e permitimos que Deus nos restaure, é que experimentaremos o que ele tem de maior para nós – o descanso: aquele estado maravilhoso livre de culpa, separação e fardos. Só então somos capazes de repousar na alegria da comunhão contínua com Deus e com os outros.

O processo que produz inimizade, ira e sofrimento foi revertido. Derrotado, Satanás sai de cena, enquanto Deus nos revela uma nova era em nossa vida, de paz com ele, com os outros e com nós mesmos. Restaurados!

Oração final

Pai, ensina-me teus passos para o processo de restauração. Ajuda-me a examinar onde me encontro em meus relacionamentos com os outros. Dá-me consciência de quando estiver magoando alguém e ajuda-me a corrigir meus erros. Faze-me o restaurador que tu precisas que eu seja. Toma as feridas que outros causaram em minha vida e, a teu tempo e de teu modo, restaura-me à perfeita união com eles e ao perfeito descanso em ti. Em nome de Jesus, Amém.

CAPÍTULO 11

QUANDO DEUS RESPONDE: AGORA, OBEDEÇA-ME

O que acontece quando Deus responde às orações? Ele sempre espera que *obedeçamos.*

Depois que Deus respondeu à nossa oração, tenha sido a resposta empolgante, intrigante ou difícil, o próximo passo é a obediência. Quando Deus responde às nossas orações com uma ordem, instrução ou uma porta aberta, ele espera que obedeçamos. Devemos colocar em prática aquilo que Deus nos disse em sua resposta. Nossa obediência à resposta de oração do Senhor descortina o próximo ato de nossa vida: "assim será a palavra que sair da minha boca: não voltará para mim vazia, mas fará o que me apraz e prosperará naquilo para que a designei" (Is 55:11).

É o Deus do Universo quem está falando, aquele a quem todas as estrelas, planetas, o tempo e as estações obedecem. Aquele que falou trouxe o Universo à existência. Aquele que falou e acalmou o mar. Aquele que falou e ressuscitou os mortos. Aquele que espera obediência às suas palavras.

No entanto, Deus não nos constrange a obedecer à sua resposta às nossas orações. Ele deu a cada um de nós o livre-arbítrio, bem como o privilégio de escolher como vamos agir. Espantosamente, nós, seres humanos, com freqüência ignoramos suas respostas, nos rebelamos contra elas, inventamos desculpas, recusamo-nos a obedecer e até mesmo rimos de algumas delas. É incrível considerar essa atitude à luz do fato de que foi o Deus onisciente do Universo que nos deu a resposta.

Nosso filho, Kurt, fez a seguinte colocação:

— Lembre-se de que, para o Grande Oleiro, a qualidade do vaso é determinada única e exclusivamente pela maleabilidade do barro.

Tendo em vista que somos o barro, é nossa capacidade e disposição de obedecer e de ser moldados por Deus, o Oleiro, que em última análise determina o que somos e o que Deus pode fazer por meio de nós.

O QUE VOCÊ ESTÁ PERDENDO?

Você já se perguntou o que perdeu na vida por causa de uma resposta errada às orientações de Deus?

Há anos, tenho imaginado o que os discípulos de Jesus perderam no dia da ressurreição do Senhor por causa da desobediência. Como Jesus havia planejado voltar em seu corpo ressurreto e apresentar-se para aquele pequeno grupo tão triste e desiludido? Que tipo de encontro alegre tinha em mente para eles?

De algum modo, sinto que Jesus havia planejado uma aparição vitoriosa e cheia de júbilo – transformando a tremenda tristeza deles em regozijo imediato. Deveriam comemorar na Galiléia, em vez de ficar escondidos em Jerusalém. Galiléia – o lugar onde ele se revelaria vivo e vitorioso sobre o pecado e a morte. Que grande encontro! O líder crucificado, ressurreto dentre os mortos, de repente, bem ali no meio deles!

Jesus havia instruído seus discípulos em duas ocasiões para que se encontrassem com ele na Galiléia. No entanto, por não obedecerem às palavras dele como deviam, perderam o que Jesus havia, com certeza, preparado para eles.

Em primeiro lugar, antes de sua morte, Jesus dera instruções aos discípulos a respeito de para onde ele iria e de como deveriam segui-lo, dizendo-lhes: "Mas, depois da minha ressurreição, *irei adiante de vós* para a Galiléia" (Mt 26:32, grifos meus). No entanto, em vez de lhe obedecer depois de sua morte, sua resposta a essa instrução foi esconder-se assustados por trás de portas trancadas em Jerusalém, perdendo, desse modo, o encontro planejado para a Galiléia.

A segunda vez em que os discípulos responderam incorretamente foi na manhã de Páscoa, antes de Jesus haver aparecido a qualquer um deles. O anjo e o próprio Jesus enviaram uma mensagem a eles por intermédio das duas mulheres que foram ao túmulo:

> Mas o anjo, dirigindo-se às mulheres, disse: Não temais; porque sei que buscais Jesus, que foi crucificado. Ele não está aqui; ressuscitou [...] Ide, pois, depressa e dizei aos seus discípulos que ele ressuscitou dos mortos e *vai adiante de vós para a Galiléia; ali o vereis* [...] E, retirando-se elas apressadamente do sepulcro, tomadas de medo e grande alegria, correram a anunciá-lo aos discípulos. E eis que Jesus veio ao encontro delas e disse: Salve! E elas, aproximando-se, abraçavam-lhe os pés e o adoraram. Então Jesus lhes disse: Não temais! Ide avisar a meus irmãos *que se dirijam à Galiléia e lá me verão.*
>
> Mateus 28:5-10, grifos meus

Em seu Evangelho, Marcos diz que o anjo no túmulo vazio chegou a lembrar às mulheres do que Jesus havia ordenado: "Mas ide, dizei a seus discípulos e a Pedro que ele vai adiante de vós para a Galiléia; lá o vereis, *como ele vos disse*" (Mc 16:7, grifos meus).

Dessa vez, os discípulos responderam errado por causa de sua *incredulidade*. Lucas diz que, para eles, "tais palavras lhes pareciam um como delírio, e não acreditaram nelas" (Lc 24:11). Palavras informando que Jesus estava vivo! Palavras comunicando a eles que ainda poderiam encontrar-se com Jesus na Galiléia!

Assim, o Senhor teve de se contentar com algo aquém do planejado. O encontro aconteceu em Jerusalém e foi um tanto medíocre perto daquilo que Jesus esperava. Quando, finalmente, Jesus apareceu aos discípulos, estavam escondidos por trás de portas trancadas:

"surpresos e atemorizados, acreditavam estarem vendo um espírito" (Lc 24:37).

Além disso, depois que Jesus apareceu aos dois discípulos no caminho de Emaús, eles correram para contar ao resto do grupo o que havia acontecido. Porém, Marcos relata que os outros também não acreditaram neles. "Finalmente [depois de aparecer às mulheres e aos dois discípulos], apareceu Jesus aos onze, quando estavam à mesa, e *censurou-lhes a incredulidade* e dureza de coração, porque não deram crédito aos que o tinham visto já ressuscitado" (Mc 16:14, grifos meus). Censura em lugar de triunfo!

Como Jesus deve ter ficado decepcionado! Quando voltou para seus discípulos, após sua morte e ressurreição, ficaram cheios de medo, lamentação, pranto, incredulidade e pavor. Precisaram até ser repreendidos pelo Mestre amado. Seus planos de propiciar aos discípulos a maior experiência da vida deles foram arruinados, tudo porque eles se recusaram a crer nas palavras de Jesus e a lhes obedecer.

Talvez houvesse boas desculpas para sua desobediência – haviam se esquecido das palavras de Jesus, não tinham entendido o que ele havia dito ou estavam entristecidos demais para pensar racionalmente. Porém, mesmo quando o anjo refrescou a memória deles enviando pelas mulheres a mensagem "como ele vos disse", a reação, ainda assim, foi de incredulidade e desobediência.

Então, mesmo quando o próprio Jesus mandou uma mensagem pessoal para eles, responderam de modo absolutamente indesculpável com incredulidade. Será que foi por desespero ou tristeza? Ou foi pelo fato de, naquele tempo, considerarem as mulheres mensageiras inadequadas? No entanto, a mensagem foi confiada a essas mulheres tanto por Jesus quanto pelo anjo, que disseram: "ele ressuscitou" – a informação mais importante de todos os tempos a ser transmitida em nosso planeta!

Sim, as únicas pessoas que não perderam o glorioso impacto daquela primeira Páscoa foram as mulheres e os dois discípulos no caminho de Emaús. O resto deixou passar a maior oportunidade já oferecida à humanidade: um encontro extraordinário com o líder que pensavam estar morto – o Senhor ressurreto e triunfante! Ah, o que poderia ter acontecido!

Foi só quando, finalmente, os discípulos foram "para a Galiléia, para o monte que Jesus lhes designara" (Mt 28:16), que receberam as ordens para o futuro – a grande comissão.

Fico imaginando quantas vezes não deixei passar ocasiões como essas. Perdidas por eu estar consternada demais diante da cruz, entristecida demais para ver claramente ou por ter uma idéia inadequada do Mensageiro, meu Senhor. Perdidas por causa da incredulidade e da desobediência. Perdidas por não responder a uma instrução pequena e aparentemente irrelevante como "vá para a Galiléia, e lá me encontrarei com você". Como as coisas, hoje, poderiam ser diferentes se eu sempre tivesse respondido ao Senhor com fé e obediência!

O que você está perdendo daquilo que Jesus planejou para sua vida? Alegria, esperança, paz? Um relacionamento íntimo com o Senhor? Uma comunhão renovada com ele? Está vivendo como os discípulos – em meio ao desespero, derrota, medos, lágrimas, incredulidade e desobediência? Isso significa que também não está respondendo às palavras de Deus como deveria. Talvez você pense que há bons motivos para não crer e obedecer. Mas a dura realidade é que está perdendo o relacionamento cheio de vitória e de alegria que ele anseia ter com você, se você obedecer.

"Confie em mim!"

Na verdade, o que Deus está nos dizendo quando nos dá ordens, orientações e abre portas para nós é: "Confie em mim!". Que resposta ele espera da nossa parte quando diz isso? Que simplesmente confiemos nele!

Há três tipos de pessoas: as irresponsáveis, que comem, bebem e se divertem, pois pode ser que morram amanhã; as que se preocupam continuamente com o que vai acontecer; e as que vivem naquele maravilhoso estado de confiança em Deus, que aprenderam a acalmar o tumulto de sua vida lançando sobre ele todas as ansiedades e descansando nele.

No dia em que eu deveria ir para Oklahoma City, os controladores de tráfego aéreo entraram em greve. O funcionário da empresa aérea me disse:

— Bem, minha senhora, podemos levá-la até Dallas, mas não há nenhum vôo de lá para Oklahoma City.

Podia notar o ar de perplexidade no rosto dele quando respondi:

— Tudo bem, então eu vou pegar o vôo até Dallas.

Com sentimentos conflitantes, Sally, minha diretora-executiva, levou-me até o aeroporto e me deixou na porta do terminal, onde já havia um carregador esperando para levar a bagagem. Então, voltou para casa a fim de orar. Ela e Jeanne, nossa companheira de oração, somaram suas orações às dos intercessores da corrente de oração, que já estavam pedindo a Deus para intervir numa situação humanamente desesperadora, uma vez que minha primeira palestra era naquela mesma tarde, num encontro anual de uma denominação em Oklahoma City.

Quando Sally e Jeanne terminaram de orar, entreolharam-se e riram, cheias de confiança.

— Como será que Deus vai tirar a Ev *dessa* enrascada?

Sem saber de seu espírito de expectativa e de confiança no Senhor, eu também não via a hora de descer do avião em Dallas só para descobrir o que Deus iria fazer. Em momento algum me passou pela cabeça que ele não tivesse uma solução. Durante anos, em meio a orações respondidas, aprendi a praticar a atitude de entrega a Deus que produz resultados empolgantes. Sem sombra de dúvida, Deus já havia traçado seu plano.

Ao caminhar da pista para o terminal de passageiros, no aeroporto de Dallas, meu peito estava quase explodindo de alegria. Sentia-me como um pequeno potro, a crina esvoaçando, as narinas dilatadas de tanta expectativa, cavalgando impetuosamente contra o vento.

No entanto, não estava preparada para o que vi no terminal. Apesar de ter perdido um vôo uma vez e de ter passado horas esperando durante a noite naquele aeroporto enorme, recém-inaugurado, fiquei estarrecida. Havia malas e bolsas empilhadas por toda a parte. Passageiros em espera de todos os tamanhos, raças e níveis sociais espalhavam-se pelas salas tentando dormir com a cabeça apoiada na bagagem. Alguns estavam sentados com uma expressão abatida, enquanto outros esgueiravam-se pela multidão e pelas bagagens procurando uma forma de chegar a algum lugar.

As empresas aéreas haviam improvisado vários balcões para tentar ajudar aquele mar de gente. Pediram que formássemos uma longa fila e, à medida que um funcionário podia atender, éramos encaminhados até ele.

Quando chegou minha vez, o funcionário olhou para mim e disse:

— Bem, minha senhora, não há *absolutamente nenhum* vôo saindo para Oklahoma City hoje.

Fiz que sim com a cabeça, indicando que compreendia a situação.

— Mas — acrescentou ele — aquele homem que acabou de sair do balcão foi fazer um telefonema para ver se consegue alugar um carro e ir a Oklahoma City. É claro que as locadoras já não têm mais carros disponíveis há um bom tempo. Quem sabe, se a senhora se apressar, conseguirá alcançá-lo...

Nem o ouvi terminar a frase, pois já estava correndo atrás do tal homem que nem conhecia. Aproximei-me dele e perguntei, quase sem fôlego:

— O senhor vai para Oklahoma City?

Espantado, ele respondeu:

— Bem... minha esposa e eu vamos para lá, sim.

Então, com uma expressão de incredulidade no rosto, explicou que havia ligado para a locadora e alguém tinha cancelado uma reserva. Em vez de tentar descobrir o que havia acontecido com a reserva, o pessoal da locadora simplesmente alugou o carro para ele.

Ele me levou até onde sua esposa, exausta, encontrava-se reclinada sobre a bagagem, guardando-a e, ao mesmo tempo, usando-a de apoio para descansar. Enquanto ele foi buscar o carro, a esposa e eu nos cumprimentamos.

— Você também está indo para um congresso? Que bom. No mesmo hotel que eu? Que interessante. Seu marido é diretor regional da Associação Holiness? Mas é justamente no congresso deles que vou dar minha palestra!

Então, nos abraçamos e rimos, admiradas de como nosso Deus opera maravilhas.

O marido voltou com o carro e pusemo-nos a percorrer aqueles longos terminais procurando minha bagagem. Avistamos minhas malas exatamente no instante que um carregador estava prestes a colocá-las "sabe-se lá onde" – mais um milagre.

Chegamos um pouco atrasados para o início do congresso, como quase todo o restante dos participantes. Mas, ao longo do caminho, nosso carro encheu-se de louvor e de gratidão ao compartilharmos a perfeição do plano de Deus, e nosso coração transbordou de alegria e riso. "Confiem em mim!"

MAS SERÁ QUE DEUS PODE CONFIAR EM VOCÊ?

No mais íntimo do seu ser, você anseia fazer algo que considera mais relevante para o Senhor? O segredo para que Deus seja capaz de realizar grandes coisas por meio de sua vida encontra-se em 1 Coríntios 4:2: "Ora, além disso, o que se requer dos despenseiros é que cada um deles seja encontrado fiel".

Despenseiros são pessoas às quais foi confiada alguma coisa, pela qual são responsáveis e devem prestar contas. Na Bíblia, vemos despenseiros que administravam uma casa, cuidavam de crianças pequenas, governavam sobre cidades, eram presbíteros e bispos da igreja e outros que haviam recebido os mistérios de Deus. A cada um de nós, Deus confiou diferentes dádivas – uma casa, filhos, um cargo público, trabalhos na igreja, dinheiro e os mistérios divinos – de modo que somos todos despenseiros. E, de acordo com a Palavra de Deus, os despenseiros devem ser fiéis e dignos de confiança.

Assim, de que modo ser um despenseiro determina se Deus pode ou não confiar-nos coisas de mais valor? Isso depende de nosso histórico. Jesus disse: "Quem é fiel no pouco também é fiel no muito" (Lc 16:10). Portanto, pode-se confiar coisas maiores àquele que é fiel em coisas menores. Demonstramos nossa fidelidade e confiabilidade por meio daquilo que fizemos com o que Deus nos deu no passado.

Jesus explicou essa questão na parábola dos talentos, em Mateus 25. Os servos aos quais o senhor confiou cinco ou dois talentos (dinheiro), dobraram esses valores para ele. Não importava quantos talentos tinham sido confiados a cada um, pois ao voltar o senhor elogiou os dois servos dizendo: "Muito bem, servo bom e fiel" (v. 21).

O senhor *não* acrescentou ao elogio: "Vocês foram fiéis no pouco e, por isso, podem sair de férias e descansar". Também não disse: "Vocês foram fiéis no pouco e, por isso, merecem aposentar-se mais cedo". Não. Em vez disso, deu uma notícia surpreendente: "sobre o muito te colocarei". Quando o mestre viu que os servos eram fiéis, incumbiu-lhes de uma tarefa ainda maior.

Com freqüência, as pessoas me perguntam:

— Como posso fazer algo grandioso pelo Senhor?

Ou então:

— Tenho ótimas idéias; como posso escrever um livro que venderá um milhão de cópias?

O mais espantoso é que, muitas vezes, essas perguntas vêm de alguém que não está servindo a Cristo de forma nenhuma. Deus sabe que pode nos confiar uma missão ainda maior, de acordo com o que estamos fazendo agora, com aquilo que parece ser uma tarefa insignificante ou monótona.

Somente quando obedecermos às respostas dadas às nossas orações anteriores é que Deus abrirá portas maiores e mais largas para que possamos servi-lo.

SE ELE CHAMAR, ELE O FARÁ

Uma vez que Deus espera que confiemos nele e que lhe obedeçamos, com o que podemos contar? Com o fato de que Deus planeja realizar sua obra por nosso intermédio! Nos momentos em que respondo com sinceridade: "Senhor, não sou capaz", ele diz: "Você não é capaz, mas eu sou – e vou realizar essa obra".

Descobrir os dons e talentos que recebemos de Deus é uma coisa boa, mas é preciso dar mais um passo: obedecer a Deus quando ele nos chama a realizar um trabalho para o qual temos certeza de que não fomos qualificados. Significa dar um passo de fé. Contudo, é evidente que isso só pode ser feito quando estamos absolutamente certos de que Deus nos deu um chamado específico para essa tarefa e quando temos certeza de que ele a realizará por nosso intermédio.

Era noite do primeiro domingo de abril de 1981 e, na manhã seguinte, iria participar de minha primeira reunião da diretoria do ministério Prison Fellowship, com Charles Colson. Estava ajoelhada num quarto de hotel, em Washington, lutando em oração, dizendo ao Senhor como me sentia incapaz, como não era perspicaz o suficiente para fazer parte dessa diretoria. Fui inundada por sentimentos da mais completa inadequação, enquanto continuava a orar clamando: "Senhor, não sou capaz".

Por fim, pedi a Deus que me desse algo de suas Escrituras para que eu soubesse quais eram as palavras *dele* para mim. Abri em 1 Tessalonicenses 5, o capítulo que estava lendo em minha devocional diária. E lá estavam as palavras, no versículo 24: "Fiel é o que vos chama, o qual também o fará". A tradução revisada diz: "Ele [...] o fará!"

Essa resposta dominou todo o meu ser. Não preciso fazer nada. Deus o fará! Não preciso ser todas aquelas coisas que sei que não posso ser. Não preciso fazer todas aquelas coisas que sei que não posso fazer. Deus as fará por meu intermédio.

Mas, então, me perguntei: "Sou qualificada diante de Deus para ser fiel na tarefa que me foi atribuída na diretoria desse ministério em presídios? Deus prometeu ser fiel somente quando *ele* tivesse me chamado para realizar a tarefa, quando eu estivesse obedecendo à voz dele. Com grande cautela, repassei o chamado que havia recebido.

Três anos antes, em Washington, enquanto estava diante de Deus em silêncio e sozinha, Deus inesperadamente havia me dito sobre "um ministério em presídios". Foi como se um cobertor tivesse caído do céu e me envolvido enquanto ele falava. Eu simplesmente respondi no mesmo instante que eu o faria – se ele abrisse as portas. Sem dúvida, sabia que havia sido chamada pelo Senhor e, portanto, era qualificada para que ele me usasse. Da mesma forma que ele havia feito nos presídios onde eu tinha ministrado – quando não sabia como fazê-lo – durante os três últimos anos.

Fiz uma anotação na margem de minha Bíblia, em 1 Tessalonicenses 5:24: "A resposta de Deus: agora há empolgação e alegria". Minha atitude mudou completamente de apreensão para alegria, pois havia recebido a resposta do Senhor prometendo não esperar que *eu* realizasse a obra, pois *ele* o faria! E você? Há muitas ocasiões em sua vida, como acontece comigo, em que você se afoga em dúvidas, sentimentos de inadequação e de desvalorização?

Em nossos seminários sobre oração, pouco antes de confessarmos a Deus nossos pecados em voz alta, leio uma lista de versículos das Escrituras seguidos de perguntas. Depois de ler Efésios 3:20: "Ora, *àquele* que é poderoso para fazer infinitamente mais do que tudo quanto pedimos ou pensamos, conforme o seu poder que opera em nós...", pergunto:

— Você deixa de tentar realizar coisas para Deus por não ser talentoso ou sábio o suficiente? Sentimentos de inferioridade são empecilhos para que sirva a Deus?

De acordo com a palavra de Deus, em Tiago 4:17, se respondeu afirmativamente, isso é um pecado que deve ser confessado.

Caso, no dia de hoje, você sinta que não tem talento nem sabedoria suficientes para servir a Deus, confesse isso como pecado e aceite a promessa dele de que, se *ele* o chamou, *ele* realizará a obra!

ESPERE DEUS FAZER

Na primeira série de seminários que realizei na Inglaterra, em 1981, disse a meu marido:

— Este é o primeiro lugar no qual sinto que as expectativas deles são maiores do que as minhas. Normalmente, sou eu que tenho a visão e que ofereço motivação aos outros. Mas, aqui, existe uma avidez espiritual e uma expectativa inacreditáveis.

Fiquei pasma quando me apresentaram como a palestrante "para tal conjuntura como esta". Então, me explicaram que era pelo fato de estarem levando a sério as previsões feitas por um monge russo, do final do século dezenove e começo do século vinte, registradas num livro que era, na época, o mais vendido. Ele havia previsto que a Alemanha seria dividida em duas partes, que a França perderia seu poder, que a Itália seria assolada por catástrofes naturais, que a Grã-Bretanha perderia seu império e todas suas colônias – previsões que se cumpriram. No entanto, a última parte da previsão sobre a Inglaterra era a de que seria salva por suas mulheres de oração.

Sentindo a magnitude de tudo aquilo, ajoelhei-me durante minha devocional matinal num hotel em Plymouth, Inglaterra. Da janela, podia ver a baía de onde os pioneiros haviam partido em seu navio para a América do Norte. Naquele dia, daria meu primeiro seminário completo na Grã-Bretanha e pedi a Deus que me trouxesse à mente qualquer pecado que eu precisasse confessar, para que não o impedisse de operar nos participantes daquele seminário. Sua resposta veio rápida como uma bala – clara, única – "INCREDULIDADE!"

Aturdida e consternada, comecei a fazer perguntas a Deus – como se estivesse quase tentando me defender. "Senhor, não fui eu que voltei de Taiwan sozinha confiando plenamente em ti para me dar segurança, força e poder ao ministério? Deus, não te entreguei meu corpo em 1965 e nunca mais pensei nele com ansiedade desde então? Senhor, não te lembras de quando perdi os movimentos de minha perna esquerda durante algum tempo e, em momento algum, questionei tua sabedoria ou propósito? Pai, não te lembras de como, durante a primavera passada na Flórida, quando aquela infecção atingiu minha corrente sangüínea, saí da cama e, com toda a fé em ti, dei um seminário de um dia inteiro? Pai, tu sabes que eu não apenas ensino a fé absoluta no Deus que jamais erra, como também creio nessa verdade e coloco-a em prática. Será que não sabes disso, Deus?"

Deus esperou pacientemente até que eu terminasse de me defender e deu-me sua resposta clara: "Sem dúvida, todas essas coisas são verdade. No entanto, são atos de *obediência*. Mas...", o silêncio daquela pausa divina foi ensurdecedor. "Mas", finalmente prosseguiu, "você não tem fé suficiente *naquilo que vou realizar* quando você obedecer. Não está pensando grande o suficiente!"

Depois de implorar pelo perdão de Deus e de esperar silenciosamente diante dele em oração, mais uma vez ele me fez lembrar de meu versículo favorito sobre a fé, aquele que o Senhor havia usado anos atrás para fazê-la crescer: Hebreus 11:6: "Sem fé é impossível agradar a Deus".

Nossa filha Nancy tinha expectativas muito maiores quando escreveu no meu cartão de aniversário: "Querida mamãe, em seu 58º ano de vida você tornou-se 'Mulher Cristã do Ano', vendeu a milionésima cópia de seu livro *O que acontece quando as mulheres oram* e fez diversos seminários maravilhosos por todo o mundo. Mal posso esperar para ver o que Deus fará para repetir tudo isso no seu 59º ano! Com amor, Nancy." Mas para mim, era Deus quem continuava dizendo: "Você ainda está para descobrir o que farei quando for obediente de verdade!".

Sem dúvida, nossa obediência requer fé. Não fé em nossas próprias crenças – como às vezes acontece –, mas fé em Deus e em quem ele é. O Deus onisciente que, apesar dos bilhões de pessoas que existem em nosso planeta, é capaz de dar a cada uma delas atenção exclusiva, o tempo todo, enquanto, ao mesmo tempo, mantém o controle de nossas ações e motivações passadas e dos resultados de tudo o que fazemos no presente. Esse é o nosso Deus.

Você ainda não concluiu sua tarefa

A obediência não é apenas um ímpeto ocasional de fazer o que Deus manda. O apóstolo João escreveu, em 1 João 3:22, que temos poder na oração "porque guardamos os seus mandamentos e fazemos diante dele o que lhe é agradável". As palavras *guardamos* e *fazemos* têm um sentido contínuo, o que significa que continuamos sempre guardando seus mandamentos e fazendo diante dele o que lhe é agradável.

A obediência é um ato contínuo, não apenas um gesto isolado. Ela implica firmeza, perseverança tenaz, enquanto Deus não retira o chamado ou a ordem.

Na primeira noite da Assembléia Internacional de Oração em Seul, na Coréia, Deus me lembrou de forma bastante enérgica: "Atenta para o ministério que recebeste no Senhor, *para o cumprires*" (Cl 4:17, grifos meus).

Então, no final do primeiro semestre daquele mesmo ano, estava me sentido emocional e fisicamente exausta e relutando em manter um ministério de ministrar seminários e de escrever em tempo integral, além de dar atenção a meus dois novos netinhos e de uma vida familiar bastante ocupada. Cheguei a discutir com meu marido como poderia diminuir a carga de trabalho.

Para o retiro anual de setembro do United Prayer Ministry, Deus havia me dirigido a usar Apocalipse 2 e 3. Enquanto estudava esses capítulos, de repente ele me falou através de Apocalipse 3:2: "Sê vigilante e consolida o resto que estava para morrer, porque não tenho achado íntegras as tuas obras na presença do meu Deus".

Talvez esteja pensando que seu trabalho já terminou, Evelyn, mas Deus sabe que você ainda não completou sua tarefa. Ele tem coisas para você fazer!

"A minha porta, não a sua"

Foi nesse retiro que, ao ler individualmente os capítulos 2 e 3 de Apocalipse buscando a orientação de Deus para o futuro de nossa organização, Deus me lembrou de que a porta aberta para aquele ministério de oração era *dele*, não minha.

Eu ainda estava com vontade de "pendurar as chuteiras" ou, pelo menos, de desacelerar o ritmo quando Deus me falou de modo drástico usando as palavras de Apocalipse 3:7. Em 1967, ele havia usado Apocalipse 3:8 a fim de me chamar para o ministério de oração: "Eis que tenho posto diante de ti uma porta aberta". Assim, fiquei chocada ao ver o versículo anterior a esse e, pela primeira vez, tive uma visão mais ampla da situação. É Jesus "que abre, e ninguém fechará, e que fecha, e ninguém abrirá".

Quem eu pensava que era, decidindo se deveria ou não fechar completa ou pelo menos parcialmente uma porta que nem era minha? Quando o Senhor abre uma porta, nenhum ser humano tem o direito de fechá-la; mas também, quando ele fecha, nenhuma pessoa tem o poder de abri-la.

Quando nos reunimos novamente para orar sobre o que Deus havia nos dito por meio daquela leitura das Escrituras, chorei e confessei diante dos outros: "Por favor, Pai, perdoa-me por olhar apenas para mim mesma, para meu cansaço, para minha vida cheia de coisas urgentes a fazer e para a idade que vai chegando. Meus olhos se desviaram *Daquele* que abriu a porta, Jesus. Perdoa-me por achar que ela me pertencia. Que não seja a minha porta, Senhor, mas sim a tua!"

ESPERANDO

Uma das partes mais difíceis da obediência é esperar. É quase como ver o clarão do relâmpago de Deus e, então, ter de esperar e esperar pelo trovão de seu poder realizar aquilo que ele nos chamou a fazer.

Há dois tipos de espera pelas respostas às nossas orações. Em primeiro lugar, há a espera na presença dele, aguardando até que responda. Exercitamos isso em nossos seminários ao orar usando as palavras de 2 Coríntios 2 sobre o perdão. Peço a todos que orem em voz alta dentro de seus grupos de quatro participantes, pedindo o amor de Deus pela pessoa que acabaram de perdoar. Em seguida, peço que esperem – em silêncio – até que sintam esse amor chegar. É incrível como somos capazes de sentir o amor de Deus descendo sobre todos nós, respondendo enquanto esperamos.

Faço a mesma coisa em minha vida pessoal, durante meu momento devocional diário. Antes de cada seminário ou palestra, sempre oro: "Senhor, enche-me de ti para o dia de hoje". E, muitas vezes, a resposta vem imediatamente com a sensação de calor e de poder abastecendo-me para o ministério daquele dia. Mas isso nem sempre acontece com tanta rapidez. Às vezes, mesmo depois de esgotar todos os requisitos de minha vida sobre os quais preciso orar, finalmente digo: "Senhor, não vou desdobrar meus joelhos enquanto tu não me abençoares! Não vou nem separar um tempo para tomar café antes deste grande dia se tu não me abençoares!" Então, espero ajoelhada, muitas vezes lutando em oração, até que a resposta dele venha. É como Jacó lutando no rio Jaboque, sem deixar Deus partir até haver atendido seu pedido.

No entanto, existe um segundo tipo de espera pela resposta às nossas orações, na qual devemos dar a Deus muito mais tempo para ele responder. Devemos orar e confiar na soberania dele, enquanto aguardamos sua resposta – e seu tempo. Contudo, durante essa espera, às vezes perseveramos em oração e, em outras ocasiões, Deus nos garante que já fizemos nossa parte e que devemos entregar o resto a ele. Mas é sempre uma espera de horas, dias ou talvez até anos.

A Bíblia é repleta de relatos de pessoas chamadas por Deus que precisaram esperar até que ele efetivasse esse chamado. O coração de Moisés ardia de desejo de libertar seu povo dos capatazes egípcios, mas Deus o enviou para o interior do deserto por quarenta anos antes de realizar sua convocação para agir.

Também Paulo, depois de haver recebido seu chamado dramático na estrada para Damasco, obedeceu às instruções de Deus: "levanta-te e entra na cidade, onde te dirão o que te convém fazer" (At 9:6), esperou durante três dias – cego, sem comer nem beber nada. Esperou até que Deus enviasse Ananias para impor-lhe as mãos, a fim de que sua vista fosse restaurada e o Espírito Santo o enchesse. Então, Paulo estava pronto para o ministério para o qual Deus o havia chamado.

Até mesmo Jesus, depois de sua ressurreição, disse aos discípulos que precisavam esperar antes de levar a todos as boas novas que fariam o mundo estremecer. Assim, depois da ascensão de Jesus, esperaram por dez dias em oração. Esperaram pela promessa de poder divino, que se cumpriu em Pentecostes!

ONDE COMEÇA A OBEDIÊNCIA

A obediência não começa quando compramos uma passagem de avião ou nos matriculamos numa escola, mas sim no quarto – quando, por trás da porta fechada, nos ajoelhamos em oração.

Quando converso com Deus pedindo sua orientação, ele me responde com planos e objetivos para mim. O modo como respondo em submissão a ele determina a extensão e a profundidade de minha obediência. É no meu quarto, enquanto oro, que faço minhas decisões, resoluções, promessas e, em seguida, planejo como colocá-las em prática na reunião de diretoria de nossa organização, nas reuniões de comitês ou em minha família.

É em meu quarto, em oração, que coloco os alvos para minha vida. Isso não apenas faz deles projetos elaborados conjuntamente com Deus como também faz com que os objetivos não sejam meus, e, sim, objetivos *de Deus para mim*. Então, quando oro em obediência, tomando para mim os alvos que Deus me dá, ele opera de modo que possa alcançá-los, pois são da sua vontade.

Os alvos que coloco para minha vida sem a participação de Deus costumam fracassar com freqüência, pois, apesar de parecerem bons, é possível que não sejam a vontade de Deus para mim. Logo, obviamente, Deus não os realizará.

Além do mais, muitas vezes os objetivos humanos esfriam ou apagam como as decisões que costumamos fazer no Ano Novo. Isso jamais acontece com os objetivos de Deus! Ele está procurando apenas pessoas dispostas e obedientes por meio das quais possa realizar seus propósitos para este mundo.

Não fazer?

Um dos aspectos mais difíceis da obediência é estar disposto a não fazer alguma coisa. A obediência não consiste apenas de ir e fazer, também significa *não* ir e *não* fazer. Isso é especialmente difícil quando sentimos que determinado trabalho ou atividade é tão certo e tão necessário.

Existe um passo importante a ser dado na maior parte das principais tarefas para as quais sinto que Deus está me chamando. Depois que o entusiasmo e a empolgação emocional se acalmaram, faço um tipo diferente de oração: "Senhor, coloco esse trabalho de volta nas tuas mãos, para não fazê-lo, caso essa seja a tua vontade". Não se trata apenas de palavras da boca para fora, mas de uma submissão plena de todo o meu ser àquilo que Deus quer de mim.

Essa oração ajuda a evitar muitos caminhos errados ao longo da vida. Elimina a possibilidade de ir além dos limites e fazer coisas que parecem muito certas, do ponto de vista humano, mas que podem ser catastróficas em relação ao plano que Deus tem para nós. Jeremias colocou muito bem: "Eu é que sei que pensamentos tenho a vosso respeito, diz o SENHOR; pensamentos de paz e não de mal, para vos dar o fim que desejais" (Jr 29:11).

Paulo deve ter ficado surpreso e até mesmo confuso quando o Espírito não permitiu que ele pregasse a Palavra ao povo da Ásia, convencido como estava de que precisavam dar ouvidos a Jesus. No entanto, o plano de Deus era absolutamente perfeito, e Deus abriu as portas da Europa para o evangelho.

Além disso, é especialmente difícil abrir mão de um cargo ou emprego que poderia nos dar prestígio, honra e uma visibilidade favorável diante do mundo e entregá-lo de volta a Deus. Porém, quando estamos dispostos a diminuir para que o Senhor e seu reino cresçam, essa será a atitude de verdadeira obediência.

Para minha surpresa, muitas vezes é *somente* depois de fazer essa oração de entrega que Deus escancara a porta para aquilo que, inicialmente, havia me chamado a fazer. Para Deus, a obediência completa parece incluir a disposição de não fazer algo; então ele diz: "Agora vá!"

O PREÇO

Obedecer também não significa que vamos sempre ficar entusiasmados com a possibilidade de ir a algum lugar emocionante ou, quem sabe, exótico para falar de Cristo. A verdadeira obediência é ir a lugares difíceis.

Minha obediência foi profundamente provada com relação a meus netos. Nossa filha, Nancy, já havia passado da data prevista para o nascimento de sua pequena Kathleen no segundo semestre deste ano, fazendo com que o parto coincidisse com o começo da minha segunda série anual de palestras. Assim, enquanto Nancy estava no hospital dando à luz, eu embarcava num vôo para um seminário em outro estado. Queria desesperadamente estar perto de minha filha, e o preço da obediência pareceu-me muito alto. Meu coração se apertava à medida que voava para um lugar cada vez mais distante dela, orando sobre cada passo daquele parto. No momento em que cheguei a Omaha, telefonei para a sala de recuperação, e a primeira coisa que ouvi foi o choro de minha nova netinha. Estava longe demais para segurá-la em meus braços ou mesmo para poder vê-la. "Quem ama seu filho ou sua filha mais do que a mim não é digno de mim" (Mt 10:37).

Quando chegou a hora de partir para a Índia, em 1982, tinha um peso em meu coração por ter de passar cinco semanas fora, enquanto meus novos netinhos ficavam na companhia dos avós paternos. Havíamos esperado dez anos por esses primeiros netos, e nossas duas filhas deram à luz num período de cinco semanas.

Mas enquanto estava lendo Lucas 14, nos dias entre o parto de Cindy e o de Jennifer, Deus me deteve nas palavras de Jesus, no versículo 33: "Assim, pois, todo aquele que dentre vós *não renuncia a tudo quanto tem* não pode ser meu discípulo" (grifos meus). Eu sabia que a palavra *renunciar* significa, literalmente, "deixar voluntariamente".

"Senhor", orei, "isso inclui os netinhos?!" Sua resposta afirmativa colocou-me de joelhos, chorando. Lutei durante muito tempo com o fato de deixar a pequena Cindy e de, talvez, nem ver meu outro neto antes de partir para a Índia.

Secando minhas lágrimas, prossegui a leitura, chegando a Lucas 15. Jesus voltou a falar: "Digo-vos que, assim, haverá maior júbilo no céu por um pecador que se arrepende do que por noventa e nove justos que não necessitam de arrependimento" (v. 7).

Uma nova oração surgiu dentro de mim: "Ó Deus, *substitui* a alegria de segurar nos braços meus netos recém nascidos com a alegria de um pecador aceitando a Cristo na Índia". Então, mudei minha oração para: "Melhor ainda, Senhor, *muitos pecadores*!"

Escrevi para cada um dos pequeninos enquanto estava na Índia: "Deus respondeu a oração de sua avó. Milhares de pessoas oraram certificando-se de ter um relacionamento pessoal com Jesus, e Deus abriu as janelas do céu e permitiu que eu tivesse um lampejo da alegria dos anjos, que também se regozijavam com aquelas pessoas perdidas que haviam encontrado a Cristo.

No entanto, essa não foi a única alegria que descobri ao obedecer a Deus ao partir para a Índia. Na sexta noite em que estava lá, fui acometida de uma diarréia terrível. No dia seguinte, trêmula, falei das oito da manhã às oito e meia da noite, com uma pausa de apenas duas horas durante as quais meu marido, Chris, falou. Terminei as duas últimas horas de palestra precisando escorar-me fisicamente, pois meus músculos começaram a tremer feito gelatina depois de um remédio que o médico me deu lá mesmo no palco, por causa das terríveis dores de estômago que eu sentia. Então, logo na manhã seguinte, acordei com todos os sintomas de uma infecção respiratória. Contudo, em vez do medo e do pânico de ficar doente demais para cumprir a agenda lotada que me aguardava para aquele dia, descansei em Deus e fui envolta numa alegria inacreditável que brotou dentro de mim.

Em meu diário, descrevi a experiência como "gotículas suaves borrifadas gentilmente sobre mim de uma fonte em meu interior no meio daquela cidade seca e poeirenta". Ao pedir a Deus uma palavra para descrever aquela alegria tão rara e extraordinária, naquele mesmo instante ele me fez vir à mente o termo *efusiva*. Em casa, vi no dicionário a definição do termo *efusão*: "Derramamento; demonstração clara e sincera de sentimentos íntimos; expansão; fervor, ímpeto, veemência", exatamente o que o meu corpo enfermo sentiu naquela manhã na Índia – alegria efusiva, transbordante e irrestrita.

No entanto, a alegria mais surpreendente veio na primeira manhã em casa, ao chegar de viagem. Depois de ter estado exatamente do outro lado do mundo, com uma diferença de doze horas em meu relógio biológico, acordei no meu horário normal dos Estados Unidos. Porém, em vez da temida sensação de desnorteio e de confusão causada pela diferença de fuso horário, estava completamente desperta na cama, louvando a Deus. A alegria inundou todo o quarto e me envolveu como o grosso edredom sob o qual estava aconchegada no frio de Minnesota. Alegria, em vez do horrível mal-estar pós-viagem!

Contudo, Deus não me deu essa alegria permitindo que eu ficasse em casa, sem ser confrontada com situações difíceis. Ele a deu em minha obediência. Foi a mesma alegria extraordinária que Jesus sentiu diante de sua morte iminente quando disse: "Tenho-vos dito estas coisas para que o meu gozo esteja em vós, e o vosso gozo seja completo" (Jo 15:11).

Quando Jesus voltou para o céu, deixou a alegria divina a seus seguidores aqui na Terra. Será que você está se contentando apenas com uma borrifada ocasional de felicidade que mal chega a molhar a superfície de sua alma ressecada de ansiedade, medo e apreensão? Ou a fonte de alegria efusiva de Cristo flui dentro de você, transbordando sem qualquer restrição? Isso é resultado da obediência.

Jesus pagou um preço descomunal por sua obediência ao Pai. Quando estava em agonia no Getsêmani, *poderia* ter orado para que se cumprisse um "plano B" em vez de submeter-se à vontade do Pai e enfrentar a cruz. Ele *poderia* ter dito: "Pai, lembra-se daquela reunião que o Senhor, o Espírito Santo e eu tivemos antes da fundação do mundo? Lembra-se do 'plano B'? Naquele plano, não havia uma cruz para mim, Pai. Por que não usamos aquele plano?". Jesus *poderia* ter dito: "Então, Pai, que tal se usássemos esse plano alternativo só até a manhã de Páscoa?" Como fazemos com freqüência, Jesus *poderia* ter orado pedindo por um "plano B".

Mas ele não o fez. Escolheu ser obediente e levar sobre seu corpo sem pecado todo o pecado do mundo. "Embora sendo Filho, aprendeu a obediência pelas coisas que sofreu e, tendo sido aperfeiçoado, tornou-se o Autor da salvação eterna para todos os que lhe obedecem" (Hb 5:8,9).

Algo que aprendi pela experiência é como Deus muitas vezes me usa para responder as orações que eu mesma fiz. Ele espera que eu obedeça fazendo e dizendo aquelas coisas que, pelo menos em parte, levarão minha oração a ser atendida.

Em 1 Pedro 1:14,15, Pedro nos diz: "*Como filhos da obediência*, não vos amoldeis às paixões que tínheis anteriormente na vossa ignorância; pelo contrário, segundo é santo o que vos chamou, tornai-vos santos também vós mesmos em todo o vosso procedimento" (grifos meus). Nas palavras sobre o perdão, em 2 Coríntios 2, Paulo diz que espera que o perdão, o consolo e a confirmação do amor sejam estendidos sobre aquele que o (e nos) entristeceu, "para ter prova de que, em *tudo,* sois obedientes" (v. 9, grifo meu). Qual é o preço? Obediência em todas as coisas.

Recompensas

Os requisitos de obediência a Deus podem ser enormes, mas a recompensa normalmente equivale ao preço da obediência. Apesar de Deus ter grandes expectativas, também reservou recompensas maravilhosas para os que obedecerem. Jesus disse: "Em verdade vos digo que ninguém que tenha deixado casa, ou mulher, ou irmãos, ou pais, ou filhos, por causa do reino de Deus, que não receba, no presente, muitas vezes mais e, no mundo por vir, a vida eterna" (Lc 18:29,30). Sem dúvida haverá recompensas presentes na terra e futuras no céus, mas somente para aqueles que obedecerem: "Nem todo o que me diz: Senhor, Senhor! entrará no reino dos céus, mas aquele que faz a vontade de meu Pai, que está nos céus" (Mt 7:21).

Jesus também disse que ele, o Filho de Deus, permaneceria com aqueles que guardassem os seus mandamentos (1 Jo 3:24); e Deus prometeu dar o terceiro membro da Trindade, o Espírito Santo, àqueles que lhe obedecessem (At 5:32).

Pode haver maior recompensa do que ser considerado amigo de Jesus? Ele diz: "Vós sois meus amigos, se fazeis o que eu vos mando" (Jo 15:14). Também é assustador pensar no oposto – não ser amigo de Jesus se não lhe obedecermos!

O círculo completo e indescritível da vida obediente é resumido por Jesus em João 14:21: "Aquele que tem os meus mandamentos e os guarda, esse é o que me ama; e aquele que me ama será amado por meu Pai, e eu também o amarei e me manifestarei a ele". Recompensas!

Ao beijar a testa quente de minha netinha enquanto ela dormia, despedindo-me antes de partir para a Austrália e Guam, disse ao pai dela:

— O preço está ficando cada vez mais alto.

É verdade. Mas a recompensa também!

Reações

É assustador dar-se conta de que o fim de nossa vida será a soma total de nossas reações àquilo que Deus nos respondeu depois que oramos, pois Deus escolheu limitar suas próximas ações em função de nossa reação àquilo que ele nos respondeu anteriormente.

O resultado final de nossa vida é decidido por toda uma série de reações às respostas de Deus às nossas orações. A forma como nós respondemos a Deus e como ele, por sua vez, nos responde, determina, de fato, o rumo que nossa vida tomará.

Seria maravilhoso se cada uma das respostas de Deus afetasse apenas aquele determinado ponto de nossa vida, nada mais. Mas não é o que acontece. Nossa reação desencadeia um efeito dominó, que afeta todo o resto de nossa vida. Uma reação errada de maiores proporções faz com que escorreguemos ou sejamos arremessados para o caminho das oportunidades perdidas e do crescimento espiritual que deixamos passar, limitando a Deus em sua vontade de nos conduzir pelo caminho que havia planejado para nós.

Ao ficar mais velha, é interessante olhar para trás, ver reações que me pareceram corretas e me perguntar o que teria acontecido "se" eu não tivesse seguido a direção de Deus logo que ele falou ao meu coração. E se eu não tivesse obedecido ao seu chamado, quando ele disse: "Eis que ponho diante de ti uma porta aberta" (Ap 3:8), quando busquei sua face sobre as primeiras experiências de oração que deram origem ao meu ministério nessa área? Que caminho eu teria tomado? Quanto teria me desviado até que Deus me desse outra chance de responder corretamente a seu chamado?

Nossa resposta determina, de fato, nosso ritmo de crescimento espiritual, quanto Deus usará nossa vida e as novas oportunidades que nos são apresentadas. Em qualquer ponto do caminho, podemos atrapalhar ou deter o plano de Deus para nossa vida por meio de uma reação de rebeldia. Somente na eternidade veremos "o que poderia ter acontecido" se nossas reações não tivessem colocado empecilhos no plano de Deus para nós. No entanto, a cada passo de obediência às respostas de Deus para nossas orações, ele nos mantém gentil, porém firmemente, no rumo perfeito que traçou para nós – caminhando de mãos dadas com ele.

Oração final

Querido Pai, sei que tu tens os melhores planos para mim. Perdoa-me por todas as vezes que, obstinadamente, segui meus próprios caminhos. Ensina-me a ouvir tua resposta às minhas orações e, então, a obedecer, fazendo ou deixando de fazer exatamente aquilo que tu ordenares. Obrigado, Pai, por todas as recompensas maravilhosas que tu tens preparado para mim. Em nome de Jesus, Amém.

CAPÍTULO 12

QUANDO DEUS RESPONDE: TENHA UM CORAÇÃO AGRADECIDO

O que acontece quando Deus responde? Nossa resposta mais fundamental e absoluta deve ser de gratidão a ele. Não importa como Deus respondeu à nossa oração, o fato é que ele certamente espera de nós a gratidão.

As pessoas têm a tendência de encaixar ações de graças em diferentes partes da oração. Há também os que, por maiores e mais maravilhosas que sejam as respostas de Deus, nunca chegam a agradecer. Muitos – porém não todos – são gratos a Deus quando ele responde da forma como desejavam e concede o que pediram. Existem, ainda, cristãos que já amadureceram o suficiente em termos espirituais para agradecer a Deus qualquer que seja sua resposta, confiando na sabedoria divina.

No entanto, a Bíblia apresenta requisitos ainda mais específicos sobre o devido lugar das ações de graças em nossas orações. Filipenses 4:6 traz estas palavras um tanto inesperadas: "Não andeis ansiosos de coisa alguma; em tudo, porém, sejam conhecidas, diante de Deus, as vossas *petições,* pela oração e pela súplica, *com ações de graças*" (grifos meus).

De fato, é raro encontrar pessoas que apresentam ações de graças junto aos pedidos. Poucos se mostram capazes de ser gratos *enquanto* pedem, pois concentram-se no modo como desejam que Deus responda. Quanto mais profundas as necessidades ou mágoas pessoais, mais difícil é ter uma atitude de gratidão ao implorar a Deus para que intervenha. Ao lutar em oração, normalmente nossos pensamentos são completamente tomados pelo problema, sem que haja qualquer expressão de gratidão. Sem dúvida, é preciso uma profunda maturidade para agradecer a Deus *antes* de ele responder e para ser capaz de oferecer ações de graças *junto* ao pedido!

Uma atitude de gratidão

A gratidão é um estilo de vida. Muito antes de Deus responder, ele requer de nós uma *atitude* de gratidão. "Perseverai na oração, vigiando com ações de graças" (Cl 4:2).

Nosso maior objetivo é estar totalmente envolvidos, saturados e controlados por uma atitude de gratidão. Não se trata de um êxtase emocional nem de uma fuga da realidade, mas de viver, de fato, em estado de gratidão – antes, durante e depois de receber as respostas às nossas orações.

Paulo explica, em 1 Tessalonicenses 5:18, que isso não é uma opção, mas sim a vontade de Deus para nós: "Em tudo, dai graças, porque esta é a vontade de Deus em Cristo Jesus para convosco". Estando *em* todas as situações e orando sobre elas, a gratidão não é uma exigência. Não deve ser algo que a Palavra de Deus nos obriga a fazer, mas sim uma reação espontânea ao nos aproximar do Senhor.

Numa noite de domingo, durante o inverno australiano, encontrava-me tremendo em meu quarto de hotel. Calafrios acompanhados de uma dor de garganta semelhante a uma gripe, somados ao fato de ter ficado o dia todo em ambientes com muito menos calefação do que eu estava habituada nos Estados Unidos, fizeram-me passar extremamente mal. Sozinha naquele quarto, sentia-me cada vez mais doente. Tentei comer um pedaço de maçã, mas minha garganta doía demais para engolir qualquer coisa. Pela minha programação, falaria durante todo o dia seguinte, começando logo cedo!

Sabendo que nenhum médico seria capaz de me curar em tempo para o seminário de segunda-feira, simplesmente ajoelhei-me ao lado de minha cama para orar. Mas não entrei em pânico, não pedi que Deus providenciasse um palestrante substituto, nem sequer pedi para ser curada. Em vez disso, fiquei lá, ajoelhada em oração, todo o meu ser envolto pela presença do Senhor, com sentimentos de gratidão fluindo espontaneamente para Deus pelo privilégio de encontrar-me novamente na mais absoluta dependência dele.

Não estava pedindo nem esperando o que resultou daquela oração, mas, ao me levantar, fiquei surpresa quando percebi que minha garganta havia sido completamente curada. Transbordando com uma atitude de gratidão!

Nossa atitude enquanto fazemos nossos pedidos influencia muito a maneira de lidar com as respostas de Deus às nossas orações. Quando as ações de graças estão presentes no momento em que pedimos, isso muda completamente a forma como reagimos à resposta de Deus, seja ela qual for. Nossa atitude em relação à resposta de Deus dependerá, em grande parte, de nossa postura em relação a ele durante nossos pedidos.

Deveria sair do aeroporto de Dulles, em Washington, às cinco e meia da tarde de sexta-feira, em 2 de novembro de 1984, no vôo 383 da empresa área Continental. Mas o vôo não partiu. Todo o sistema de radares em Washington estava fora do ar e naquela sexta-feira à noite, véspera de eleições, não havia nenhuma aeronave chegando nem partindo do aeroporto, que fica no meio da cidade. Finalmente, um a um, os aviões começaram a receber permissão para decolar com horas de atraso e em pistas totalmente escuras. Porém, Deus tinha preparado para mim uma incrível lição de confiança.

Uma vez que aquele era o último vôo que eu poderia tomar para chegar em San José, na Califórnia, a tempo para o seminário na manhã seguinte, e tendo em vista que só haveria meia hora entre um vôo e outro na conexão que eu teria de fazer em Denver, liguei para o comitê do seminário a fim de comunicar o que estava acontecendo. Depois, liguei para a corrente de oração em minha cidade. No entanto, era pouco provável que conseguisse chegar a tempo em San José. Na verdade, era humanamente impossível.

Enquanto o avião cruzava o céu à noite, rabisquei algumas palavras no verso do papel com os horários dos meus vôos: "Ao nos aproximar de Denver, ouvimos um aviso: 'Os que estão atrasados para suas conexões terão um funcionário nosso aguardando para ajudá-los a desembarcar. Informe-o de seu destino e ele lhe dirá o número do portão de embarque ou avisará caso seu vôo já tenha partido!'".

Recostei-me na poltrona, quase me aconchegando enquanto sorria por dentro. Havia passado a maior parte do vôo em oração – não implorando a Deus para não perder minha conexão, mas pelo seminário do dia seguinte, pela vontade dele em minha vida, dizendo a ele sobre meu desejo de servi-lo e de fazer somente aquilo que havia planejado para mim.

Assim, só estava continuando minha conversa com Deus quando orei: "Senhor, que sensação incrível! O *privilégio* de estar mais uma vez dependo totalmente de ti. O privilégio de poder, mais uma vez, confiar plenamente em ti".

Na cabine escura do avião, continuei a escrever no verso do papel enquanto as horas se arrastavam: "Não há qualquer ansiedade, preocupação ou dúvida. Somente a sensação extraordinária de segurança e de paz por saber que Deus está no controle de tudo".

Então, repeti as palavras de Filipenses 4:6, mais para mim mesma do que para Deus: "Não andeis ansiosos de coisa alguma; em tudo, porém, sejam conhecidas, diante de Deus, as vossas petições, pela oração e pela súplica, com ações de graças", e escrevi: "*A gratidão fluiu livremente*".

Mesmo quando o funcionário da empresa aérea mandou-me para o portão de embarque errado, na direção oposta ao local para onde eu deveria ir, a certeza em meu coração não esmoreceu. Completamente sem fôlego, corri de volta para o portão certo a tempo de ver a porta do avião – que miraculosamente havia esperado –fechar e, logo em seguida, abrir novamente. Ao entrar apressada, ouvi uma comissária dizer:

— A última passageira embarcou!

Olhei de relance para meu Pai celeste, sorri e orei baixinho: "Obrigada, Pai. Sabia que o Senhor cuidaria de tudo!".

"Por meio de Jesus, pois, ofereçamos a Deus, *sempre*, sacrifício de louvor, que é o fruto de lábios que confessam o seu nome" (Hb 13:15, grifo meu).

Por que Deus espera que vivamos *sempre* com uma atitude de gratidão? Porque ele sabe como isso nos fará bem. Um estilo de vida em que há sempre gratidão traz benefícios surpreendentes. Um médico do Michigan comentou, com muita sabedoria, que a melhor maneira de lidar com o estresse é ter "uma atitude de gratidão". Um provérbio do Antigo Testamento diz a mesma coisa: "O coração alegre é bom remédio" (Pv 17:22). Qual o motivo? É evidente que certas substâncias químicas são liberadas em nosso corpo quando temos tal atitude. A melhor maneira de remover o estresse de nossa vida, conforme concluiu sabiamente aquele médico, é ter uma *atitude de gratidão*.

GRATIDÃO ANTECIPADA

Quando terminamos um excelente jantar ou voltamos de uma visita ou viagem especial com um amigo, muitas vezes dizemos:

— Obrigado *por* tudo.

Também quando Deus nos concede sucessos e vitórias, nossa tendência é dizer-lhe o mesmo. Isso é bom e correto de acordo com as Escrituras, pois Efésios 5:20 nos diz que devemos ser gratos *por* todas as coisas. No entanto, a verdadeira prova de que se possui um relacionamento correto com Deus é ser capaz de dizer "Obrigado" *antes* mesmo de receber dele qualquer coisa. É possível dizer "Obrigado por tudo" tendo um estilo de vida de gratidão e fazendo pedidos de oração que incluam um "obrigado, Senhor" antecipadamente.

Como isso é possível? Por meio de um *relacionamento com o Pai*. Com freqüência, nossas ações de graças pela resposta de Deus são resultado de circunstâncias que ele mudou ou da retirada de alguma provação, enfermidade ou tristeza em resposta às nossas orações, mas a gratidão durante o pedido requer um relacionamento de confiança inequívoca em Deus de que sua resposta será a mais certa e a melhor.

Pouco tempo atrás, antes de amanhecer o dia, tive a impressão de que Deus estava me provando. Nossa filha, Nancy, já havia passado das semanas da data marcada para o parto e seu médico decidiu começar os procedimentos para o bebê nascer naquele dia.

Havia observado Nancy ficar cada vez maior, e seu bebê ainda não nascido tornar-se cada vez mais inerte – exatamente como havia acontecido com meus dois bebês portadores de deficiência; só duas semanas antes, assistimos a nossa filha, Jan, passar por um grande perigo perdendo metade do sangue ao dar à luz a pequena Crista. Lembrei-me de quando Cindy, filha de Nancy, nasceu com o cordão umbilical dando três voltas ao redor do pescoço e senti no ar a ameaça do que poderia dar errado com esse parto.

"Senhor", clamei, "como posso agradecer antecipadamente com todas essas preocupações pesando em meu coração?" Sabia muito bem o que as Escrituras ensinavam sobre isso, mas colocar tais ensinamentos em prática num momento como aquele não foi fácil. Foi quando Deus me trouxe à mente Filipenses 4:6 de maneira muito clara, e, deitada em meu quarto, no escuro, pouco antes de o sol nascer, repeti várias vezes: "Não andeis ansiosos de coisa alguma; [...] sejam conhecidas, diante de Deus, as vossas petições, pela oração e pela súplica, *com ações de graças*" (Fp 4:6, grifos meus).

De repente, sem que eu pedisse, a gratidão foi crescendo dentro de mim, permeando todo o meu ser, e senti-a espalhando-se por todo o quarto. A testa franzida automaticamente deu lugar a um sorriso. Meus olhos encheram-se de lágrimas. Eram lágrimas de gratidão!

O que havia acontecido? Em algum momento ali, minha atenção voltou-se dos possíveis problemas aqui da terra para Deus. A gratidão a ele fluiu livremente. Dei graças pela natureza de Deus, que nunca erra. Ele iria tirar aquela criança do ventre materno! Finalmente, Kathleen Mae veio ao mundo – linda e saudável.

A natureza de Deus

Na semana passada, Deus mostrou-me um segredo sobre a capacidade de agradecer ao mesmo tempo que faço meus pedidos. Havia acabado de pedir que me ajudasse a louvá-lo mais e a ser mais grata e estava lendo o Livro de Salmos em busca de palavras exatas de louvor e de ações de graças, quando ele me fez parar no Salmo 7:17: "Eu, porém, renderei graças ao Senhor *segundo* a *sua* justiça" (grifos meus).

Segundo. Era aquela mesma palavra outra vez. Não devo agradecer a Deus segundo a minha justiça, a justiça de meu pastor nem de meus pais, mas segundo a justiça *dele*.

Mas o que é a justiça de Deus? É uma qualidade que significa *ser* verdadeiramente reto e justo e agir dessa forma ao tratar com suas criaturas. Assim, sei que aquilo que Deus responde é certo e justo, e posso confiar em suas respostas sem questioná-las. Então, sou capaz de agradecer a ele enquanto peço, não de acordo com aquilo que desejo, mas de acordo com quem ele é – Justo – ao tratar comigo.

Além disso, a justiça de Deus é desprovida de qualquer preconceito ou parcialidade. As respostas de outras pessoas a meus pedidos são influenciadas por suas atitudes em relação a mim, mas isso não acontece com Deus. Ele responde às minhas orações sem qualquer preconceito injusto contra mim nem favoritismo prejudicial. Assim, posso confiar em suas respostas.

A retidão de Deus é sua santidade, à medida que esta nos afeta – é sua santidade transitiva. Uma vez que sua santidade é o principal motivo de júbilo e de adoração no céu, quando dou graças a Deus segundo sua justiça, na verdade junto-me aos que se encontram no céu regozijando-se e adorando-o.

Com freqüência, presidiários que aceitam a Cristo enquanto ainda estão na cadeia compartilham comigo que oraram: "Ó Deus, tira-me deste inferno". Então, esperavam que Deus respondesse sua oração por meio de um indulto miraculoso, de mudanças nas leis de liberdade condicional ou de algum outro tipo de intervenção divina. Sabe-se que Deus já fez isso em certas ocasiões, mas normalmente responde a essa oração com um "não". Então, algumas pessoas reagem a essa resposta negativa de Deus dizendo:

— Se esse é o Deus a quem estou servindo agora, não quero mais saber dele. Ele me decepcionou.

No entanto, é surpreendente como, muitas vezes, presidiários que se converteram há pouco tempo compartilham comigo que já compreenderam alguma coisa da natureza de Deus, sabem o que ele está fazendo e entendem que é para o bem maior deles, sendo capazes de confiar plenamente no Senhor. A reação deles à resposta de Deus para suas orações é: "Obrigado, Deus, por me deixares aqui. Tu tens um propósito. Qual é?"

Há uma diferença entre agradecer a Deus pelo que ele faz e pelo que ele é. É fácil e quase natural ser grato quando ele responde às nossas orações com algo obviamente bom ou que era de nossa vontade. No entanto, não é fácil agradecer por sua própria natureza – que é reta e justa – antes de ele dar a resposta.

Fé na natureza de Deus

Agradecer a Deus antecipadamente exige não apenas que saibamos quem ele é, mas também que tenhamos uma fé inabalável no Deus a quem estamos orando. Só quando chegamos a essa visão de Deus antes de pedir é que essa atitude de gratidão estará presente durante os pedidos.

Na verdade, praticamos esse princípio há anos em nossos seminários sobre oração. Depois de ensinar aos participante sobre a verdadeira natureza de Deus (ele nunca erra e faz todas as coisas para o nosso bem), peço que orem em voz alta, em pequenos grupos, entregando ao Senhor a coisa mais importante do mundo para eles naquele momento. A oração seguinte é de agradecimento a ele antes de ter qualquer idéia do que vai fazer com aquilo que acabaram de entregar ao Senhor. Essa oração de ações de graças só é possível porque compreenderam, de fato, a natureza de Deus.

Em meus seminários, sempre faço as orações que peço aos participantes para fazer. Em março passado, pedi-lhes que entregassem a Deus aquilo que lhes era mais precioso, fosse algo material, uma pessoa, um relacionamento ou uma circunstância. Soube, naquele instante, que precisaria fazer uma oração muito difícil. Estávamos esperando nossos novos netinhos, que nasceriam dali a cinco meses, e sabia que precisava entregar a Deus aquilo que desejava mais do que qualquer outra coisa no mundo: dois bebês saudáveis e normais!

Relutei, por um momento, ao lembrar-me do sofrimento de meus dois filhos que nasceram com espinha bífida. Mas, quase no mesmo instante, esse pensamento foi apagado de minha mente, à medida que começou a crescer dentro de mim um espírito de gratidão por todas as lições maravilhosas e dádivas que Deus havia concedido por meio das experiências com aqueles dois bebês. Com uma certeza inequívoca em meu coração de que Deus é reto e justo, entreguei a Deus aqueles dois pequeninos que ainda nem haviam nascido, para que ele fizesse o que lhe aprouvesse, segundo sua justiça.

No mês de julho daquele mesmo ano, Deus animou meu coração com o Salmo 100:3: "Foi ele quem nos fez, e dele somos". Marquei o versículo com um grandes asterisco na margem da Bíblia. Então, encontrei as próximas palavras para mim no versículo cinco: "Porque o SENHOR é bom, e a sua misericórdia dura para sempre". Meus olhos encheram-se de lágrimas e exclamei: "Meus netinhos, *posso* confiar na misericórdia de Deus". A natureza de Deus!

Nossa filha, Jan, me ligou um dia e disse:

— Mãe, estava falando com minha amiga, Diane, ontem à noite e tenho algo para seu novo livro. Eles querem muito ter mais um filho, mas ela acabou de sofrer outro aborto espontâneo. No entanto, ela me disse que está agradecendo a Deus com sinceridade pelo que aconteceu, pois ele sabe exatamente qual óvulo quer fertilizar para gerar o próximo bebê. Não são só palavras, é uma atitude profunda de gratidão.

Ouvi maravilhada enquanto Jan continuou falando:

— Não é uma daquelas situações em que se diz: "Vou ser grato porque a Bíblia manda fazer isso". A verdadeira gratidão depende de quem está no controle de sua vida. Quem está no banco do motorista. Quem é soberano. É isso que produz alegria em todas as circunstâncias, mãe. Quando a gente vê o Senhor como o Deus soberano, que nunca falha, é capaz de agradecer a ele por qualquer coisa que acontece, até por mais um aborto espontâneo, quando o que a pessoa mais quer é ter um bebê...

Davi possuía uma visão incrivelmente precisa da natureza de Deus. Um dos resultados foi essa bela oração de gratidão:

> Pelo que Davi louvou ao SENHOR perante a congregação toda e disse: Bendito és tu, SENHOR, Deus de Israel, nosso pai, de eternidade em eternidade. Teu, SENHOR, é o poder, a grandeza, a honra, a vitória e a majestade; porque teu é tudo quanto há nos céus e na terra; teu, SENHOR, é o reino, e tu te exaltaste por chefe sobre todos. Riquezas e glória vêm de ti, tu dominas sobre tudo, na tua mão há força e poder; contigo está o engrandecer e a tudo dar força. Agora, *pois,* ó nosso Deus, *graças te damos* e louvamos o teu glorioso nome.
>
> 1 Crônicas 29:10-13, grifos meus

A palavra *pois* usada por Davi explica toda a sua oração. "Pois" – por causa de quem tu realmente és, Deus, nós te damos graças.

A natureza de Deus. Sem qualquer fator ambiental ou hereditário, o próprio Deus, mais ninguém, escolheu quem ele seria. Ele decidiu a que se dedicaria e a que se consagraria a ser. Então, revelou-se a nós por sua Palavra e por meio de seu envolvimento pessoal em nossa vida, para que, como Davi, também irrompêssemos em ações de graça.

FIQUE ALERTA

No entanto, de tempos em tempos, eu falho e passo da gratidão para a murmuração. Uma dessas recaídas ocorreu em agosto de 1984, quando estava de férias, e reconheci essa atitude dentro de mim ao ler Colossenses 4:2: "Perseverai na oração, vigiando *com ações de graças*" (grifos meus).

Depois de ser energicamente repreendida, clamei: "Ó Deus, perdoa-me. Restitui meu relacionamento contigo. Faze com que meu testemunho aos outros seja algo positivo. Desviei meu olhar de ti. Coloca tua paz, alegria e gratidão no lugar do meu mau humor!". Como sempre, funcionou!

Por que precisamos ficar alertas em oração? Porque a Bíblia diz, claramente, que os cristãos encontram-se no meio de uma batalha espiritual e que Satanás é nosso inimigo.

Em Efésios 6, Deus descreve a armadura que nos permite resistir ao diabo. No entanto, na maioria das vezes, não chegamos a ler o aviso de Deus no final da passagem, dizendo que fiquemos alertas, vigiando em oração. O versículo 18 adverte: "Com toda oração e súplica, orando em todo tempo no Espírito e para isto vigiando com toda perseverança e súplica por todos os santos".

É claro que Satanás deseja que murmuremos, que tenhamos uma atitude negativa e desprovida de poder, destruindo, assim, tanto o nosso próprio bem-estar quanto nosso testemunho. No entanto, vigiar não é uma das coisas que normalmente associamos à oração. Mas Deus o faz. Ele espera que lutemos a única batalha na qual os soldados avançam enquanto estão ajoelhados.

EM, COM, POR

Dar graças a Deus *em* tudo (1 Ts 5:18) e pela súplica *com* ações de graças(Fp 4:6) não cancela seu mandamento de agradecer a ele *por* todas as coisas. Essas três preposições descrevem formas de relacionamento do intercessor com Deus e que são ordenadas na Bíblia.

Deus deve ficar horrorizado com o quanto seus filhos se mostram ingratos por suas respostas. No mês passado, durante um retiro de uma grande denominação, uma mulher que havia ficado anos presa a uma cadeira de rodas veio andando com agilidade até onde eu estava. Amargurada, queixou-se de que não conseguia ter fé em Deus – mesmo depois de ter sido miraculosamente curada em resposta à oração e de nunca mais ter precisado da cadeira de rodas. Fiquei estarrecida com sua incapacidade de agradecer a Deus *por* algo tão espetacular. Ficamos surpresos com o fato de que nove dos dez leprosos que foram curados por Jesus não voltaram para agradecer a ele. No entanto, pergunto-me qual é a proporção nos dias de hoje, mesmo quando Deus responde concedendo exatamente aquilo que pedimos. Será mais de um para cada dez?

Efésios 5:20 diz que Deus espera que sejamos gratos *por* suas respostas, sejam quais forem, mesmo quando não são o que desejávamos. "Dando sempre graças por tudo a nosso Deus e Pai, em nome de nosso Senhor Jesus Cristo". Devemos dar graças *sempre* – mesmo quando havíamos pedido algo diferente. Suas respostas são a fonte de nosso louvor e ações de graças, ainda que nossa opinião seja diferente daquilo que Deus tem em mente.

Uma amiga minha, Ruth Johnson Jay, mandou-me um bilhete, há vários anos, no qual expressava sua gratidão ao Senhor por um par de muletas! Ela havia acabado de completar trinta anos trabalhando com o ministério de rádio *Back to the Bible* quando escreveu: "Caí, quebrei o tornozelo em três lugares e desloquei o osso. Foi preciso fazer uma cirurgia [...], mas, ainda assim, agradeço a Deus pelas muletas. Não posso forçar o pé engessado durante quatro a seis semanas e, depois disso, não devo pôr peso algum sobre o pé durante mais quatro semanas. Assim, dá para entender o motivo de estar agradecendo ao Senhor pelas muletas!

Estou certa de que outra razão pela qual não agradecemos a Deus *por* sua resposta é o fato de que, muitas vezes, não reconhecemos certos acontecimentos e dádivas *como* respostas às nossas orações. Recebemos, sem perceber, o abundante suprimento de atos admiráveis de Deus. É por isso que ensino aos participante dos seminários sobre oração a anotar seus pedidos de oração e o que aconteceu depois, para que consigam juntar as duas coisas. Ouço com freqüência suas expressões de surpresa:

— Ah, então *essa* foi a resposta de Deus!

Sem dúvida, o pior é quando Deus responde, e nós esquecemos de ter orado. Manter uma lista de pedidos é uma tremenda ajuda também nesse sentido. Além disso, ler a lista de pedidos, de tempos em tempos, pode ser bastante revelador:

— Veja só, aquela provisão, cura ou circunstância *foi*, de fato, resposta a uma de minhas orações!

Assim, vem a gratidão por essa resposta.

Creio que, também, há ocasiões em que Deus propositadamente espera tempo suficiente para que não haja dúvida alguma sobre quem deve receber o crédito pelo que acontece. É somente quando esgotamos todos os recursos humanos que ele finalmente responde – para que eu reconheça que a resposta procede dele. Isso acontece para que eu agradeça ao Senhor e lhe dê toda a glória!

Obrigado...

Poderia encher vários livros com a lista de coisas *pelas* quais agradeço a Deus em minhas orações, mas aqui estão apenas algumas delas:

Pela redenção. Agradeço a Deus por me tirar da condição de pecado na qual nasci e por me colocar no seu glorioso reino – perdoada e destinada à eternidade com meu amado Salvador. "Com alegria, dando graças ao Pai, que vos fez idôneos à parte que vos cabe da herança dos santos na luz. Ele nos libertou do império das trevas e nos transportou para o reino do Filho do seu amor, no qual temos a redenção, a remissão dos pecados" (Cl 1:11-14).

Pela paz. Agradeço a Deus pelas palavras que produzem paz em minha vida. São elas: "Não andeis ansiosos de coisa alguma; em tudo, porém, sejam conhecidas, diante de Deus, as vossas petições, pela oração e pela súplica, com ações de graças. E [então] a paz de Deus, que excede todo o entendimento, guardará o vosso coração e a vossa mente em Cristo Jesus" (Fp 4:6,7). O pré-requisito, que, muitas vezes, é deixado de lado quando tentamos nos apropriar dessa paz prometida, é uma vida de gratidão – antes, durante e depois do pedido de oração. Se consideradas em sua totalidade, essas palavras funcionam.

Por sua onisciência. Apesar de haver milhões de pessoas no mundo, Deus, o Pai, é capaz de dedicar atenção exclusiva a cada uma delas todo o tempo. Assim, mesmo que eu represente uma porcentagem ínfima da população da Terra, Deus cuida de mim, sonda as intenções de meu coração, ouve-me e preocupa-se comigo quando clamo por socorro, jamais falha ao dirigir-me em cada momento de minha vida e irá julgar-me segundo sua justiça.

Pelo sangue de Jesus. Quase todos os dias, agradeço a Deus pelo fato de o sangue de Jesus ser a única força incontestavelmente irresistível contra o mal. Há muitos anos, Deus tem provado em minha vida que não há nenhum empecilho de Satanás que a força irresistível do sangue precioso de Cristo – vitorioso de uma vez por todas na cruz – não possa remover e eliminar. "Agora, veio a salvação, o poder, o reino do nosso Deus e a autoridade do seu Cristo, pois foi expulso o acusador de nossos irmãos, o mesmo que os acusa de dia e de noite, diante do nosso Deus. Eles, pois, o venceram por causa do sangue do Cordeiro" (Ap 12:10,11).

Por me libertar. "Se, pois, o Filho vos libertar, verdadeiramente sereis livres" (Jo 8:36). Como sou grata pela promessa de Jesus de que posso ser livre *em* todas as circunstâncias e não *de* todas elas. Não há qualquer servidão intelectual, qualquer escravidão espiritual por causa do pecado, nenhum confinamento de meu espírito causado por uma cadeira de rodas ou cama de hospital, nenhuma restrição de minha visão num quarto de uma casa de repouso, nenhuma prisão mental a outras ideologias, nenhuma escravidão emocional, nenhum impedimento para uma percepção espiritual mais profunda por causa de um corpo debilitado. Não há nada que verdadeiramente me prenda, pois Jesus me libertou.

Por usar meu corpo. Pela gratidão cada vez maior de ter entregue meu corpo a Deus, em 1965, naquele passo definitivo de Romanos 12:1. Por ser curada com freqüência, porém, muito mais importante ainda, pelo privilégio de ver Deus sempre removendo toda a ansiedade relacionada às enfermidades físicas. Agradeço porque o Senhor substitui essa ansiedade pela confiança absoluta nele como aquele que possui, controla e é responsável por meu corpo.

Sou mais grata ainda pelo privilégio de ver Deus usando meu sacrifício vivo como lhe apraz – para ensinar a outros o poder de suas orações por mim, para que as obras de Deus sejam manifestas em mim (como aconteceu com o cego de nascença que Jesus curou) ou para levar alguém a Cristo de modo redentor, vendo o poder de Deus transcender-me e usar-me mediante fraquezas físicas e apesar delas.

Por você, meu querido companheiro de oração. "Não cesso de dar graças por vós, fazendo menção de vós nas minhas orações" (Ef 1:16). Por você, que tem orado diligente, fiel e sacrificialmente por mim, ano após ano, e, vendo Deus responder com sabedoria, coragem e, às vezes, com força sobrenatural, curvo-me humildemente em gratidão a Deus por você.

"O qual nos livrou e livrará de tão grande morte; em quem temos esperado que ainda continuará a livrar-nos, ajudando-nos também vós, com as vossas orações a nosso favor, para que, por muitos, sejam dadas graças a nosso respeito, pelo benefício que nos foi concedido por meio de muitos" (2 Co 1:10,11). Suas orações!

Guardadas e reavivadas

O que acontece quando Deus responde? Depois de tudo o que Deus faz com suas respostas de oração e por intermédio delas, há ainda um último passo. Deus não descarta as orações depois de tê-las respondido, mas sim as guarda e reaviva no céu: "E, quando [o Cordeiro] tomou o livro, os quatro seres viventes e os vinte e quatro anciãos prostraram-se diante do Cordeiro, tendo cada um deles uma harpa e taças de ouro cheias de incenso, que são as orações dos santos (Ap 5:8).

"MINHAS ORAÇÕES!!!" escrevi na margem da Bíblia ao lado desse versículo. "Faço parte dos santos de Deus – os verdadeiros crentes em Jesus Cristo. Minhas orações não desapareceram quando Deus as respondeu! NÃO! Elas se encontram guardadas no céu!"

"Este é o hino que entoaram diante de Jesus, o Cordeiro", continuei a escrever, "tendo nas mãos as *minhas* orações: 'Digno és de tomar o livro e de abrir-lhe os selos, porque foste morto e com o teu sangue compraste para Deus os que procedem de toda tribo, língua, povo e nação e para o nosso Deus os constituíste reino e sacerdotes; e reinarão sobre a terra'" (Ap 5:9,10).

Então, com milhões de anjos que se juntaram a eles, disseram em alta voz: "Digno é o Cordeiro que foi morto de receber o poder, e riqueza, e sabedoria, e força, e honra, e glória, e louvor" (Ap 5:12).

Então, ainda tendo nas mãos suas orações e as minhas e acompanhados de todas as criaturas nos céus, na terra, debaixo da terra e no mar, todos disseram: "Àquele que está sentado no trono e ao Cordeiro, seja o louvor, e a honra, e a glória, e o domínio pelos séculos dos séculos" (Ap 5:13).

Chorei ao ver todo o sofrimento, as lutas e as lágrimas; todas as orações de louvor, adoração, submissão e intercessão de minha vida. Não se haviam perdido nem sido colocadas de lado depois de receber resposta. Antes, estavam guardadas para a eternidade.

Sem dúvida, o motivo final de nossas ações de graças, no processo de oração, é o fato de que Deus escolheu apenas nossas palavras especiais – nossas orações –, a fim de guardá-las para sempre.

No entanto, o mais maravilhoso é que elas não serão apenas guardadas, mas também reavivadas! Reavivadas pela graça e pelo valor dos recipientes em que foram depositadas. Ao escrever sobre essas coisas por vir, enquanto estava na ilha de Patmos, o apóstolo João viu nossas orações guardadas em finíssimas e valiosas taças de ouro. Recipientes feitos do que havia de mais precioso na Terra naquele tempo: ouro finíssimo.

Então, em Apocalipse 8:3,4, encontramos a cena final da longa jornada percorrida por nossa oração. Quando o Cordeiro tiver aberto todos os selos do livro em suas mãos, é isto o que se verá desenrolar no céu:

> Veio outro anjo e ficou de pé junto ao altar, com um incensário de ouro, e foi-lhe dado muito incenso para oferecê-lo com as orações de todos os santos sobre o altar de ouro que se acha diante do trono; e da mão do anjo subiu à presença de Deus a fumaça do incenso, *com as orações dos santos* (grifos meus).

"Senhor, não sou digna!", clamou meu coração. "Obrigada, Senhor!"

Como é maravilhoso saber que, depois de tudo o que aconteceu conosco e com aqueles pelos quais oramos em resposta a essas orações, ainda há mais uma coisa. Deus considera cada uma dessas orações importante o suficiente para guardá-la – e preciosa o suficiente para reavivá-la – em taças de ouro diante do seu trono.

Ao chegar no céu, será que ficaremos envergonhados por haver tão poucas orações nossas recebidas por Deus e guardadas em taças de ouro? E daquelas orações que ele recebeu, quantas nos farão corar por causa de seu conteúdo? Serão orações egoístas, para nossa própria glória e para ser esbanjadas em nossos próprios prazeres? "Listas de compras" com nossos intermináveis anseios?

Ou será que ficaremos maravilhados ao ver todas elas preservadas por terem significado permanente aos olhos de Deus? Então, subitamente, veremos que a oração foi um dos principais meios usados por Deus para realizar sua vontade na terra – nossas orações!

O que acontece quando Deus responde às orações? Ele abre as cortinas para o próximo ato de nossa vida e, através de suas respostas, permite que entremos na etapa seguinte: portas abertas, maturidade espiritual, realização de sua vontade aqui na terra. Um passo a mais rumo à semelhança de Cristo, que ele reservou para nós antes da fundação do mundo.

Quando, finalmente, dermos o último passo e entrarmos na sala do trono de Deus, nossas orações estarão lá, esperando por nós, ao lado de nosso Senhor.

NOTAS

CAPÍTULO 2

1. PEROWNE, J. J. S. (Ed.). *The Cambridge Bible for School and College.* Londres: C. J. Clay and Sons, 1895, p. 102.

2. STRONG, Augustus Hopkins. *Systematic Theology*. Filadélfia: Judson Press, s.d., p. 287-8.

3. BOUNDS, E. M. *Power Through Prayer*. Grand Rapids, Michigan: Zondervan Publishing House, 1964, p. 35.

4. CHRISTENSON, Evelyn. *O que acontece quando as mulheres oram.* São Paulo, Mundo Cristão, 1980

CAPÍTULO 9

1. ROGERS, Henry (Ed.). *The Works of Jonathan Edwards,* revisado por Edward Hichman. Londres: Ball, Arnold and Co., 1840, v. 2, p. 226.

2. CALVIN, John. *Commentary on the Four Last Books of Moses*. Grand Rapids, Michigan: Wm. B. Eerdmans Publishing Co., s.d., v. 5, p. 149.

CAPÍTULO 10

1. LEWIS, C. S. *Perelandra*. Nova York: Macmillan Co., 1958, p. 125.

Este livro foi composto por Viviane Rosana Fernandes Costa,
em AGaramond, e impresso pela Imprensa da Fé,
em papel offset 63 g/m², com filmes
fornecidos pela Imprensa da Fé.